111 GRÜNDE, JAPAN ZU LIEBEN

Daniela Langkamp

111 Gründe, *Japan* zu lieben

Eine Liebeserklärung an das schönste Land der Welt

SCHWARZKOPF & SCHWARZKOPF

Inhalt

Vorwort

Warum es leicht fällt, sich in Japan zu verlieben

Welches Bild haben Sie vor Augen, wenn sie an JAPAN denken? Sind es imposante Tempelanlagen? Der vom Schnee bedeckte Vulkan Fuji-San? Blühende Kirschbäume? Goldenes Herbstlaub an den Berghängen? Heiß sprudelnde Quellen? Buddhistische Zengärten, die Ruhe und Besinnung versprechen? Japanerinnen in Kimonos? Kämpfende Samurais? Vermummte Ninjas? Blinkende Leuchtreklame? Menschenmassen, die alle gleichzeitig an der belebtesten Kreuzung in Shibuya-Tokyo die Straße überqueren? Vollgestopfte Züge? Pokémon und Hello Kitty? Sushi, das auf einem Band an Ihnen vorbeirollt? Wohnungen für Zwerge? Toiletten, die auf Knopfdruck Ihren Allerwertesten waschen? Dicke Männer, die sich umarmen und versuchen, sich gegenseitig aus dem Ring zu schubsen? Von Erdbeben und Tsunami zerstörte Städte? Sich tief verbeugende Japaner in Anzügen?

Japan – ein Land, das einen immer wieder in Staunen versetzt – der Kulturschock könnte für einen Europäer nicht größer sein. Kann man so ein Land überhaupt lieben? Das Japanbild in unseren Köpfen ist eine Mischung aus Schönheit, Kuriositäten und Erschreckendem. Geprägt durch Film und Fernsehen, Zeitschriften, Büchern und durch Erzählungen von anderen. Faszinierend und befremdlich zugleich. Ein Bild voller Klischees und Vorurteile ist mir dabei in Europa genauso häufig begegnet wie kurzsichtige Japaner mit großem Kopf und kurzen Beinen, die unentwegt fotografieren.

Dass wir oberflächliche Bilder mit Japan assoziieren, ist verständlich, denn oft fehlt der Zugang, und auf den ersten Blick scheint uns Japan unglaublich exotisch, fremd und anders zu sein. Ich möchte mit diesem Buch ein wenig an Ihrem Bild ruckeln. Schauen wir doch einmal hinter die Fassade, lassen uns auf das Land ein und hinterfragen unsere Klischees und Stereotypen im Kopf. Sie werden überrascht sein, wie leicht es Ihnen fallen wird, Japan zu lieben. Vieles, worüber Sie anfangs nur den Kopf geschüttelt haben, ergibt plötzlich einen Sinn. Anderes ist so praktisch, dass Sie sich fragen, warum es das eigentlich nicht bei uns gibt.

Die Landschaft verzaubert. Die Ästhetik der kleinen Dinge fasziniert, genau wie die Liebe zum Detail. Die Hingebung der Japaner für gutes Essen sowie die Wertschätzung von Nahrungsmittel in der japanischen Küche wird Sie beeindrucken. Die Gastfreundschaft und Hilfsbereitschaft der Japaner ist rührend und für viele eine der eindruckvollsten Erfahrungen.

Der Umgang mit Problemen und drohenden Katastrophen, ob Erdbeben, Tsunami, Vulkanausbrüche oder Taifune, wird Ihre Sichtweise auf viele Dinge im Leben nachhaltig verändern: Hier ist ein Land, das nimmt alles so, wie es kommt. Klagen und darüber meckern hilft wenig. Stattdessen haben sich Japaner daran gewöhnt, aufzustehen nach dem großen Schreck, den Fernseher wieder gerade zu rücken, die Scherben zusammenzufegen und in den Müll zu schmeißen und weiterzumachen. »Was bleibt uns auch anderes übrig? Schließlich geht das Leben weiter!« Das Beeindruckendste dabei sind das Durchhaltevermögen, die Hartnäckigkeit und die Geduld, mit der Japaner Dinge tun.

Japan versteht es, Ihnen den Kopf zu verdrehen. Es bietet Sicherheit und Geborgenheit, Abwechslung und Unterhaltung, aber auch erholsame Stunden in Zweisamkeit. Nur Sie und das Land. Japan stellt keine hohen Ansprüche an Sie: respektvoller Umgang, Kompromissbereitschaft, Neugier, Wertschätzung und die Leidenschaft für gutes Essen.

Mir hat anfangs nicht das Land den Kopf verdreht, sondern ein Japaner. Er war der Grund, warum ich 2003 entschied, nach Japan zu gehen. Liebe auf den ersten Blick war es nicht, weder beim Mann, noch beim Land. »Rumgekriegt« haben mich am Ende beide mit ihrer humorvollen Art. Immer wieder schafften sie es, mich zum Lachen zu bringen. Mein ganz persönlicher Grund, Japan zu lieben. Deshalb ist es einfach mal an der Zeit, etwas zurückzugeben: Meine Liebeserklärung an das schönste Land der Welt.

Daniela Langkamp

1. Kapitel

Land & Leute

Frauen im Kimono. So typisch japanisch

1. Grund

Weil Japan seine Besucher willkommen heißt

Wer bei der Ankunft am Flughafen gleich sein ultimatives Japanerlebnis erwartet, den muss ich leider enttäuschen. Wie auf den meisten internationalen Flughäfen geht es nach Verlassen des Flugzeuges durch lange gläserne Gänge und über rollende Bänder Richtung »Arrivals« und »Luggage Exclaim«. Die vielen Schriftzeichen lassen erahnen, dass das Ziel jetzt nicht mehr weit sein kann. Einige Touristen zücken ihre Smartphones und Kameras, um die leuchtenden Schilder und den Moment festzuhalten. Andere laufen einfach mit in der Masse der Ankommenden. Es folgen Rolltreppen. Dann erste Bilder mit Japanmotiven und Chinesinnen, die sich vor der »Welcome to Japan«-Wand für ein Foto mit ihrem Smartphone positionieren. Im Hintergrund die Japankarte und Bilder vom Wahrzeichen, dem kegelförmigen Vulkan Fuji-San, Kirschblüten und Geishas. Auch einige Japanerinnen warten geduldig, bis sie an der Reihe sind, um Zeige- und Mittelfinger zum bekannten Handzeichen vor ihre Gesichter zu halten. Für einen kurzen Moment wird das Foto-Gesicht aufgesetzt, bevor es weitergeht. Über Rollbänder, die einem das Laufen abnehmen, vorbei an Wänden mit Japanmotiven, die bald Realität werden sollen. Dann die ersten japanischen Durchsagen mit englischer Übersetzung, um auf das Ende des Bandes aufmerksam zu machen.

Die Ankunft in Japan ist sanft. Das Land macht es den Besuchern mittlerweile so einfach wie möglich, überfordert nicht, fühlt sich in Menschen ohne Japanischkenntnisse hinein und heißt sie zurückhaltend willkommen.

Einen ersten Eindruck von der japanischen Technologie, die entwickelt und eingesetzt wird, um wirklich jedes nur erdenkliche Problem zu lösen, findet man beim Gang auf die Toilette. Die Wand ist übersät mit Erklärungstafeln in verschiedenen Sprachen und Hinweisschildern. Es sind die kleinen Dinge, die auffallen, für Japaner aber ganz selbstverständlich sind: Ein kleines Pissoir auf der Damentoilette? Natürlich für Mütter, mit ihren Söhnen, die noch nicht allein auf die

Toilette gehen können. Das ist nur ein Beispiel, wie Japaner sich in ein Problem hineingedacht und eine Lösung gefunden haben.

Spätestens bei der Immigration folgt das erste Gespräch mit einem Japaner. Manchmal werden interessiert Fragen gestellt, warum man nach Japan kommt, wohin die Reise geht oder wie lange man bleibt. Solche Fragen gehören in vielen Ländern zum Einreiseprozess. Hier wirken sie ehrlich und nicht wie lästiges, aber vorgeschriebenes Ausgefragtwerden. Diese Fragen werden Ihnen während Ihrer gesamten Zeit in Japan begegnen, stellen Sie sich gleich schon einmal darauf ein.

Endlich sind Sie offiziell auf japanischem Boden. Alles andere war nur Transit, aber jetzt geht es los. Gleich der Anblick des Gepäckbandes wird sie in Staunen versetzen. Langsam tauchen die ersten Koffer und Rucksäcke auf. Alle Gepäckstücke liegen hier fein akkurat nebeneinander auf dem Laufband. Die Griffe immer in eine Richtung zum äußeren Rand, sodass der Passagier nur noch zugreifen muss. »Hier hat aber mal jemand mitgedacht.« Bereits an dieser Stelle verlieben sich die ersten Japanbesucher in das Land und fragen nicht unbegründet: »Warum geht das eigentlich nicht bei uns?«

Bevor man Sie endgültig auf das Land loslässt, müssen Sie nur noch durch den Zoll. Vielleicht werden Sie durchgewunken, vielleicht aber auch angehalten, Ihren Koffer zu öffnen. Der japanische Beamte mit seinen weißen Stoffhandschuhen geht behutsam durch Ihre Sachen – Sie werden das Gefühl haben, dass er einfach nur ein wenig neugierig ist, was Sie so alles Spannendes dabeihaben.

Endlich treten Sie hinaus zu den Wartenden. Geschäftsmänner steuern gleich die verqualmten Glasboxen an, um sich eine Zigarette anzustecken.

Auffallend sind die vielen Flughafenmitarbeiter, um bei Problemen behilflich sein zu können. Ob Sie einen Geldautomaten, den Weg zur Bushaltestelle oder zur Bahn suchen oder ob Sie mit erstem verzweifelten Blick auf die vielen Knöpfe am Ticketautomat stehen. Problem oder noch Fragen? Dann ist jetzt der beste Zeitpunkt, diese bei der Information loszuwerden.

Lassen Sie das Land auf sich wirken und seien Sie gewiss, man lässt Sie hier nicht allein mit Ihren Problemen. Neu in einem Land ist das ein unschätzbar wertvolles Gefühl: »Hier fühle ich mich gut aufgehoben.«

Herzlich willkommen in Japan.

2. Grund

Weil Japan über 6000 Inseln hat

Man sieht es dem 378.000 km^2 großen Land auf den ersten Blick nicht an, aber tatsächlich besteht Japan aus insgesamt 6.852 Inseln. Die Zahl variiert von Zeit zu Zeit, weil immer mal wieder eine »Insel« im Meer verschwindet und eine neue auftaucht. Da schaut ein Fels aus dem Meer, und gleich wird er als »Insel« in die Liste aufgenommen.

6.852 Inseln hier vorzustellen, das erspare ich Ihnen. Nicht mal die 421 bewohnten Insel würden in dieses Kapitel passen, ohne dass Ihnen vor Langeweile das Buch auf die Schenkel fällt. Grob zusammengefasst bleiben am Ende vier Hauptinseln, Honshu, Shikoku, Kyushu und Hokkaido und als fünfte nennenswerte Inselgruppe die Ryukyu-Inseln, bekannter unter dem Namen Okinawa. Das hört sich doch schon viel übersichtlicher an. Das Land erstreckt sich inklusive all seiner Inseln über 3.000 km in Nord-Süd-Ausdehnung und hat damit ein echtes Luxusproblem: Es passt auf keine Landkarte. Der Süden wird deshalb einfach mal rigoros abgeschnitten und als Inselgruppe in den oberen Teil der Landkarte verfrachtet, eigentlich da, wo Korea ist. Aber was bleibt den Kartografen auch anderes übrig, als die 25 Breitengrade in einer einzigen Karte so gestückelt darzustellen.

Die wichtigste, größte und bewohnteste der Hauptinseln ist Honshu. Das ist die lange gekrümmte Wurst auf der Landkarte. Sie ist knapp 1.300 km lang und misst rund 228.000 km^2. Die meisten Reisenden verschlägt es hierher, allein schon, weil sich die großen Metropolen des Landes, Tokyo, Yokohama, Osaka und Nagoya hier befinden. An ihrer Küste liegen unzählige kleinere Inseln, vor allem im Südosten.

Über drei Straßen mit der Honshu verbunden kommt man nach Shikoku, der kleinsten der vier Hauptinseln. Zur Shikoku-Region gehören insgesamt 625 weitere kleine Inseln. Trotz der vielen Berge ist die Hauptinsel besonders bei Radreisenden beliebt. Denn wer den dicht bewohnten Norden an der Seto-Inlandsee verlässt und sich in den dünn besiedelten Süden Richtung Pazifik begibt, erlebt auf dem Weg das ursprüngliche Japan. Je nach Jahreszeit blickt man auf Reis-, Weizen- oder auch Gerstenfelder und entdeckt vor allem Mandarinen und Pflaumen an den Bäumen. Wem die Berge auf dem Rad zu anstrengend sind, der kann die Insel auch zu Fuß erkunden. Der Fußweg hat es aber in sich. Der bekannteste Pilgerweg Japans führt Sie auf 1.400 km über die Insel zu 88 Tempeln. Sie können sich jetzt selbst ausrechnen, wie lange Sie da unterwegs sind. Neben Tempelbesuchen und heißen Quellen steht bei den Japanern besonders das Essen Shikokus hoch im Kurs. Das trifft aber generell auf jede japanische Region zu.

Dazu zählt auch Kyushu, die drittgrößte Hauptinsel, die man über eine Brücke mit dem Auto oder mit der Bahn erreichen kann. Bis zu der bekanntesten Stadt der Insel Nagasaki sind es dann aber noch mal 200 km, und wer den südlichsten Punkt der Insel mit Blick auf das Ostchinesische Meer erleben möchte, der hat beim Betreten der Insel gut 400 km vor sich. Die Kyushu-Region, das sind 2.159 »Inseln«, Berge und aktive Vulkane. Wunderschön und zugleich bedrohlich erhebt sich der Kegel auf der Vulkaninsel Sakurajima aus dem Meer. Die Erde auf der subtropischen Insel brodelt hier an vielen Stellen. So sind hier einige bekannte Erholungsgebiete mit heißen Quellen entstanden. *Onsen* nennen sich die heißen Bäder, der 13. Grund, Japan zu lieben.

An natürlich heißem Quellwasser mangelt es auch der zweitgrößten Insel Japans ganz im Norden nicht. Die kürzeste Verbindung von Hokkaido zur Hauptinsel beträgt 40 km, genau die gleiche Entfernung wie zur russischen Insel Sachalin im Norden. Während die Temperaturen auf Kyushu nicht unter den Gefrierpunkt fallen, zählt Hokkaido die wenigen Augusttage mit über 25°C. Hier bringen Onsen für die rund 5,3 Millionen Einwohner (Stand 2018) neben der gesunden Wirkung auch eine wohlige Wärme. Seit den 11. Olympischen Winterspielen in Sapporo 1972 verbindet die Welt mit Hokkaido viel Schnee und Wintersport. Und wem das jetzt kein Begriff ist, der hat zumindest vom Hokkaido-Kürbis schon mal gehört, gelesen oder gegessen.

Die Ryukyu-Inseln im Ostchinesischen Meer erstrecken sich auf rund 1.200 km von Kyushu bis nach Taiwan. Die westlichste japanische Insel Yonaguni ist tatsächlich nur 111 km von Taiwan entfernt und damit deutlich näher gelegen als die japanische Nachbarinsel Ishigaki-jima mit 118 km. Ein subtropisches Klima, wundervolle Strände, Korallenriffe und bergige Inseln, das ist Okinawa. Wenn die Temperaturen unter 20 Grad sinken, was höchstens in den Wintermonaten vorkommt, dann haben Sie die »kalten Tage« erwischt. Die Menschen hier nehmen es gelassen, wie eigentlich alles.

In der Vergangenheit hatte sich Japan komplett abgeschottet vom Rest der Welt. So entwickelte das Land lange eine ganz eigene Kultur ohne fremde Einflüsse, typisch für einen Inselstaat. Bei der Gelegenheit entstand auch die ein oder andere Verrücktheit, die Japaner als ganz selbstverständlich hinnehmen, für ausländische Besucher einen Besuch aber so ungemein spannend und interessant machen.

3. Grund

Weil der Inselstaat sich was einfallen lässt

Mit über 6000 Inseln ist Japan der viertgrößte Inselstaat der Welt. Denen sagt man für gewöhnlich nach, ein wenig sonderbar zu sein. Japan bildet da keine Ausnahme. Bewusst ist allen, dass der Lebensraum begrenzt ist und man sich dementsprechend arrangieren muss. Da kann man noch so viel Erde ins Meer kippen, um ein paar extra Quadratmeter Boden zu erschaffen. Auf diese Weise entstand *Odaiba* in der Bucht von Tokio. Das Projekt entstand während des japanischen Wirtschaftsbooms 1985 und ist heute ein beliebtes Unterhaltungs- und Einkaufsviertel.

Ein weiteres Mammutprojekt ist der Flughafen Kansai bei Osaka. Der wurde auf einer künstlichen Insel gebaut. Doch das Meer holt sich zurück, was ihm gehört. Jedes Jahr sinkt der rund 15 Milliarden teure Flughafen 4,8 cm wieder ins Meer hinab.

Der große Wunsch nach flachem Land, das man bebauen kann, wird verständlich, wenn man bedenkt, dass fast 75% des Landes aus Bergen bestehen, 53% davon bewaldet. Hinzu kommen noch einmal 14% Waldfläche, wo kaum Menschen leben. Zusätzlich noch die vielen unbewohnbaren Inseln, kommt Japan am Ende auf nur 11% Flachland.

Mit rund 126,5 Millionen Menschen (Stand 2018) und durchschnittlich 340 Einwohner pro km^2 gehört Japan deshalb zu den dichtbevölkertsten Ländern innerhalb Asiens. Allein die Metropolregion Tokyo zählt auf einen einzigen km^2 2.767 Menschen (Stand 2014). In der Stadt selbst rechnet man mit dem Fünffachen. Kein Wunder, dass die Stadt ein echtes Platzproblem hat und sich allerhand einfallen lassen muss, um das Leben dort so angenehm wie möglich zu gestalten. Unendlich in die Luft zu bauen ist bei der ständigen Angst vor Erdbeben keine Alternative. Für eine so große Stadt wie Tokyo gibt es überraschend wenig »echte« Wolkenkratzer. Das höchste Bauwerk ist der *Tokyo Skytree* mit 634 m, nur lebt da kein Mensch. Das Tokyo *Metropolitan Government Building* ist mit 343,4 m momentan (Stand 2018) das höchste Gebäude des Landes. Im Vergleich zum *Burj Khalifa* in Dubai mit 829,8 m wirkt das Regierungebäude in der japanischen Hauptstadt winzig.

Dass immer weniger Kinder geboren werden, hilft dem Platzproblem nicht. Im Gegenteil leiden das Land und die Wirtschaft unter der alternden Bevölkerung abseits der Metropolen. Junge Menschen zieht es weiterhin in die großen Städte.

Der begrenzte Raum bleibt nicht ohne Folgen. Es entstehen allerlei verrückte Dinge, über die wir vielleicht staunen mögen: Es gibt unterirdische und vollelektronische Parkhäuser für Fahrräder. Autos werden mit Aufzügen und rotierenden Scheiben so gedreht, dass sie möglichst platzsparend geparkt werden können. Wohnungen verfügen über weniger Quadratmeter als ein durchschnittliches deutsches Schlafzimmer. Man hat gelernt, sich mit der Enge zu arrangieren, sowohl im privaten als auch öffentlichen Bereich. Ob Hotelbetten in kleinen Kapseln, Toiletten, die man komplett unter einem Waschbecken verschwinden lassen kann, oder Hochbetten unter der Decke. Sich den Einfallsreichtum der Japaner in Sachen *Platzsparen* genauer anzusehen, das allein ist schon eine Reise wert.

4. Grund

Weil Regionen und Präfekturen das Land ausmachen

Japan ist ein Zentralstaat mit einem Parlament, einem Premierminister und einer Regierungshauptstadt (Tokyo). Nun gibt es aber noch 47 Präfekturen. Das sind kleinere Verwaltungseinheiten innerhalb eines Staates.

Alle 47 Präfekturen haben ein eigenes Präfekturparlament, einen Gouverneur und eine eigene Präfekturhauptstadt. Innerhalb dieser Präfekturen wird noch einmal unterteilt in Gemeinden. Das alles ist komplexer, als es sich anhört. Ein ähnliches Gebilde kennen wir aus Deutschland mit Bund, Ländern und Kommunen.

Die Präfekturen haben also einen eher politischen Hintergrund. Geografisch lässt sich das Land am einfachsten in die Hauptinseln unterteilen, aber kulturell und historisch gesehen, besteht Japan eigentlich aus acht Regionen. Von Norden nach Süden aufgezählt sind das: Hokkaido, Tohoku, Kanto, Chubu, Kansai, Chugoku, Shikoku und Kyushu-Okinawa.

Wie kam es aber nun genau zu der Einteilung in Regionen? Dazu gibt ein Blick auf die Geschichte und Geografie des Landes die Antwort.

Hokkaido, 海北道, der *Bezirk im nördlichen Meer,* ist Präfektur und Region in einem. Die Ureinwohner der nördlichsten Insel Japans sind *Ainu*, die ihren Ursprung in Südostasien haben sollen. Die Sprache der Ainu wird in Japan nicht mehr gesprochen, ein paar Elemente im Hokkaido-Dialekt erinnern vielleicht noch daran. Aufgrund des kalten Klimas waren die Lebensbedingungen in Hokkaido nie die besten. Deshalb war diese Region lange Zeit uninteressant für die Menschen in Zentraljapan und kein besonders lohnens- und lebenswertes Gebiet. Erst im Hinblick auf den bedrohlichen Nachbarn Russland wurde Hokkaido für Japans Verteidigungsstrategien im 19. Jahrhundert bedeutsam.

Tohoku, 東北, *Osten-Norden* übersetzt, liegt auf der Hauptinsel im nördlichen Japan. Dazu gehören die Präfekturen Aomori, Akita, Iwate, Miyagi, Yamagata und Fukushima. Ähnlich wie Hokkaido wurde das dünn besiedelte Gebiet aufgrund des Klimas und der Schneemassen lange vernachlässigt. Erst im Jahre 802 eroberte man den nördlichen Teil. Daher gilt die Region als am wenigsten beeinflusster Teil Japans mit seinem ganz eigenen unverkennbaren Dialekt. Noch immer ist die bergige Region dünn besiedelt und lebt von der Landwirtschaft. Menschen aus dem kalten Norden sind aufgrund der harten Lebensbedingungen bekannt für ihr Durchhaltevermögen und gelten als unerschütterlich.

Kanto, 関東, das *Osttor*, ist die bevölkerungsstärkste Region des Landes, was sie der Präfektur Tokyo zu verdanken hat. Mit Ibaraki, Tochigi, Gunma, Saitama, Chiba und Kanagawa kommt die Kanto-Region auf insgesamt sieben Präfekturen und rund 42,4 Millionen Menschen. Dem zusammenhängenden flachen Land sei Dank.

Chubu, 中部, wörtlich *der mittlere Teil,* setzt sich zusammen aus neun Präfekturen: Niigata, Toyama, Ishikawa, Fukui, Gifu, Nagano, Yamanashi, Shizuoka und Aichi. Die Region reicht vom japanischen Meer bis zur Pazifikküste. Dazwischen liegen die japanischen Alpen und das Wahrzeichen des Landes: Fuji-San (zwischen Yamanashi und Shizuoka). Die Chubu-Region spielte besonders in der Vergangenheit strategisch eine bedeutende Rolle, da sie die beiden wichtigesten Städte des Landes verband: Kyoto und Edo (das heutige Tokyo).

Kansai, 関西, das *Westtor,* ist offiziell auch heute noch unter dem Begriff Kinki, 近畿, bekannt. Die Region steht für *die Nähe zur Hauptstadt*. Mit Hauptstadt ist in diesem Falle aber nicht Tokyo, sondern die alte Hauptstadt Kyoto gemeint. Zur westjapanischen Region gehören sieben Präfekturen: Mie, Shiga, Kyoto, Osaka, Nara, Wakayama und Hyogo. Die erste Hauptstadt Japans wurde während der Yamato-Zeit in der Präfektur Nara gegründet. Das war damals der östlichste Punkt der Seidenstraße. Japans anfängliche Zivilisation soll in dieser Region ihren Ursprung haben, bevölkert von Menschen aus dem heutigen Korea. Während Tokyo übersetzt wird mit östliche Hauptstadt, bedeutet der Name Kyoto einfach Hauptstadt.

Chugoku, 中国, das *mittlere Land*, leicht zu verwechseln mit dem großen Land der Mitte *Chi na* (gleiche Schriftzeichen), liegt im Westen der Hauptinsel, also irgendwie alles andere als mittendrin. Heute nicht mehr, in der Vergangenheit aber schon. Es setzt sich aus fünf Präfekturen zusammen: Tottori, Okayama, Hiroshima, Shimane und Yamaguchi. Während der südliche Teil der Region von Industrie geprägt ist, lebt der nördliche Teil von der Fischerei und der Landwirtschaft.

Shikoku, 四国, die kleinste Region, begrenzt sich auf die gleichnamige Insel mit vier Präfekturen: Ehime, Kagawa, Tokushima und Kochi. Der Name Shikoku ist Programm und bedeutet nichts weiter als *vier Länder*. Vor Einführung von Präfekturen war die Insel in vier Provinzen eingeteilt. Die Grenzen sind gleich geblieben, nur die Namen haben sich verändert.

Kyushu, 九州, übersetzt mit *neun Provinzen*, ist etwas irreführend. Denn wer mitgezählt hat, wird festgestellt haben, dass nur noch acht Präfekturen übrig sind: Fukuoka, Kumamoto, Nagasaki, Oita, Saga, Kagoshima, Miyazaki und die Präfektur Okinawa, die ein wenig Außenseiter ist, allein schon geografisch gesehen.

Ich hoffe, Sie jetzt nicht allzu sehr mit den vielen japanischen Namen gelangweilt zu haben. Die Regionen zu kennen gehörte zum Grundwissen eines jeden Schülers in Japan. Im Laufe des Lebens werden die vielleicht nicht alle 47 Präfekturen bereisen, nicht einmal alle sieben Regionen aus nächster Nähe kennenlernen, aber mit Sicherheit aufzählen können, welche regionalen Speisen und welche Maskottchen wo zu finden sind. Aber das ist andere Geschichte (und Grund 43, Japan zu lieben).

5. Grund

Weil es allein 111 Gründe gibt, Tokyo zu lieben

Tokyo ist einfach umwerfend und außergewöhnlich. Eine der faszinierendsten Städte, die ich je gesehen habe. Die Megametropole versteht es wie keine zweite, ihre Besucher in den Bann zu ziehen und ist damit unangefochtene Nummer eins aller Sehenswürdigkeiten in Japan. Die Stadt, die keine Grenzen hat (hat sie schon, aber der Übergang zu den angrenzenden Städten ist fließend), verzaubert, erschreckt, belustigt und erschlägt gleichermaßen. Ich werde nicht müde zu erklären, dass Tokyo nicht Japan ist. Tokyo ist eben … Tokyo. Für viele aber das Tor Japans. Die erste Destination, nachdem Sie einen der zwei Flughäfen, Haneda (Präfektur Tokyo) oder Narita (Präfektur Chiba), hinter sich gelassen haben.

In Tokyo schlägt der Kulturschock gleich doppelt zu: einmal in Form von Japan ganz allgemein und ein zweites Mal als die verrückte Hauptstadt, die mich immer wieder in großes Staunen versetzt.

Ein kribbelndes Gefühl, gemischt aus Adrenalin, Angespanntheit, Überforderung und Unbegreiflichem. Ungewohnte Geräusche, viele Menschen, blinkende Lichter und Werbetafeln, Schriftzeichen, wohin ich auch schaue. Die Bilder in meinem Kopf, aus dem Fernsehen, aus Büchern, Zeitschriften und aus dem Internet, werden hier zur Realität. Plötzlich muss ich innehalten, als ich durch eine weniger belebte Straße laufe. Hier, abseits des Trubels, leben Menschen ihren ganz normaler Alltag. Fern der großen Einkaufsstraßen geht das Leben auch in Tokyo unerwartet ruhig zu. Kleine schmale Häuser dicht aneinandergedrängt und überall praktische 24-Stunden-Supermärkte an jeder Ecke und Grund 66, Japan zu lieben. Eine alte Frau mit gekrümmtem Rücken und Kittel führt ihren Hund an der Leine. Ein Mann mit hoher Stirn und ausgebeulter Anzughose zieht auf dem Rad an mir vorbei. Jugendliche in Schuluniform lachen laut, und von irgendwo kommt eine blecherne monotone Frauenstimme aus einem Megafon. Was die wohl zu erzählen hat? Das alles ist Tokyo, nur wenige Straßen von dem anderen, dem grellen, Tokyo entfernt.

Irgendwo dazwischen ein paar kleine Restaurants, Kneipen oder Stehimbisse mit Getränkeausschank. Nennen Sie es, wie Sie wollen. Die Japaner sagen *Isakaya*, *Nomiya* oder *Tachinomiya* dazu. Hier treffen sich die Einheimischen auf einen letzten Drink und einen kleinen Snack. So viel Beschaulichkeit hätte ich drei Straßen entfernt von der durchgeknallten Megacity nicht erwartet. Eine Stadt mit vielen Gesichter. Das ist Tokyo.

Ich stürze mich in die Stadt, denn es steht einiges auf meiner Liste, das ich nur hier erleben kann:

1. Das perfekte Foto an der großen weltberühmten Kreuzung am Bahnhof von Shibuya machen. Da, wo alle Fußgänger gleichzeitig die Straße überqueren, während die Leuchtreklame von den Fassaden um die Wette blinkt.
2. Verrückte Japaner mit bunten Haaren und Kostümen in Harajuku beobachten und natürlich selbst durch die einzigartigen Läden ziehen.
3. Abends im quirligen Shinjuku in einer Karaokebox vor einem Fernseher sitzen und mein Gesangstalent zum Besten geben.
4. In einem der angesagten Klubs von Roppongi die Nacht durchtanzen.
5. In Akihabara durch mehrstöckige Elektrofachgeschäfte schlendern und dabei die vielen japanischen Technologiewunder bestaunen.
6. Ein Maidcafé in Akiba, wie Akihabara auch liebevoll genannt wird, besuchen und mir bei einer Japanerin im Dienstmädchen-Kostümen lächelnd ein niedliches Mittagessen bestellen.
7. In einem der vielen ungewöhnlichen Themencafés, die scheinbar täglich wie Pilze aus dem Boden wachsen, mein abgefahrenes Essen fotografieren und auf allen Social-Media-Kanälen posten.
8. Mir den größten Fischmarkt der Welt anschauen und anschließend Sushi essen gehen.
9. Eine japanische Spielhalle betreten, die sich direkt nach dem Betreten in meinen Kopf hämmern wird, und einen süßen Teddybären gewinnen (Okay. Das kann ich auch in anderen Städten erleben).
10. Beim Verlassen der grellen Pachinko-Halle die Stadt plötzlich wie den ruhigsten Ort der Welt erleben.

An abgefahrenen Orten mangelt es Tokyo wirklich nicht. Dabei gibt es auch echte Ruheoasen, die zum Runterkommen wie geschaffen sind: die Tempel und Schreine in Asakusa, ein Blick auf die Stadt vom Metropolitan Government Office Building in Shinjuku, vom Tokyo Tower oder dem Skytree, der Park in Ueno oder der Yoyogi-Park mit einem kurzen Besuch des Meiji-Schreins. Und dann natürlich die 132 Museen der Stadt (Stand 2018).

Langweilig wird es hier nie. Einfach nur durch die großen Einkaufszentren und Kaufhäuser oder durch die Edelboutiquen von Omotesando und Ginza zu laufen, kann ein tagefüllendes, ach was sag ich, wochenfüllendes Programm sein. Von den vielen Köstlichkeiten, mit denen ich mir zwischendurch den Bauch vollschlage, will ich gar nicht erst anfangen. Tatsächlich sind es nicht einfach 111 Gründe, Tokyo zu lieben. Es sind wesentlich mehr!

6. Grund

Weil Männer hier noch Machos sein dürfen und es auch gerne sind

Dass der japanische Mann ein echter Macho ist, kommt Ihnen vielleicht nicht als Erstes in den Sinn, oder? Er pfeift hübschen Frauen nicht hinterher oder trägt sein schwarzes Brusthaar stolz zur Schau. Stattdessen erlebt man den Macho eher zu Hause.

Ein klingelndes Telefon bringt ihn nicht aus der Ruhe. Ich staunte nicht schlecht, als ich folgende Szene zum ersten Mal beobachtete: Meinen Schwiegervater vor dem Fernseher, direkt neben ihm das klingelnde Telefon. Statt zum Hörer griff der Gute aber zur Fernbedienung, um den Ton etwas leiser zu stellen und dann laut nach seiner Frau zu rufen: »Okaaaaaaa-San, denwa desu!« Meine Schwiegermutter kam hastig herbeigelaufen, nahm den Anruf entgegen, und kaum hatte sie aufgelegt, wurde der Ton am Fernseher auch schon wieder laut gestellt.

Als ich diese Geschichte in einer heiteren Runde von älteren Japanerinnen – alle zwischen 50 und 80 Jahren – zum Besten gab, kam das allen sehr bekannt vor. »Ja, meiner macht das auch immer so. Immerhin stellt er den Fernseher leiser!« So sind die Männer halt. Organisation, Rechnungen zahlen, Einkaufen, Putzen, Kochen und das Badewasser einlassen, alles Frauensache. Nicht betrübt, sondern mit viel Humor, gab jede aus der Runde nun ihre eigenen kleinen Anekdoten zum Thema *Macho* zum Besten. Wer hier wirklich der Herr im Haus ist? Na der Mann!

Warum fällt es dem Japaner nun so schwer, der Frau die Tür aufzuhalten oder ihr die schwere Einkaufstasche abzunehmen?

Romantische Beziehungen spielten in Japan lange keine große Rolle. Geheiratet wurde, um das Fortbestehen der eigenen Familie zu sichern. So einfach war das. Für eine gute Ehe waren nicht individuelle Wünsche, Bedürfnisse oder gar Liebe wichtig.

Mittlerweile heiratet man auch in Japan überwiegend aus Liebe. Vor allem die junge Generation möchte es da besser machen, und so sieht man junge Japaner stolz die schwere Designertasche der Freundin durch die Einkaufsstraßen tragen. Damit wird das Bild vom japanischen Macho völlig ruiniert.

Wenn ich Japanerinnen erzähle, dass ich einen Japaner geheiratet habe, ernte ich ungläubige und unverständliche Blicke: »Warum einen Japaner? Japanische Männer sind anstrengend und schrecklich unselbstständig. Ausländer hingegen tragen die Frau auf Händen und sind so romantisch!« Solche Bemerkungen hörte ich ständig. Ich habe es mir abgewöhnt, den Glauben vom romantischen Ausländer zu zerstören. Aber ich weiß sehr wohl, worauf sie hinauswollen: Auf Komplimente vom Japaner wartet man vergebens, die Tür zum Auto aufgehalten zu bekommen – keine Chance. Mal mit einem romantischen Abend inklusive Essen bei Kerzenschein überrascht zu werden, da muss der Strom schon ausfallen.

Ich höre schon ein entsetztes Widersprechen: »Die Japaner sind doch nicht alle so unromantisch!« Nein, natürlich nicht. Einige sind auch einfach nur verwöhnte Muttersöhne. Andere sind sorgsame Ehemänner, die sich gerne aus allem raushalten und das damit begründen, dass sie schließlich das Geld nach Hause bringen und sich nach der langen Arbeit erholen müssen.

Dass mir japanische Männer hinterhergepfiffen haben, wie es in einigen südländischen Ländern der Fall ist, habe ich in sechs Jahren nicht erlebt. Kann natürlich auch an mir liegen. Einmal erlebte ich, wie man mir auf dem Fahrrad etwas hinterher rief. Als ich mich umdrehte, erstarrten die jungen Männer und entschuldigten sich höflich. Es mag an meinem Alter gelegen haben oder an meinem ausländischen Gesicht. Das werde ich wohl nie erfahren.

7. Grund

Weil japanische Frauen der Traum vieler Männer sind

Das Bild von der kleinen süßen Japanerin, die sich hingebungsvoll dem Mann unterwirft, immer in seinem Schatten geht, ihm das Essen serviert und sich dann still auf Knien aus dem Raum entfernt, trotzdem sofort zur Stelle ist, wenn der Mann nach ihr verlangt, dieses Bild hat mir ein Inder mal geschildert, als ich ihn fragte, warum er unbedingt eine Japanerin heiraten wolle. »Die Inderinnen heutzutage sind mir einfach zu emanzipiert.«

Mir begegneten immer wieder Ausländer, die mit dem einen Ziel nach Japan gekommen waren, eine Japanerin zu heiraten. Eine Begegnung ist mir da ganz besonders in Erinnerung geblieben. Mit aller Ehrlichkeit erklärte mir ein Amerikaner, ich nenne ihn mal John, warum es unbedingt eine Japanerin sein müsse: »Die können toll kochen, nehmen mich, wie ich bin, und kritisieren nicht ständig an mir herum. Japanerinnen respektieren mich, lieben mich, trotz meiner 40 Kilo Übergewicht und freuen sich darüber, englisch mit mir zu sprechen.« – »Oder auch nicht!«, fügte ich in Gedanken hinzu. »Was für eine verquirlte Scheiße!«, reagierte meine japanische Freundin direkt darauf und freute sich tatsächlich drüber, englisch mit ihm sprechen zu können: »Bullshit!«

Wenige Monate später traf ich den etwas vorurteilsbeladenen, aber im Grunde herzensguten Amerikaner mit einer Japanerin im Arm wieder. Er war nicht mehr wiederzuerkennen und strahlte vor Glück.

»Ich gehe jetzt regelmäßig zum Sport, und weil Yoko (Name geändert) nicht so gut Englisch kann, habe ich mit einem Japanischkurs angefangen. Sie findet es toll, dass ich sie oft zum Essen einlade, weil sie so ungern kocht.« So findet wohl jeder Topf sein Deckchen.

Binationale Ehen und Beziehungen sind in Japan keine Seltenheit. Am Ende heiratet doch niemand *die Japanerin* oder *den Japaner*, sondern den Menschen dahinter. Vielleicht bin ich aber auch naiv und glaube an die inneren Werte. Die Nationalität spielte jedenfalls bei mir keine große Rolle mehr, als die Liebe zugeschlagen hatte. Probleme aufgrund kultureller Unterschiede stellten die Beziehung auf ihre erste harte Probe. Die einen bestehen sie, die anderen zerbrechen, aber da geht es dem Hamburger, der sich in eine Münchnerin verliebt, nicht anders.

In meinem Bekanntenkreis gibt es übrigens wesentlich mehr Ausländerinnen, die mit einem Japaner verheiratet sind, als Ausländer, die eine Japanerin geheiratet haben. Das deckt sich auch mit den Statistiken des japanischen Ministeriums für Gesundheit, Arbeit und Soziales aus dem Jahr 2015: 70% der binationalen Ehen werden zwischen Ausländerinnen und Japanern geschlossen. 81% der Ausländerinnen kommen aus Asien (allen voran aus China, den Philippinen, Korea und Thailand). Bei den 30% Japanerinnen, die einen Ausländer heiraten, sieht es hingegen etwas anders aus: Über die Hälfte der Ehemänner kommt aus dem angloamerikanischen Raum (Amerika, UK und Australien). Über Inder habe ich leider keine Zahlen finden können.

John und Yoko sind mittlerweile verheiratet, und der Älteste geht in die zweite Klasse. Ob der Inder seine Traumfrau gefunden hat, das weiß ich leider nicht.

8. Grund

Weil die Frau ihre Rolle liebt und die Emanzipation trotzdem auf dem Vormarsch ist

Unter dem alten verstaubten Bild der sich aufopfernden Japanerin leiden noch heute viele Frauen. Sie haben es in Japan wirklich nicht immer leicht. Gleichberechtigung im Job, bis dahin ist es in Japan noch ein langer Weg. Zwar gibt es Ankündigungen seitens der Regierung, das in Zukunft zu ändern, aber viel ist noch nicht davon zu sehen. Das alte Rollenbild von der sich aufopfernden Ehefrau und Mutter ist noch fest in den Köpfen, sowohl bei Indern als auch bei Unternehmen, die Männern Karrierechancen einräumen, bei Frauen aber davon ausgehen, dass sie früher oder später ohnehin das Unternehmen verlassen werden, sobald das erste Kind kommt. Die Japanerinnen haben sich darauf eingestellt. Trotz Studiums und hervorragender Abschlüsse wird bei der Auswahl des Partners gerne auf seine berufliche Zukunft geschaut.

Trotzdem begegneten mir doch immer wieder Frauen, die die Rolle der niedlichen hingebungsvollen Frau bis zur Perfektion beherrschten, die aber genau wussten, was sie wollten.

So habe ich nicht schlecht gestaunt, als mir Freundinnen in den ländlichen Gegenden von ihrem großen Wunsch erzählten: natürlich eine richtig kostspielige Hochzeit in Weiß und anschließend ein Leben als Hausfrau und Mutter. »Ich unterstütze meinen Mann gerne bei seiner Karriere; wenn er erst spät nach Hause kommt, steht natürlich das Essen auf dem Tisch. Als Hausfrau habe ich aber auch meine Freiheit und kann meine Freizeit frei gestalten.«

Solche Aussagen hörte ich, während wir vormittags in einem kleinen Café gemütlich unseren Tee schlürften. In Japan wird den Frauen in der Mutterrolle weit mehr Wertschätzung entgegengebracht als so mancher Karrierefrau, die nur an sich denkt. Egoismus kommt generell nicht gut an.

Diese Erfahrung machte leider auch meine kinderlose und karrierebestrebte Freundin. »Die ersten Jahre nach der Hochzeit waren die härtesten. Ständig die Frage nach dem Nachwuchs. Hinter meinem

Rücken wurde schon geredet über meine Unfruchtbarkeit. Dabei hatte ich Spaß bei der Arbeit und wollte die nicht für Kinder und Ehemann aufgeben. Aber ich stieß bei meinen Eltern und Schwiegereltern mit meiner Haltung auf Unverständnis. Die Rolle der Frau war in ihren Augen, mich endlich mal auf Nachwuchs zu konzentrieren.«

Solche Themen besprechen Paare heute gemeinsam, bevor sie eine feste Beziehung eingehen – in Japan genauso wie in anderen Ländern der Welt.

9. Grund

Weil Japaner es verstehen, ihren Urlaub zu nutzen

Die Urlaubszeit möglichst effektiv zu nutzen, darin sind die Japaner echte Meister. Europa im 10 Tagen. 5 Länder und Grenzüberquerungen, als ob jemand hinter ihnen her wäre. Sightseeing, ohne Luft zu holen. Wenn Japaner reisen, sieht das für Außenstehende nicht unbedingt nach entspanntem Urlaub aus, sondern mehr wie eine Reise, von der man sich zum Schluss erholen muss. Beim Reisen geht es ja nicht unbedingt um Entspannung. Das tun Japaner am Wochenende in einem Hotel im eigenen Land, vorzugsweise an einem Ort mit heißen Quellen und gutem Essen, wo jeder sie versteht. Doch 10 Tage Urlaub am Stück, die müssen genutzt werden.

Meine japanische Freundin zeigt mir stolz ihren Reiseplan für Europa. »Der ist aber ganz schön vollgepackt!«, ist mein erster Gedanke. »Na, wenn wir schon mal da sind, dann muss sich das auch lohnen.«

Nach der Reise gibt es von ihr die Zusammenfassung: Fotos vom Kölner Dom, vorm Brandenburger Tor in Berlin, vom Schloss Neuschwanstein, eine kleine enge Gasse mit Fachwerkhäusern irgendwo in Bayern und mit einer Maß in der Hand in einem Münchner Brauhaus. Beim Foto der 45 kg leichtgewichtigen Freundin, die vor einem Eisbein sitzt, das so groß wie ihr gesamter Kopf ist, muss ich kurz mal nachfragen: »Wie hat dir das geschmeckt?« – »Sehr lecker. Aber ganz geschafft habe ich das nicht. Wir hatten an diesem Tag schon ein paar

Spezialitäten …«, und zeigt mir Fotos von Sauerbraten, Currywurst, Sauerkraut mit Spanferkel, »… und zu jedem Essen zwei Bier.«

Im Urlaub gönnt sie sich was. Schließlich ist sie nur einmal in Europa und alles muss probiert werden.

Es geht für sie mit der Reisegruppe im Bus über die Grenze in die Schweiz. Berge und klare Seen, das sieht nach Erholung und Ruhe aus. »Da sind wir nur ganz kurz für das Foto ausgestiegen, bevor es zum Fondue-Essen nach Zürich ging.« Die Schweiz gefiel ihr richtig gut. Der Blick aus dem Fenster des Busses war herrlich abwechslungsreich. Aber am besten hat ihr Frankreich gefallen. »Wegen der französischen Küche?« Sie nickte. »Und wegen der kleinen Insel Le-Mont-Saint-Michel.« Morgens um 3:30 Uhr hat sich die Gruppe von Paris auf die vierstündige Busfahrt gemacht, Croissants und Kaffee gab es auf der Fahrt. Von der kleinen Inselgemeinde in der Normandie höre ich zum ersten Mal, obwohl der Berg und die Bucht UNESCO Weltkulturerbe sind. Das ist das Stichwort. Viele Länder zu bereisen und die lokalen Spezialitäten zu probieren, das allein füllt so eine Europareise von zehn Tagen ja noch lange nicht. Es müssen auch mindestens noch täglich zwei UNESCO gelistete Sehenswürdigkeiten dabei sein. In Deutschland wird daher gerne ein kurzer Abstecher nach Weimar und Quedlinburg gemacht.

Aber zurück zu Frankreich und der Begeisterung für dieses Land. Natürlich das Essen. Es folgen Fotos von Austern, Fisch, Fleisch, noch mehr Meeresfrüchten, Käse und Rotwein.

Dann tauchen Fotos von Kirchen und Fresken auf. Nach Mailand sind sie geflogen. Ich rechne schnell im Kopf nach: vier Länder. Das nenne ich mal sportlich. »Nein, wir waren auch noch kurz in Österreich! Von Deutschland bis zur Grenze mit dem Bus und dann einmal zu Fuß rübergelaufen. Es gab nicht mal eine Kontrolle!« Für den Inselbewohner jedes Mal ein Highlight.

Warum so viele Japaner von Deutschland schwärmen? Weil Deutschland mit neun Ländern die meisten direkten Nachbarn hat.

Das Ende des Reisemarathons wird in Rom gefeiert, bei Spaghetti und Weißwein. Nach sieben Nächten geht es dann auch schon wieder zurück.

So eine Europareise, davon träumen viele Japaner. Angebote für ähnliche Reisetouren findet man dort einige. Warum die so beliebt sind? Man muss sich um nichts kümmern. Fünf Länder zu bereisen, das bedeutet fünf verschiedene Sprachen, von denen die wenigsten auch nur eine beherrschen. Wer nur wenig Urlaub am Stück nehmen kann, der will sich nicht auch noch um Bahntickets, Hotelreservierungen, Restaurants oder Sightseeingtouren kümmern, sondern die wenige Zeit so gut es geht gefüllt wissen.

Am Ende gesteht mir meine Freundin dann aber: »Es war schon ein bisschen viel. Und Pisa fand ich nicht so schön. Da wurden busseweise Chinesen ausgeladen. Die hetzen ja regelrecht durch Europa und fahren in 14 Tagen durch neun Länder! Kannst du dir das vorstellen???«

10. Grund

Weil Geschäftsbeziehungen in Japan spannend sind

Wer beruflich mit Japanern zu tun hat, kein Japanisch spricht und auch vorab keine umfassende Einführung in die japanische Kultur erhielt, für den ist ein Geschäftstreffen immer eine spannende Angelegenheit.

Während meiner Zeit in Japan habe ich häufig japanische Mitarbeiter eines großen Automobilherstellers in interkultureller Kommunikation geschult, denen eine Geschäftsreise nach Deutschland bevorstand. Denn auch Japaner fühlen sich wohler, wenn sie vorbereitet sind. Als ich die Mitarbeiter fragte, was sie über Deutschland wissen, erhielt ich interessante Antworten: »Deutsche sind groß, haben einen kräftigen Händedruck und können unglaublich viel Bier trinken!« Das Biertrinken haben wir nicht geübt, zur Körpergröße konnte ich auch nicht viel beitragen, außer ein »Stehen Sie aufrecht und nicht so krumm!«. Also blieb nur noch der Händedruck, und da bedurfte es tatsächlich ein wenig Übung.

Nach ihrer Rückkehr wollte ich wissen, wie es geklappt hatte. »Unsere deutschen Geschäftspartner hatten ebenfalls ein Training und die japanische Verbeugung geübt. Während wir ihnen die Hand entgegenstreckten, bereit für einen kräftigen Händedruck und etwas ängstlich, dass es schmerzen würde, verbeugten sich die Deutschen. Etwas unangenehm im ersten Moment, doch dann lachten wir herzlich, das Eis war gebrochen, und wir konnten uns etwas entspannen.« Nervös sind also beide Seiten und kleine Missgeschicke können auch zu etwas gut sein.

Zu den größten Geheimnissen bei Geschäftstreffen mit Japanern gehört, was in den Köpfen wirklich vorgeht. Ob und wie ein Vorschlag Anklang findet oder nicht. Viel zu früh kommen Ausländer auf den Punkt und sprechen den Geschäftsabschluss an.

So schnell geht das bei Japanern aber nicht. Die erste Phase des Treffens dient lediglich dem Kennenlernen. Wichtige Entscheidungen werden niemals aus dem Bauch getroffen und erfordern immer eine Besprechung mit denen, die Entscheidungen treffen, das ist nicht immer die Person, die der englischen Sprache so mächtig ist, dass sie für den ersten Kontakt abberufen wird.

Nach dem Kennenlernen folgt die zweite Phase: das Geschäftsessen. Japaner mögen es gerne gesellig und lieben die Unterhaltung bei Essen und Alkohol. Hier prüfen sie auch Ihre Kompetenzen. Wie ist Ihr Umgang mit anderen Menschen? Respektieren Sie kulturelle Unterschiede? Kann man sich auf Sie verlassen?

Die meisten Missverständnisse allerdings, die ich bei Ausländern in Geschäftsverhandlungen erlebt habe, entstanden aufgrund von sprachlichen Barrieren und der Tatsache, dass Japaner mit einem »Hai« (»Ja«) antworten, wenn ihnen ein Vorschlag gemacht wird. Wer sich nun schon innerlich die Hände reibt über diesen schnellen Geschäftsabschluss, der wird am Ende nicht selten enttäuscht sein. Ein »Hai« oder auch »Yes« bedeutet nichts anderes als »ich verstehe« und nicht etwa eine Zustimmung zu einem Vertrag. In der japanischen Kommunikation ist es wichtig, dem Gegenüber zu vermitteln, dass man aktiv zuhört und zeigt, dass man alles verstanden hat. Erst wenn ein Treffen mit den Entscheidungsträgern bevorsteht, geht es in die Verhandlungsphase. Aber bis es so weit ist, kann noch einige Zeit vergehen.

»Japaner sind immer schrecklich höflich, aber was genau in ihren Köpfen vorgeht, bleibt mir ein Rätsel.« Darüber beklagen sich viele, die mit Japanern geschäftlich zu tun haben. Zu oft erlebte ich, dass Ausländer die allgemeine Höflichkeit und den Respekt dem Gast gegenüber dahin gehend deuteten, alles richtig gemacht zu haben. Doch der Blick hinter die Maske blieb ihnen verwehrt und zu einer erfolgreichen Geschäftsbeziehung reichte es am Ende nicht. Etwas Entscheidendes fehlt da oft: Geduld und Durchhaltevermögen. Ohne das kommt man in Japan nicht weit. So bleiben Geschäftsbeziehungen in Japan immer spannend.

11. Grund

Weil die kleine Visitenkarte hier eine große Bedeutung hat

Meishi, das ist die Visitenkarte und so bedeutsam, dass ich ihr ein ganzes Kapitel widmen möchte. Der erste Eindruck ist so wichtig, dass es mittlerweile zu diesem Thema haufenweise japanische Ratgeber gibt. Darin werden alle Regeln und Fettnäpfchen penibel erklärt. Selbst mein Mann besitzt ein paar davon, denn in die Wiege gelegt bekommen hat er das nicht. Training und viel Übung bedarf alleine das Austauschen von Visitenkarten. Und das ist eine unglaublich praktische Sache.

Stellen Sie sich folgende Szene einmal vor: Sie begegnen Ihrem potenziellen Geschäftspartner zum ersten Mal und kennen weder den Namen noch seine Position in der Firma. Halten Sie schon mal ihr Etui mit Visitenkarten bereit, denn gleich geht es los. Es beginnt mit der Verbeugung, niemals tiefer als im 45-Grad-Winkel mit gradem Rücken. Ihre Füße sollten in eine V-Position gebracht werden. Achten Sie mal drauf, wie Ihr Gegenüber vor Ihnen steht, und machen Sie es ihm einfach nach. Ich habe das mit der Verbeugung und den Füßen lange vor dem Spiegel üben müssen, bis das saß.

Dann werden die bereitgehaltenen Karten ausgetauscht. »Was kann man da schon groß falsch machen?«, fragen Sie sich. Eine ganze Menge ist hierbei zu beachten: Entweder halten beide ihre Karten bereits mit beiden Händen in Brusthöhe vor sich, am besten auf dem kleinen Visitenkartenetui, verbeugen sich und überreichen sich gegenseitig die Karten mit der jeweils rechten Hand und nehmen gleichzeitig mit der linken Hand die ihres Gegenübers entgegen. Das Kärtchen wird dabei nur an der Ecke gehalten, bedecken Sie niemals die Schrift mit Ihren Fingern. Auch sollte die Karte so übergeben werden, dass Ihr Gegenüber gleich mit dem Studium beginnen kann. Nein, ich übertreibe hier nicht. Das läuft tatsächlich immer nach dem gleichen Schema ab. Laut lesen Sie sich die Namen vor (bei dieser Gelegenheit kann man sich auch gleich den Namen einprägen) und auch den Beruf bzw. die Position im Unternehmen. Vielleicht wird eine Frage zur Aussprache gestellt oder ein kleiner Kommentar zum Wohnort gemacht. Wichtig ist, dass Sie dem kleinen Kärtchen mindestens so viel Respekt gegenüber erweisen wie der Person selbst. Niemals stecken Sie die Karte gedankenverloren in Ihre Hosentasche oder gar in die Gesäßtasche. NIEMALS! Sie bleibt auf Ihrem Etui liegen oder wird sorgfältig darin verstaut. Alle Taschen, die oberhalb Ihrer Hüfte liegen, sind okay, am besten aber ist, die Karte weiterhin in Sichtweite zu haben. Was Sie auch niemals tun sollten: darauf schreiben, die Karte knicken oder damit herumspielen (und natürlich im schlimmsten Falle auf dem Tisch vergessen).

Auf etwas möchte ich Sie an dieser Stelle noch hinweisen. Zwei Dinge sollten Sie unbedingt bedenken. Schauen Sie dem Japaner bei der Übergabe nicht in die Augen. Generell werden Sie bei einem Japanaufenthalt nur wenig Augenkontakt mit den Menschen haben. Stattdessen fällt der Blick auf den Mund, aufs Kinn oder auf den Hals. Augenkontakt gilt einfach als unhöflich.

Wenn ich aber unter allen Regeln eine wählen müsste, die mir besonders schwergefallen ist, dann ist es, nicht zu lächeln. Auch wenn Sie sich noch so freuen und Ihr Glück in die Welt senden möchten, versuchen Sie, beim Kennenlernen ihr Lächeln einzustellen. Sie wirken dadurch einfach wenig vertrauenswürdig und auch etwas dumm. Da ist dann auch ganz egal, was auf Ihrer Visitenkarte steht oder welche Position Sie innehaben.

12. Grund

Weil eine Übernachtung mehr sein kann, als eine Nacht in einem Hotel zu verbringen

Das traditionelle Hotel in Japan nennt sich *Ryokan* und ist kein gewöhnliches Hotel. Es ist eine Herberge oder Familienpension für eine Nacht. Hier geht es nicht einfach nur um eine Unterkunft. Ein Ryokan ist Erholung für den Körper und für die Seele. Für ein paar Stunden bekommt man Rundumbetreuung: Essen, ein heißes Bad, ein schöner Garten, ein japanisch eingerichtetes Zimmer, und nach einer erholsamen Nacht auf dem Futon wird der Gast mit einem leckeren Frühstück verwöhnt. Alles dreht sich hier um das Wohl des Gastes.

Gleichzeitig soll der Aufenthalt in einem Ryokan eine Auszeit vom Alltagsstress bieten, den Gast verwöhnen, ihm Ruhe und eine unvergessliche Zeit mit dem Partner oder mit der Familie schenken. Deshalb lieben Japaner das Ryokan, wenn ihr Aufenthalt auch noch so kurz sein mag.

Die Anreise erfolgt am späten Nachmittag, und nach dem Frühstück wird es auch schon wieder Zeit für den Abschied. Dazwischen lässt man es sich einfach gut gehen.

Bei meinem ersten Aufenthalt in einem Ryokan staune ich nicht schlecht: Nur 50 km von unserem Zuhause entfernt besuchen wir mit meinen Schwiegereltern ein Ryokan, um uns an einem Ort verwöhnen zu lassen, der bekannt ist für seine heißen Quellen. »Da könnten wir doch einfach am Ende wieder nach Hause fahren und uns das Geld für die Übernachtung sparen!«, denke ich in meinem deutschen Geiz.

»Um die Übernachtung geht es gar nicht!«, erfahre ich und bin natürlich gespannt, was mich da erwarten wird.

Nachdem wir uns die Umgebung angeschaut, ein paar Tempel besucht haben und durch das kleine Städtchen geschlendert sind, geht es gegen Abend zu unserem »neuen Zuhause für eine Nacht«.

Kaum sind wir aus dem Auto gestiegen, stehen drei Angestellte des Ryokan in einer Reihe und begrüßen uns mit einer tiefen Verbeugung. Wir werden mit Namen angesprochen, und beim Eintreten in das traditionelle Haus bemerke ich das kleine Holzschild mit unserem Familiennamen drauf. Toller Empfang! Unsere Schuhe am Eingang abgestellt, schlüpfen wir in die bereitgestellten Pantoffeln, laufen durch schmale Gänge, vorbei an Papierschiebetüren und schauen plötzlich auf einen kleinen Innenhof: ein japanischer Garten mit einem Teich, in dem Karpfen schwimmen. So habe ich mir Japan immer vorgestellt.

Dann betreten wir unsere japanischen Zimmer. Unsere Taschen haben ihren Weg bereits ins Zimmer gefunden. Viel Gepäck braucht man für so eine Nacht im Ryokan eigentlich nicht. Hier gibt es eigentlich alles, bis auf eine Wechselunterhose und ein frisches T-Shirt für den nächsten Tag.

Für die nächsten Stunden steht nur eine Sache auf dem Programm – Erholung oder anders gesagt: lecker essen, heiß baden, erholsam schlafen.

Zur Begrüßung wird uns Tee mit einem kleinen Reiscracker auf dem Zimmer serviert. So sitzen wir da, genießen das warme Getränk in unseren Händen und schauen aus dem großen Fenster in den japanischen Garten. Bei dieser Atmosphäre werde ich fast automatisch ruhig, wenn nicht alles so aufregend wäre.

Denn als Nächstes schlüpfen wir in die bereitgelegten Yukata, japanische Baumwollbademäntel, die ein wenig an das Unterkleid eines Kimonos erinnern. Die ziehen wir bis zur Abreise eigentlich nur noch einmal aus, wenn wir uns zum Baden nackig machen. Weil wir damit durch die Gegend zu laufen gedenken, muss der gut und richtig sitzen (erst die rechte Seite einschlagen, dann die linke, die oben liegt, sodass man mit der rechten Hand in den Ausschnitt greifen kann. Nur bei Toten wird es anders herum gehandhabt).

Zusammen mit meiner Schwiegermutter geht's zum Baden. Die Becken sind hier nach Geschlechtern getrennt und liegen draußen, direkt neben einem kleinen Fluss, durch den das Wasser stetig rauscht. Es ist herrlich, im heißen Wasser zu sitzen und auf die Berge zu schauen, hinter denen gerade die Sonne untergeht. Dabei atmen wir die frische Luft, während unsere Haut langsam zu schrumpeln beginnt.

Ganz schlapp vom heißen Wasser, aber unglaublich entspannt geht es zurück ins Zimmer, wo bereits die Vorbereitungen für das Abendessen begonnen haben. Serviert wird im Zimmer meiner Schwiegereltern. Die vielen kleinen Gerichte aus Gemüse, Fisch, Meeresfrüchten, Suppe und Reis sehen nicht nur wunderschön aus, sondern schmecken einfach köstlich. Immer wenn ich denke, dass wir den letzten Gang erreicht haben, öffnet sich die Schiebetür des Zimmers und eine weitere Spezialität der Region wird von zwei Frauen hereingetragen.

Nach dem üppigen Abendessen beschließen wir, noch mal kurz durch das kleine Örtchen zu spazieren. »Im Bademantel mit diesen Holzschlappen???« – »Klar, wir gehen doch nur ganz kurz raus!« Und wir sind tatsächlich nicht die Einzigen, die da in ihren Yukatas durch die Straßen laufen. Wir halten noch mal schnell unsere Füße in ein heißes Fußbecken an der Straße, bevor wir wieder auf den Holzschuhen zu unserem Ryokan zurückstolpern.

Bei unserer Rückkehr ins Zimmer ist vom Abendessen keine Spur mehr. Stattdessen sind die Futons auf dem weichen Tatamiboden zum Schlafen für uns vorbereitet und die Shoji-Papiertüren vor die Fenster geschoben. Das laute Schnarchen meines Schwiegervaters dringt durch die dünnen Wände, aber ich konzentriere mich auf das Rauschen des Flusses und bin bald in tiefen Schlaf gesunken.

Das Frühstück am nächsten Morgen nehmen wir nicht auf unserem Zimmer ein, sondern in einem kleinen japanischen Raum, mit dem Blick auf den rauschenden Fluss.

Es gibt klassisch japanisches Frühstück: Reis, Miso-Suppe, Fisch, eingelegtes Gemüse, ein Onsen-Ei, welches in dem 45 Grad heißen Quellwasser langsam gekocht wurde, und Natto, fermentierte Sojabohnen.

Mit gut gefüllten Bäuchen schlendern wir noch kurz durch den japanischen Garten, bevor wir in unsere Zimmer zurückkehren. Sicher ahnen Sie es schon: Unsere Nachtlager sind verschwunden, und das Zimmer sieht wieder so aus wie zu unserer Ankunft. Nach einem Tee legen wir unsere Baumwollbademäntel ab und gleiten langsam wieder zurück in unser altes Leben und unsere Straßenkleidung.

Jetzt folgt eine typisch japanische Szene, ein Um-die-Wette-Verbeugen-und-Bedanken auf beiden Seiten, als möchte niemand der Letzte sein. Noch eine Verabschiedung, noch ein »Gute Fahrt« und ein »Vielen Dank«. Selbst als wir schon alle im Auto sitzen und vom Hof rollen, stehen alle Angestellten des Ryokan vor dem Haus und verbeugen sich zum Abschied wieder und wieder. Und wir, mit heruntergelassenen Scheiben, bedanken uns ebenfalls mit kurzen nickenden Kopfbewegungen, die für Außenstehende auch nach gemeinsamem Headbangen bei Autoradiomusik ausschauen könnten.

Dabei schaut es in unserem Inneren ganz anders aus – ein Gefühl, das sich nur schwer in Worte fassen lässt: innere Ruhe, Entspannung, Zufriedenheit und Sorglosigkeit. Denn für eine Nacht haben wir uns einfach mal um nichts kümmern müssen und unbeschwert wie Kinder alles angenommen: Das gemachte Bett, die ausgelegten Klamotten, das eingelassene Badewasser und das zubereitete Essen.

13. Grund

Weil Baden nicht Körperreinigung, sondern Erholung ist

Im Deutschen meistens mit »heiße Quelle« übersetzt, gibt es *Onsen* über das ganze Land verteilt, die je nach Region mit unterschiedlichen Mineralien angereichert sind. *Onsen* nennt man auch die Orte, an denen sich besonders viele heiße Quellen befinden, mit zahlreichen Hotels, wo es mal mehr und mal weniger nach verfaulten Eiern riecht. Vergleichbar ist so ein Onsen mit einem Kurort. Nur wesentlich besser besucht. Es gibt über 3.000 Onsen-Orte in Japan, zusätzlich aber noch viele natürliche Becken, die irgendwo am Wegesrand oder in den Bergen versteckt liegen. Diese nicht von Hand geschaffenen Badetümpel werden als *Notenburo* bezeichnet. Notenburo erinnern oft an kleine Pfützen, durch die heißes Wasser fließt. Wenn nicht ausdrücklich ein Schild das Baden verbietet, darf man sich hier gerne nackig dem Badespaß hingeben. Insgesamt kommt Japan so auf knapp 28.000 Onsen-Becken. Da muss man sich schon große Mühe geben, durch Japan zu reisen, ohne auf ein Onsen zu stoßen.

Kein Onsen gleicht dem anderen. In den Hotelanlagen findet man oft verschiedene Becken mit unterschiedlichen Mineralien, manche wurden dem Wasser nachträglich zugegeben, andere sind natürlich.

Japans Badekultur spielt seit jeher eine große Rolle. Da Häuser früher aus Brandschutzgründen keine Badezimmer besaßen, gab es in jedem Bezirk, nahezu in jeder Straße ein Badehaus, *Sento* genannt. Hier traf man sich abends zur Körperreinigung, und anschließend wurde gebadet, während man mit den Freunden und Nachbarn den neusten Tratsch im Viertel austauschte. Badehäuser waren lange Zeit nicht nach Geschlechtern getrennt. Die Geschlechtertrennung kam erst im 19. Jahrhundert, aber Nacktsein gehört bis heute zu den vielen Regeln.

Die allerwichtigste Regel ist aber, dass Baden nichts mit Körperreinigung zu tun hat, sondern der Erholung dient. Die Reinigung findet in Japan immer vor dem Besteigen des Beckens statt. Seife und Waschlappen haben im Wasser nichts verloren. Dazu gibt es vor den Becken kleine Waschgelegenheiten mit Plastikhöckerchen, auf die man sich setzt. Sogar Spiegel, die aus einem unerfindlichen Grund nur selten beschlagen, gibt es hier, sodass jeder sich in seiner nackten Schönheit beim Sitzduschen beobachten kann.

Das Reinigen vorab gilt für Onsen, genau wie für Sento oder das heimische Badezimmer, das *Ofuro*. Mittlerweile haben sich Badewannen in japanischen Wohnungen und Häusern durchgesetzt, und die Zahl der öffentlichen Badehäuser nimmt jährlich ab.

Das japanische Badezimmer war für mich beim ersten Besuch in Japan, neben dem WC, das sich immer in einem separaten Raum befindet, ein echtes Highlight. Die Wanne ist tief und kurz, nicht weil Japaner so kurze Beine haben. Es ist allein dem Platzmangel geschuldet. »In der Wanne liegen« kennen die Japaner daher nicht. Der Japaner entspannt im Sitzen, während nur der Kopf aus dem Wasser guckt. Vor der Badewanne befindet sich die Dusche mit einem kleinen Hocker. Ganz wie im Onsen.

Mal ehrlich! Gibt es etwas Gemütlicheres, als im Sitzen in einer Nasszelle zu duschen und so problemlos an die Zwischenräume der Zehen gelangen zu können?

Der schönste Teil folgt aber nach der Reinigung: ab in die Wanne, ins Becken oder in einen Holztrog, am besten natürlich irgendwo unter freiem Himmel in einem sogenannten *Rotenburo*.

Den Tag ausklingen lassen und spüren, wie der ganze Stress des Tages mit einem Mal ganz weit weg ist. Das ist ein Gefühl, wie neu geboren zu werden.

Das müssen Sie einfach mal erlebt haben. Weniger wünsche ich Ihnen allerdings das Erlebnis, bei einer sechsköpfigen Familie wie der meinen zu Hause baden zu dürfen, wenn Sie als Letzter in die Wanne steigen. In Japan wird das Badewasser nicht für jede Person gewechselt. Das Wasser ist für alle da, schließlich hat sich aus diesem Grund auch jeder zuvor gründlich gereinigt. Trotzdem bleibt es nicht aus, dass man bei 42 Grad ins Wasser schwitzt, nicht wahr? Und das kann man riechen. Und nicht selten findet man einzelne Haare oder Hautschuppen an der Oberfläche schwimmen.

Aber ich gestehe Ihnen jetzt mal ein kleines Geheimnis. Wenn ich die Letzte in der Wanne war, habe ich einfach meinen Waschlappen, entgegen allen Regeln, mit ins Wasser genommen und mich dort gemütlich in der Wanne sitzend gereinigt. So viel deutsche Badekultur habe ich mir dann einfach gegönnt. Und mein Mann hat mir gestanden, dass er das genauso macht. Ja ja. Japaner und ihre Regeln.

14. Grund

Weil jede Familie hier ihr eigenes Logo hat

Familienwappen sind ja erst mal nichts Ungewöhnliches. Dass in Japan aber jede Familie ein eigenes Familiensymbol besitzt, das ist schon eine kleine Besonderheit. Und auch wenn *Kamon*, wie man die einfarbigen schlicht gehaltenen Familienzeichen nennt, keine allzu große Bedeutung im Leben spielen, so sind sie doch immer präsent und gehören zur Familie wie der Nachname. Diese sind fest miteinander verbunden. Wenn die Frau mit der Heirat ihren Namen ändert, ändert sich auch ihr Familienwappen.

Zum ersten Mal wurde mir das beim Besuch des Friedhofes bewusst: auf dem Grabstein der Großeltern meines Mannes. Dort bemerkte ich ein Symbol, welches ich auch schon an der ein oder anderen Stelle im Haus meiner Schwiegereltern gesehen hatte: als Zeichen am Hausaltar, auf dem offiziellen Kimono meines Mannes, meiner Schwiegermutter und meines Schwiegervaters, als sie auf eine Beerdigung gingen, und auf einem Tuch, mit dem traditionell noch heute Geschenke eingepackt und transportiert werden, dem *Furoshiki*. Bei besonders wichtigen Geschenken, die im Namen der gesamten Familie übergeben werden, verwendet man dieses besondere Tuch mit Familienwappen.

Zusammenfassend kann man sagen, man findet die Familienlogos an den Orten, die für den Japaner wichtig sind, als Familie wahrgenommen zu werden.

Wie und wann genau das eigene Wappen entstanden ist, kann kaum noch jemand sagen. Der eigentliche Ursprung ist vielen Familien nicht mehr bekannt.

Dabei handelt es sich bei den Wappen um sehr stark vereinfachte Symbole. Die stammen aus dem Tier- oder Pflanzenreich, sind Abbilder der Natur, manchmal auch Werkzeuge. Die stark vereinfachten Symbole sind einfarbig, fast immer in einem Kreis angeordnet, und erinnern mich sehr an Firmenlogos. Familienunternehmen wie Restaurants und Handwerksbetriebe verwenden gerne ihr Familiensymbol, um damit eine gewisse Tradition zu vermitteln.

Familienwappen gibt es in Japan schon sehr lange. Zunächst sah man sie bei einflussreichen Familien und Samuraikämpfern. Um im Eifer des Kampfes nicht versehentlich seinen eigenen Mann zu töten, kann es durchaus sinnvoll sein, ein Erkennungsmerkmal zu tragen. So trugen die Kämpfer während kriegerischer Auseinandersetzungen das Wappen ihres Herrn auf Waffen, Ausrüstung, Kleidung und auf Fahnen.

Wahrscheinlich stammen viele Familienwappen noch aus der Edo-Periode (1603 bis 1868). In dieser Zeit war es gewöhnlichen Menschen verboten, Namen zu tragen. Zeichen allerdings waren erlaubt und erhielten in dieser Zeit mehr und mehr Bedeutung für die einzelnen Familien als Identifikationsmittel. So könnten viele Kamon entstanden sein.

Es heißt, dass es mehr als 20.000 unterschiedliche Kamon in Japan gibt. Manche scheinen auf den ersten Blick gleich, unterscheiden sich dann aber doch beim näheren Betrachten.

Ich mag den Gedanken, ein eigenes Familienlogo zu besitzen. Nun habe ich nach meiner Heirat den Namen meines Mannes nicht angenommen, und genaugenommen darf ich das Kamon meines Mannes nun nicht tragen, denn das Logo ist namensabhängig. Aber wie so oft in Japan wird es dann am Ende doch gar nicht so ernst genommen mit Regeln und alten Traditionen. Vielmehr entspricht es einem Gefühl von Familienzugehörigkeit, erklärt mir meine Schwiegermutter und gesteht mir, dass sie stolz darauf sei, dass ihr Familienlogo nun von mir repräsentiert wird. Ich bin gerührt und ebenfalls stolz auf meine so weltoffene logotragende Familie.

2. Kapitel

Jahreszeiten, Natur & Naturgewalten

Sakura, japanische Kirschblüten

15. Grund

Weil jede Jahreszeit ein Highlight ist

Viele Menschen träumen davon, in einem Land zu leben, wo Jacken und geschlossene Schuhe in den hintersten Ecken des Kleiderschrankes vergraben liegen und wo es einfach immer warm und sonnig ist. Ich hingegen mag die verschiedenen Jahreszeiten viel zu gerne, als dass ich auch nur eine davon hergeben könnte. Und Japan hat sie alle.

»Welches ist denn nun die schönste Jahreszeit in Japan?«, werde ich oft gefragt. Das lässt sich gar nicht so richtig sagen. Das kommt auf den Geschmack des Einzelnen an und auf die Region, die man bereisen möchte. Die japanische Inselkette erstreckt sich über 25 Breitengrade: Vom subtropischen Süden mit Temperaturen niemals unter 10 Grad Celsius bis hin zur gemäßigt-kalten Klimazone im Norden mit kalten und schneereichen Wintern, wo das Thermometer nur sechs Monate im Jahr Temperaturen von über 10 Grad Celsius anzeigt. Einigkeit unter den Jahreszeiten gibt es hier deshalb nicht.

Bei der Frage nach der schönsten Jahreszeit in Japan sind sich selbst Japaner nicht einig. Die einen lieben die Ruhe der Winterlandschaft und die Aktivitäten auf den Pisten beim Wintersport. Andere (eigentlich alle) mögen den angenehm warmen Frühling, wenn alles erwacht und die Bäume so wundervoll blühen. Wieder andere, deutlich weniger, mögen den schwül-heißen Sommer, um im Meer zu baden. Auch ist es nur in den Sommermonaten möglich, den Fuji-San zu besteigen. Der Herbst ist meist sonnig und warm. Wenn sich die Berghänge leuchtend gelb und rot färben, tanken viele noch mal auf für die kommenden kalten Wintertage und favorisieren deshalb gerne den japanischen Herbst.

Die Übergänge von einer in die nächste Jahreszeit sind oft sehr kurz. »Ab Montag beginnt der Herbst!« – »Ja, klar. Das kann man so vorhersagen …«, belächele ich die Aussage meines Schwiegervaters noch und bin dann erstaunt, als tatsächlich mit dem Montag die unangenehme Hitze deutlich nachlässt und die ersten Blätter an den Bäumen ihre Farbe verändern.

Jahreszeiten spielen für Japaner eine große Rolle, und das wird nicht nur an den verschiedenen saisonalen Gerichten deutlich, sondern auch an der Dekoration. Jede Jahreszeit trägt ihre eigenen Symbole aus der Natur: der Winter den Kiefernzweig und die Pflaumenblüte, der Frühling die Kirschblüte, der Sommer den Bambus und der Herbst die Chrysantheme oder den Ahorn. Die Jahreszeitensymbole finden sich auf Kimonos, in der Dekoration bei Geschirr und in der Werbung.

Stellen Sie sich nur eine Frau in einem Kimono mit Ahornblättern vor, die einem Gast eine Süßigkeit in Form einer Kirschblüte serviert, auf einem Teller mit Bambusblatt, während draußen die Schneeflocken vom Himmel fallen. Das klingt wie Parodie in den Ohren eines Japaners.

Es sind übrigens häufige Fehler, die einem Japaner sofort auffallen, ob in einem angeblich japanischen Restaurant im Ausland oder bei einem Hollywood-Film, der in Japan spielt. Da konnte sich der ein oder andere vielleicht einfach nicht für eine Jahreszeit entscheiden. Denn schön sind sie alle und vor allem so schön unterschiedlich.

16. Grund

Weil die Kirschblüte Neuanfang und Hoffnung bedeutet

Ein altes japanisches Sprichwort sagt: *»Was die Kirschblüte unter den Blumen ist, ist der Krieger unter den Menschen.«* (Hana wa sakuragi, hito wa bushi / 花は桜木人は武士), und das ist nur eines von vielen Sprichwörtern, Liedern und Gedichten über die japanische Kirschblüte.

Die Kirschblütenzeit hat eine so große Bedeutung für Japaner, dass ich ihr ein ganzes Kapitel widmen möchte. Nein ich muss! Denn es ist einer der am häufigsten genannten Gründe, Japan zu lieben, wenn ich Japaner frage (mal abgesehen vom Essen). Es ist die simple Schönheit der Natur, die sich im ganzen Land breitmacht.

Plötzlich ist sie da. So plötzlich dann allerdings auch nicht, denn sobald die erste Kirschblüte im Süden des Landes gesichtet wird, sieht man im japanischen Fernsehen täglich die Prognosen für das restliche Land, beginnend im März auf der Insel Kyushu.

Warum die Kirschblüte nicht nur Wahrzeichen des Landes, sondern etwas ganz Besonderes ist, habe ich schnell verstanden, als ich zum ersten Mal die prachtvollen Bäume mit eigenen Augen sah. Schon Wochen vorher stand fest, wann *Manseki*, die volle Blüte, auch unser kleines Städtchen erreicht haben würde, und schnell erreichten mich gleich mehrere Einladungen zur Hanami-Party. Alle schienen wahnsinnig aufgeregt und redeten von nichts anderem. Man tauschte sich ständig aus, welche Orte man in dieser Zeit besuchen sollte.

Hanami bedeutet »die Blume sehen«, könnte aber weitaus treffender mit »Blumen fotografieren« übersetzt werden. Das ist wesentlicher Bestandteil eines jeden Hanami. Meine Fotoordner in den Monaten April und Mai quellen förmlich über von all den Kirschblütenfotos. Ich bin wahrscheinlich an keinem einzigen Baum in dieser Zeit vorbeigegangen, ohne wenigstens ein Foto davon gemacht zu haben. Und jedes Mal der gleiche Gedanke »Mensch, ist das schön!« Endlich wird es auch tagsüber wieder wärmer, und das Herz hüpft gleich ein wenig höher vor Glück.

In Japan gibt es über 300 verschiedene Zierkirschenbäume, die alle keine Früchte tragen. Ihr einziger Zweck ist, schön auszusehen. Und das gar nicht lange. Denn von der Knospe bis zum Verblühen vergehen oft keine zwei Wochen. Nur für einen kurzen Moment ist *Sakura*, wie Japaner die Kirschblütezeit nennen. Aber dafür umso intensiver.

Der kalte Winter ist endlich vorbei. Das wird gerne mit einem ordentlichen Picknick und viel Alkohol unter den Bäumen gefeiert. Nicht ohne Grund fangen auch das japanische Schuljahr, das Semester an der Uni und viele neue Job am 1. April an. Auf jedem Schulhof in Japan steht mindestens ein Kirschbaum, oft so gewählt, dass der genau zum Schuljahresbeginn blüht.

Aber so schnell, wie sie kam, ist sie auch wieder fort. Die volle Pracht gibt es nur für wenige Tage – Glück, wenn die genau auf ein Wochenende fällt. Und dann »schneit« sie auch schon wieder von den Bäumen und bedeckt den Boden mit ihren rosa und weißen Blütenblättern. Sieht auch schön aus, wenn es Blüten regnet. Jedem wird damit nicht nur die Schönheit, sondern auch die Vergänglichkeit vor Augen geführt, die in uns allen steckt.

Wer zur Kirschblütenzeit durch Japan reist – zwischen März und Mai –, der kann die Vergänglichkeit der Kirschblüte vielfach erleben, ob an den vielen bekannten Spots und Parks zusammen mit 1000 anderen, oder alleine auf Entdeckungstour. Vor jedem Rathaus, an jeder Schule, an jedem Fluss und in jedem noch so kleinen Park gibt es mindestens einen Kirschbaum.

Am häufigsten findet man übrigens die Somei-Yoshino-Kirsche. Die hat ganz zarte fünfblättrige weiße Blüten.

Zu den bekanntesten Hanami-Orten in Tokyo gehören die Ufer des Sumida-Flusses, der Ueno-Park, der Shinjuku Gyoen (der Shinjuku Park), der Yoyogi-Park und der Weg entlang des Palastgrabens bei Chidorigafuchi.

In Kyoto pilgern alle zum Maruyama-Park in die Nähe des Yasaka-Schreins. Hier gibt es auch einen ganz alten Shidare-Zakura-Baum, der wie ein Opa wirkt, denn die Äste werden durch die Blütenpracht zu Boden gedrückt. Bekannt für seinen Kirschblütentunnel ist auch der Philosophenweg. Vom Nordufer des Kawaguchi-Sees drängt sich dann mit etwas Glück auch noch der Fuji ins Bild.

Wunderschön ist auch das Motiv der Himeji-Burg mit Kirschblüten in der gleichnamigen Stadt in der Nähe von Osaka.

Am bekanntesten bei allen Japanern scheint aber der Yoshino-yama in Nara zu sein. Von hier hat man einen Blick über 30.000 Kirschbäume.

Dabei macht es nicht immer die Masse. Jedes Jahr pilgern mehr als 100.000 Menschen nach Miharu in die Präfektur Fukushima. Hier gibt es einen Takizakura-Baum (Wasserfall-Kirschblüte). Ein einziger Baum, der hier ganz alleine steht!

Der ist über 1000 Jahre alt und wird mittlerweile an allen nur erdenklichen Stellen gestützt. Die Schneemassen im Winter und das starke Erdbeben von 2011 haben ihm zusätzlich sehr zugesetzt. Aber er lebt noch immer und gilt in Japan seit dem Erdbeben als ein Zeichen für Hoffnung, zu dem viele Menschen kommen, um neue Kraft für die Zukunft oder für ihren persönlichen Neuanfang zu schöpfen.

17. Grund

Weil ein sommerliches Feuerwerk abendfüllend ist

Im Frühling geht's zum *Hanami*, der Blumenschau, und in der lauen Sommernacht zum *Hanabi*, dem Blumenfeuer.

Als ich zum ersten Mal zu einem japanischen Feuerwerk eingeladen wurde, machte ich mir keine großen Gedanken. Etwas verwundert war ich schon, denn mit Feuerwerk verbinde ich in der Regel eine kalte Silvesternacht und viel Alkohol.

Es war Ende Juli, und selbst am Abend zeigte das Thermometer noch immer 25 Grad. »Wir schauen uns nicht nur einfach das Feuerwerk an, sondern machen dazu ein Picknick, kaufen ein paar Snacks und Alkohol und tragen luftige Yukata.« – »Ach so. Und wo kaufen wir die Feuerwerksraketen? Ich habe die noch nirgendwo gesehen.« – »Man schaut sich das nur an, macht Fotos und hält die Kamera drauf. Wir machen das nicht selbst, schließlich gibt es dafür Profis!«

Dass ein Feuerwerk in Japan einer Choreografie folgt, eine wahre Kunst der Pyrotechnik ist und ein unvergessliches Erlebnis, sollte ich an diesem Abend erfahren.

Das Wort *Hanabi*, wörtlich Blumenfeuer, könnte treffender nicht sein und gehört zu den Sommerhighlights in jeder Stadt. Dazu tragen die meisten ein dünnes Baumwollkleid, Yukata genannt, das an einen Kimono erinnert, aber aus nur einer Lage besteht und wesentlich günstiger ist.

Zu Tausenden strömten die Menschen zum Sumidagawa Hanabi in den Park und an die Ufer des Sumida-Flusses, breiteten ihre Decken aus und holten Essen und Getränke heraus. Alle waren an ihren Handys (heute werden es Smartphones sein) und versuchten Freunde durch heftiges Winken auf sich aufmerksam zu machen. Und dann begann das Spektakel am Himmel. Pyrotechnik in seiner höchsten Form. »Mist, ich wollte noch zur Toilette!« Die Blase musste jetzt wohl durchhalten! »Geh ruhig. Das geht ja jetzt noch gut 90 Minuten, da kannst du den Anfang ruhig verpassen!« – »1,5 Stunden geht das???« Und ich hatte schon in den ersten Minuten wie wild fotografiert und kleine Videos aufgenommen. Aber so machten es alle.

Ich gestehe, dass ich keine 90 Minuten in den Himmel geschaut und mir das Feuerwerk angesehen habe. Neben dem Gang zur Toilette und der verzweifelten Suche in der Dunkelheit zurück zu meinen Freunden war ich mit Essen und Trinken beschäftigt. Die letzten 15 Minuten wurden dann aber noch mal so richtig spektakulär. Solch ein Feuerwerk habe ich in meinem Leben noch nicht gesehen. Die Abstände wurden immer kürzer, der ganze Himmel war mit Feuerblumen gefüllt, in allen erdenklichen Farben, und ich ärgerte mich, dass die Speicherkarte meines Handys bereits voll war.

Diese Nacht wurde für mich aber trotzdem unvergesslich, die Lichter am Himmel, der Anblick von 1000 erleuchteten Displays, die das gesamte Spektakel festhielten, und der viel zu betrunkene Freund, den wir anschließend in seinem Baumwollmäntelchen gut verhüllt nach Hause tragen mussten. So eine Nacht zu beschreiben oder in Bildern festzuhalten ist nahezu unmöglich. Auf den Videos kommt das einfach nicht rüber. Ein japanisches Feuerwerk gehört eben zu den Highlights eines Sommers, das jeder selbst erleben muss.

18. Grund

Weil die Natur so viel zu bieten hat

Die beliebteste Reisezeit für Touristen ist unangefochten die Kirschblütenzeit zwischen März und Mai. Nicht nur, wegen des Wahrzeichens des Landes, der Kirschblüte, sondern auch, weil das Klima im Frühling sehr angenehm ist.

Neben Kirschblüten hat die Natur Japans aber noch weit mehr zu bieten. Im Winter, wenn sich die Berge schneebedeckt und traumhaft schön bei klarer Luft gen blauen Himmel strecken, vergisst man schnell die kalten Temperaturen um den Gefrierpunkt. Es ist Zeit, die Skier oder das Snowboard herauszuholen und sich auf die vielen Pisten zu begeben. Japan als Wintersportdestination ist weniger bekannt. Die sperrige Ausrüstung mit in den Flieger aus Europa zu nehmen scheint vielen zu umständlich. Dabei ist das gar nicht notwendig. Denn die meisten Skiresorts bieten die Ausrüstung auch zur Miete an und verwöhnen ihre Gäste gleich auch noch mit gutem Essen und heißen Quellen.

Die *Onsen* sind ein weiteres Naturschauspiel, das Sie sich bei Ihrem Japanbesuch nicht entgehen lassen sollten. Bekannte Onsen-Orte in den Bergen bieten Hotels zur Übernachtung mit eigenen Bädern, manchmal sogar private Onsen auf dem eigenen Zimmer, für alle, die als Familie unterwegs sind und ein gemeinsames Bad bevorzugen.

Im heißen Sommer zieht es viele in die kühlen Berge, in die schattenspendenden Wälder, ans Meer, wo immer eine luftige Brise weht und das Wasser eine Abkühlung verspricht, oder an einen der vielen Seen des Landes. Baden ist an vielen Seen erlaubt, und häufig werden Tretboote angeboten, mit denen Sie sich die Umgebung vom Wasser aus ansehen können. Die Seen des Landes sind beliebte Ausflugsziele der Japaner am Wochenende, vor allem der größte See des Landes, der Biwa-See, in Japan *Biwa-ko* genannt. Ein Ausflug von Kyoto aus bietet sich für viele wegen seiner Nähe an, und die Stadt Hakone mit ihrer imposanten Burg und den vielen Hotelresorts hat wohl jeder Japaner schon einmal in seinem Leben besucht.

Ganz im Norden, auf der Präfekturgrenze von Aomori und Akita, wo weit weniger Touristen hinkommen, liegt der wunderschöne *Towada-ko* (Towada-See). Der größte Kratersee der Hauptinsel liegt 400 m über dem Meeresspiegel, und das Wasser ist so klar und blau, dass der Anblick allein genügt, um sich frischer zu fühlen.

Über 150 Vulkane gibt es in Japan, viele davon sind noch aktiv, einige inklusive Vulkansee. Der bekannteste Vulkan Japans, der Fuji oder Fuji-San (oft fälschlicherweise als Fujiyama bezeichnet. Laut Dudenempfehlung zu Fudschijama eingedeutscht), ist gleichzeitig auch Japans höchster mit 3776,24 m. Sein Anblick verzaubert, und auch wenn der Fuji vielleicht nicht der Grund Nummer 1 ist, Japan zu lieben, schafft er es doch immer in die Top 10.

»Du bist ein Idiot, wenn du ihn nicht einmal bestiegen hast. Du bist ein Idiot, wenn du ihn zweimal besteigst!«, lautet ein bekanntes japanisches Sprichwort, an dem viel dran ist. Denn der Aufstieg hat es in sich. Nur in den Sommermonaten problemlos möglich, sinken die Temperaturen schnell mal unter den Gefrierpunkt, und man stapft durch den Schnee, der nie ganz verschwindet. Belohnt wird man an klaren Tagen mit einem der schönsten Ausblicke, die Japan zu bieten hat. Und trotzdem bevorzugen die meisten Japaner den Blick auf den Vulkan statt vom Vulkan herab. Selbst von Tokyo aus kann man den kegelförmigen Fuji an klaren Tagen sichten, aber weitaus besser von Shizuoka oder Hakone aus.

Wenn ich an Japans Natur denke, dann wird mir schnell klar, wie vielfältig die Natur ist und für jeden etwas zu bieten hat. Aber so bekannt und beliebt Vulkane, heiße Quellen, Küsten und blühende Kirschbäume auch sein mögen, die unzähligen Wälder Japans sind für mich die heimlichen Stars des Landes. Vor allem im Herbst, wenn die Blätter an den Bäumen gelb, orange und rot erstrahlen und die Berghänge in ein einzigartiges Farbenmeer verwandeln. Genau wie beim Fuji, fällt die Entscheidung schwer: drauf schauen, oder sich hinein- bzw. hinaufbegeben? Nationalparks wie der Buchenwald von Shirakami (in Akita und Aomori) oder der Shiretoko an der Nordspitze Hokkaidos haben es auf die Liste der UNESCO Weltnaturerben geschafft. Japanische Wälder, in denen die Götter leben, strahlen eine ganz besondere Stärke und Energie aus, dass ihnen ein ganz eigenes Kapitel gebührt.

19. Grund

Weil es Waldspaziergänge hier auf Rezept gibt

Ein Spaziergang durch den Wald, das ist jetzt nicht sonderlich japanisch, oder? Durch die frische Waldluft im Schatten der Bäume durch die Natur zu laufen und bei tiefen Atemzügen den Alltagsstress vergessen, das tut einfach gut, egal, in welchem Land man ist.

Die Japaner haben dafür allerdings ihr ganz eigenes Wort: *Shinrinyoku* 森林浴, das Waldbad. Als ich zum ersten Mal vom *Waldbaden* hörte, erwartete ich ein paar Menschen nackt durch den Wald laufen und sich unter den Bäumen im Waldboden suhlen zu sehen. Damit hat das Ganze nicht viel zu tun. Shinrinyoku heißt, sich dem Wald voll und ganz hinzugeben, einzutauchen, Entspannung zu suchen und den Kopf frei zu machen von allen Gedanken, Sorgen und Stress. Erholung verbinden Japaner einfach immer gerne mit dem Baden.

Durch den Wald laufen ist gut für die Gesundheit. Das hat man in Japan schon in den 80er-Jahren herausgefunden, eine besondere Form der Gesundheitsvorsorge getroffen und fest als Therapieform etabliert. Auf dem Gebiet gab es weltweit Untersuchungen, so gilt es mittlerweile als wissenschaftlich bestätigt, was wir eigentlich schon immer wussten: Ein Waldspaziergang tut Körper und Seele gut. Nicht nur die Bewegung an der frischen Luft allein kräftigt unsere Muskeln. Es konnte belegt werden, dass regelmäßige Besuche im Wald den Blutdruck senken, Stresshormone abbauen und den Puls regulieren. Auch hilft die Waldluft, unseren Zellen und dem Immunsystem, sich auf natürliche Weise zu stärken.

In Japan gibt es mittlerweile über 60 Therapiewälder über das ganze Land verteilt, in denen man mit der Natur auf Tuchfühlung gehen kann.

Es ist aber nicht allein die Ruhe und das besondere Klima des Waldes, die den Menschen innehalten lassen. Im Inneren des Waldes findet man etwas, was es nur hier in dieser Form gibt: die ganz besondere feuchte Waldluft. Die Baumkronen nehmen Sonnenstrahlen auf, und Feuchtigkeit verdunstet so auf natürliche Weise. Kühle Temperaturen und eine höhere Luftfeuchtigkeit sind die Folge, neben der Produktion von reichlich Sauerstoff und ätherischen Ölen, mit unschlagbarer Wirkung auf unser gesamtes Wohlbefinden. Phytonzide sind Botenstoffe, die die Bäume in die Luft senden, um sich vor lästigen Insekten, Pilzbefall und schädlichen Bakterien zu schützen. Die Naturheilkunde verwendet die entstehenden Phytonzide schon lange bei Menschen, die oft gereizt sind und des inneren Stresses nicht mehr Herr werden können, aber auch bei Menschen mit Blutdruckerkrankungen, Diabetes und Krebs. Farbpsychologisch wurde außerdem bestätigt, dass Grün unsere Nerven beruhigt und das Immunsystem stimuliert.

Die Geräusche bewusst wahrnehmen, das Knacken der Äste, das Rauschen des Windes, das Rascheln der Blätter, dabei den Boden beim Laufen unter den Füßen zu spüren und gleichzeitig den Geruchssinn zu schärfen, das alles gehört zum Shinrinyoku.

Die japanische Waldtherapie, die bei depressiven Verstimmungen vom Arzt verordnet werden kann, soll zu mehr Lebensfreude, Kraft und Inspiration für das eigene Leben führen. Eine einfache Art der Burn-out-Prävention, die immer mehr Anhänger auf der ganzen Welt findet.

Auch auch ohne Verordnung vom Arzt lieben Japaner ihre Wälder, wenn sie doch bloß mehr Zeit dafür hätten neben den langen Arbeitstagen im Büro. Deshalb gibt es noch ein paar andere Möglichkeiten zur Entspannung, die vielleicht im ersten Moment etwas merkwürdig aussehen mögen:

Ruikatsu. Dabei kommen Menschen zusammen, um sich traurige Filme anzusehen und gemeinsam zu weinen. Das kann unglaublich befreiend wirken.

Eine weitere Möglichkeit der Entspannung bieten *Silent Cafés*, um dem Chaos in der Stadt zu entgehen. Hier darf nicht gesprochen werden. Bestellungen und Fragen erfolgen auf dem Schriftweg, mit Papier und Stift oder Tablet-PC.

Einen Trend erleben auch die Moos-Beobachtungen oder *Koke-Terapi* (die Moos-Therapie). Da gibt es bereits Touren zu beliebten Spots, und einige Bücher zu dem Thema findet man in den Bestsellerlisten. Zur Ruhe kommen beim Anschauen, Fühlen und Riechen am weichen Moos hat das Potenzial, auch bei uns zu einem neuen Trend zu werden, der den Waldspaziergang noch hervorragend ergänzen könnte.

20. Grund

Weil der japanische Garten etwas mitteilen möchte

Beim Blick auf den Garten meiner Schwiegereltern ging mir ein Gedanke immer wieder durch den Kopf: »Mensch, das sieht so japanisch aus!« Was ich damals noch nicht wusste: Es war kein typisch japanischer Garten. Kein Abbild der Welt. Und trotzdem hatte der Garten eine Nachricht zu verkünden.

Gerne öffnete ich das Fenster neben meinem Bett, um auf den Vorgarten zu schauen. Es war nur ein kleiner Garten, wie man ihn häufig in Japan sieht, und nicht dazu geeignet, hier auf einer Gartenliege in der Sonne zu braten. Auch Blumen- oder Gemüsebeete suchte man vergeblich. Ein paar große Steine, dazu ein paar rund gestutzte Bäume, ein kleiner Ahornbaum, ein Magnolienstrauch und ein Ginkgo-Kugelbaum, ein bisschen Moos, und direkt vor meinem Fenster blühte im Sommer eine große Hortensie. Die Begrenzung zur Straße bestand aus einer kleinen Steinmauer, davor standen zehn dicht bewachsene etwa 2 m hohe Buchsbäume, die rund beschnitten waren. Über einen Kiesweg mit eingelassenen Steinplatten erreichte man den Eingang des Hauses. Auf der einen Seite sah alles wild durcheinandergewürfelt aus. Bis auf die zehn hohen Buchsbäume, die immer im gleichen Abstand zueinander gepflanzt worden waren, gab es keinerlei Symmetrie. Auf der anderen Seite hatte ich das Gefühl, dass alles an seinem rechten Platz war.

Ich blickte auf eine kleine grüne Oase und fragte mich oft, ob sich meine Schwiegereltern bei der Gartengestaltung etwas gedacht hatten. Nein, meine Schwiegereltern hatten sich wenig Gedanken gemacht. Sie erklärten mir, dass ein Landschaftsgärtner diesen Garten in mühevoller Arbeit gestaltet und umgesetzt hatte. »Pflegeleicht und modern« lautete die Auftragsbeschreibung an den Gärtner, und trotz einiger klassischer Elemente schaute man hier auf einen Garten und nicht auf die kleine Nachbildung der Welt, wie in vielen großen Parks und Tempelgärten Japans. Viele typische Gartenelemente fehlten hier.

Im japanischen Garten gibt es viele klassische Elemente, die ihre ganz eigene Bedeutung haben. Dabei soll dem Betrachter aber immer auch genug Freiraum für eigene Gedankenspiele bleiben. Ein japanischer Garten soll der Ruhe und Erholung dienen, der Meditation, wobei Meditieren im Grunde ja nichts anderes ist, als alle Gedanken loszulassen und sich auf den Moment des Seins zu konzentrieren.

Schweigend durch einen japanischen Garten spazieren und seinen Alltag mal für eine Weile vergessen, so genießen viele Japaner die künstlich angelegte Natur auf kleinem Raum. Ja, das gute alte Platzproblem der Japaner. Die Welt in einem kleinen Garten darzustellen, das haben die japanischen Gartenkünstler sich hier und da zur Aufgabe gemacht.

Wasser steht dabei symbolisch für die Ozeane, die Meere und die Seen. Steine stehen für die Berge. Manche sehen darin Tiere. Bäume können einen Wald symbolisieren oder den Menschen. Moos symbolisiert weite Wiesen und Felder. Am Ende bleibt es jedem Einzelnen überlassen, seine eigene Interpretation zu finden, und nicht selten erkennt der Mensch in einem Garten sich selbst.

Der japanische Garten ist bewusst asymmetrisch. Nicht nur, weil auch die Natur keiner Symmetrie folgt, sondern auch, um einen immer anderen Blickwinkel auf den Garten zu bieten. So entdeckt man von unterschiedlichen Standpunkten den Garten immer wieder neu. Philosophisch gesprochen, kann so ein japanischer Garten also auch unser eigenes nie gradlinig verlaufendes Leben repräsentieren und soll uns daran erinnern, mal die Perspektive zu wechseln.

Der Vorgarten meiner Schwiegereltern hatte nichts Philosophisches, Bedeutungsvolles oder Meditatives. Es war ein einfacher Vorgarten. Aber auch der versucht mir etwas zu sagen. Der Besucher sollte hier nicht überwältigt werden von außergewöhnlicher Schönheit. Der Garten sollte niemanden einschüchtern, nichts verheimlichen und weder pompös noch edel wirken, sondern den Besucher auf Augenhöhe empfangen. »Wir freuen uns, dass Sie hier sind. Treten Sie ein, Sie sind herzlich willkommen, und während Sie auf dem Weg zu uns sind, genießen Sie die wunderschöne Natur doch gern für einen kurzen Augenblick.«

21. Grund

Weil selbst Tokyo unglaublich viel Natur hat

Als ich 2000 zum ersten Mal Japan besuchte, war ich nicht in Japan, sondern »nur in Tokyo«. Mein Fehler. Da habe ich ein Bild von dem

Land bekommen, von dem ich dann vielen zu Hause erzählte, die nachgefragt haben: eine Metropole, in der sich die Hochhäuser aneinanderdrängen, mit vielen Menschen auf den Straßen und in den Bahnen. Überall blinkt es, und aus den Geschäften und Spielhallen kommt ohrenbetäubender Lärm, der einem nach nur wenigen Stunden den Verstand raubt. Das alles will man auch erleben, wenn man Tokyo bereist.

Was ich damals nicht bemerkte: dass nur wenig Menschen in Japan so leben, dass Tokyo auch ganz andere Ecken hat und dass Tokyo nicht gleich Japan ist. Als ich mich bei meiner zweiten Reise etwas genauer in der Metropole umsah, entdeckte ich die vielen kleinen Straßen, in denen Menschen in Einfamilienhäusern wohnten. Schmale Häuser, die Wand an Wand standen. Im Vorgarten entdeckte ich Blumenkübel, Klimaanlagen und eine Kiste mit Altpapier. Bei den einen sah es neu und aufgeräumt aus, bei anderen alt und wild, aber unglaublich lebendig. Schiefe Bambusmatten hingen vor den Fenstern oder lehnten an der Hauswand, um sich auch ohne Klimaanlage ein wenig Kühle im heißen Sommer zu verschaffen.

In jedem dieser kleinen Tokyoter Viertel entdeckte ich kleine Parks und Spielplätze, unter denen Kinder im Schatten großer Bäume im Sand spielten, während Mütter auf den Bänken quatschten. Die Hektik der Großstadt fand ich hier nicht.

Entlang der Flüsse *Tama* und *Arakawa,* die sich durch die Großstadt ziehen, erlebte ich die Stadt aus einer ganz anderen Sicht. Viel Grün und schattenspendende Bäume führten mich raus aus dem quirligen Stadtleben hinein in die Natur in eine grüne Oase im Nordwesten der Großmetropole Tokyo. Die *Sayama-Hügel* bestehen aus vier städtischen Naturparks mit Wäldern und Seen, eine Landschaft wie aus einer Filmkulisse. Tatsächlich diente dieser Landschaftsstrich als Vorlage für den weltberühmten Anime-Film *Mein Nachbar Totoro,* wie ich später erfuhr, weshalb der Wald auch »Totoro-Wald« genannt wird.

So weit raus musste ich am Ende gar nicht fahren, um wieder zur Ruhe zu finden. Nur wenige Schritte vom belebten Shibuya, welches für seine große Kreuzung bekannt ist, gelangte ich in das entspannte Viertel *Shoto*. Durch ruhige Alleen ging es vorbei an weitläufigen Gärten, die die großen Villen von Stars und Politikern verbergen, bis ich in den *Nabeshima-Shoto-Park* kam. Eine komplett andere Welt mit Blumen, Bäumen, einem Teich und einer alten Wassermühle.

Ebenfalls in Shibuya besuchte ich selbstverständlich den beliebten Yoyogi-Park, um den Star des Parks, den Meiji-Schrein, zu sehen.

Unvergessen blieb mir der Besuch des *Shinyuku Goen National Garden*. Hier hätte ich fast vergessen können, mich mitten in Tokyo zu befinden, wären da nicht die Wolkenkratzer in der Ferne gewesen, die über die Baumkronen emporragten.

Einen halben Tag allein verbrachte ich im *Kokyo Higashi-gyoen*, dem kaiserlichen Ostgarten rund um den Kaiserpalast. Mein liebster Park in Tokyo bisher – denn alle habe ich längst noch nicht gesehen. Dafür sind es einfach zu viele. Aber ich freu mich schon jetzt auf meine nächste Erkundungstour durch die Natur in der Metropole.

22. Grund

Weil Japaner es verstehen, das Beste aus Naturgewalten zu machen

Japan ist ein Land, in dem die Erde regelmäßig bebt. Den Bewohnern an der Küste ist die Gefahr, von einem Tsunami überschwemmt zu werden, allgegenwärtig. Teile des Landes werden jedes Jahr von Taifunen heimgesucht und andere Regionen unter Schneemassen begraben.

All das sind Naturgewalten, mit denen sich die Menschen arrangiert haben. Denn ändern kann man sie nicht. Sich darüber zu beklagen hilft ebenfalls nicht. Was bleibt den Menschen also anderes übrig, als das Gegebene hinzunehmen und das Beste daraus zu machen. Darin sind die Japaner wirklich gut.

Eine der schönsten Folgen der Kontinentalplattenverschiebung sind die Gebirgszüge des Landes, und ohne die Risse in der Erdkruste müssten Japaner auf ihre geliebten heißen Quellen, den *Onsen* und natürlich auch auf ihren Lieblingsvulkan, dem Fuji-San, verzichten. Das Wahrzeichen des Landes verzaubert nicht nur Japaner und jeden Japanbesucher, es erinnert die Menschen auch an die raue Natur und die Naturgewalten, ohne die Japan nicht das Land wäre, das es nun mal ist: ein Land, das sich auf vier aufeinandertreffenden Kontinentalplatten befindet.

Wenn die Erde dann tatsächlich einmal bebt, beeindrucken mich die Ruhe und Gelassenheit der Japaner jedes Mal. Sie sind in zahllosen Übungen darauf vorbereitet worden, haben ihr kleines Erdbeben-Notfall-Täschchen und wissen genau, was zu tun ist. Meistens tun sie allerdings gar nichts. Das Beben geht schnell wieder vorbei. Ein Blick auf das vibrierende Smartphone verrät, wo sich das Epizentrum befindet, welche Erdbebenstärke man zu erwarten hat und ob es sich lohnt, das Haus zu verlassen, um einen der offenen Plätze in einem Park aufzusuchen oder sich unter einem Tisch zu verkriechen.

Weil Erdbeben an der Tagesordnung sind – viele davon aber vom Menschen gar nicht wahrgenommen werden können –, haben Japaner eines der modernsten Frühwarnsysteme entwickelt, arbeiten ständig an der Verbesserung und Informationsverbreitung über Apps, Tools, Lautsprechersysteme in noch so kleinen Dörfern. Auch Konstruktionen im Häuser-, Straßenbau und im Schienenverkehr haben sich dem Thema Sicherheit bei Erdbeben gewidmet. Die Menschen vertrauen den über die Jahre entwickelten Systemen und Konstruktionen komplett und empfinden Erdbeben weniger als Bedrohung, sondern als das, was sie nun mal sind: die Kräfte der Natur, die einfach dazugehören, während ich mir anfänglich bei jedem kleinen Beben fast in die Hose gemacht hätte und mich unter meinen 30 cm hohen Tisch gezwängt habe.

Dass in den nördlichen Regionen viel Schnee fällt, auch das ist nun mal so. Da wird das Wasser aus den heißen Quellen in vielen Teilen des Landes gezielt unter die Straßen geleitet. Nach dem Prinzip von Straßenheizungen, wie sie auch in Skandinavien und Island zu finden sind, wird so der Straßenbelag eisfrei gehalten. Neben der »Fußbodenheizung für die Straße« (Fußbodenheizung in Wohnungen gibt es in Japan so gut wie nicht) nutzt man das Wasser der heißen Quellen, um es aus kleinen Löchern im Asphalt auf die Fahrbahn sprenkeln zu lassen. So gewährleisten Japaner schnee- und eisfreie Fahrt. In den schneereichen Gebieten braucht es aber trotzdem zusätzlich Räum- und Streufahrzeuge.

Japan ist zudem ein Taifun-Land. Wenn sich das Wasser in den heißen Sommermonaten aufheizt und verdunstet, entstehen Tiefdruckgebiete. Luft aus der Umgebung wird dabei angesaugt, um dem Tiefdruckgebiet entgegenzusetzen, und entweicht am Ende nach oben, kühlt ab, kondensiert und bildet Gewitterwolken. Durch die Erdrotation entstehen Wirbelstürme, die man im Pazifikraum *Taifune* nennt. Taifune kündigen sich langsam an, immer mit Regen, und es gibt dazu genaue Vorhersagen in den Nachrichten. So wissen Japaner: Hey, in drei Tagen ist es so weit. Da verbarrikadieren wir unsere Fenster lieber mal und bleiben zu Hause.

Auf meiner Radreise mit Zelt in Okinawa 2006 kündigte sich genau so ein Taifun an. Während ich keine Ahnung hatte, was mich da erwarten würde, klärten mich Japaner auf. Sie rieten mir in den nächsten vier Tagen zu einem Hotel, allein schon wegen des Regens, auch wenn der Taifun nicht sonderlich stark sein würde. So kam ich zu einer kleinen Pension, die mit einem Schild am Eingang warb: Übernachtung inkl. Taifunparty 2800 Yen. Das Beste aus der Situation gemacht!

Es verbindet die Menschen, wenn die Natur mal wieder verrückt spielt. Der Taifun hat am Ende zwar ordentlich am Haus gerüttelt, aber dank guter Vorbereitung ist nichts und niemand zu Schaden gekommen. Bei der lauten Partymusik hat man vom Pfeifen und Klappern ohnehin nichts mitbekommen.

Viele Naturkatastrophen bedeuten, dass den Menschen immer wieder bewusst gemacht wird, nicht allein zu sein und sich auf den anderen verlassen zu können. So nehmen die Naturgewalten nicht nur Einfluss auf Verhaltensweisen, sondern auch auf den Charakter der Menschen. Wissenschaftlich bewiesen ist das allerdings nicht. Lediglich mein Versuch einer Erklärung für die unglaubliche Hilfsbereitschaft der Japaner und ihre Kreativität, das Beste aus dem zu machen, was man ohnehin nicht ändern kann.

3. Kapitel

Tradition & Moderne

Pagode vor modernem Wohnkomplex in Hiroshima

23. Grund

Weil Gegensätze sich anziehen

Ein kleiner alter Tempel inmitten von Hochhäusern. Der Blick auf einen Schrein und im Hintergrund die Glasfassaden eines hochmodernen Businessdistrikts. Frauen in Kimonos, die ihr Smartphone im breiten Seidengürtel, dem Obi, versteckt haben. Ein japanisches Zimmer nach alter Tradition, mit Tatamifußboden und Papierschiebetüren, an der Wand summt leise die Klimaanlage, und im stillen Örtchen öffnet sich der Toilettendeckel ganz automatisch beim Betreten des Raumes.

In Japan werden Sie ständig auf diesen Gegensatz von Alt und Neu treffen. Das sind besonders beliebte Fotomotive, die nicht besser ausdrücken könnten, wie das Land den Spagat zwischen Tradition und Neuzeit meisterhaft beherrscht.

Der *Hie-Schrein* im Osten Tokyos ist so ein Postkartenmotiv: Der rote Schrein mit dem grünen Dach drückt Ruhe und Gemächlichkeit aus, während im Hintergrund die Hochhausfassaden aus Glas in den Himmel ragen.

Oder der *Zojoji-Tempel* am Fuße des Tokyo-Towers. Alt und neu, in schönster Kombination, das ist Japan.

Ein kleiner Altar irgendwo in einer Einkaufspassage, zu dem Geschäftsinhaber jeden Morgen kommen, ihre Opfergaben ablegen, um kurz für Erfolg und Gesundheit zu beten. Diese alten Rituale sind im modernen Alltag noch immer fester Bestandteil.

Innovationen müssen alte Traditionen ja nicht zwingend ausschließen. Alte Häuser gibt es in Japan zwar immer noch, aber bevor man sie für viel Geld renoviert, ist es einfacher, das einfach abzureißen und etwas Neues zu bauen. Und »alt« bedeutet im Falle von Gebäuden rund 20 Jahre. Aber ein Gebäude in Familienbesitz, in dem die Großeltern zusammen mit ihren Kindern und Enkelkindern leben, wird so schnell nicht abgerissen. So stehen in manchen Vierteln braune Holzhäuser mit idyllischen Gärten gleich neben grauen Gebäuden aus Beton, mit reichlich gepflasterter Fläche zum Parken. Ein Spaziergang durch eine einfache Wohngegend wird so zu einem unvergesslichen Japanerlebnis.

Besonders angetan haben es mir die Eingänge zu den Schreinen, die hohen Tore, *Tori* genannt. Mal aus grauem Beton, mal aus braunem oder rot lackiertem Holz, sind sie ein Wahrzeichen Japans. Da gerade in den Großstädten Grundstücke wertvoll sind und Bauland knapp ist, baut man einfach wild um die Schreine herum. Und manchmal findet man ein Tori irgendwo in einer Fußgängerzone, und erst bei genauerem Hinsehen entdeckt man ein paar Hundert Meter weiter auf der anderen Straßenseite den dazugehörigen Schrein, eingequetscht zwischen mehrstöckigen Wohnhäusern, einem 24-Stunden-Supermarkt und einer Reihe Getränkeautomaten.

Die Getränkeautomaten haben es in Japan wirklich geschafft, alles zu durchdringen. Selbst an abgelegenen Orten, auf Bergen oder am Eingang zu beliebten Wanderwegen, es gibt kaum noch einen Ort, der von den Automaten verschont geblieben ist.

Japaner sind stolz auf ihre Natur und auf ihre Tradition. Genauso stolz sind sie aber auch auf ihre innovativen Ideen und Technologien. Also mischt man munter das eine mit dem anderen, aber warum auch nicht, wenn es sich gut ergänzt und das Leben lebenswerter macht. Und nur darum geht es am Ende doch, wie Japan so oft beweist.

24. Grund

Weil in Japan mehrere Religionen nebeneinander existieren können

Religionen, wie wir sie kennen, spielen in Japan keine große Rolle und sind trotzdem fest im Alltag der Japaner verankert. Ein Widerspruch? Ein Großteil der Japaner sind sowohl Shintoisten als auch Buddhisten, gleichzeitig sagen sie aber von sich, auch Atheisten zu sein.

»Seid ihr nun Buddhisten oder Shintoisten?«, will ich in meiner Engstirnigkeit wissen.

Die meisten Japaner können diese Frage nur mit einem Schulterzucken beantworten. Beide Religionen, oder ich nenne es gerne Lebenseinstellungen, existieren ganz selbstverständlich nebeneinander. Oft hörte ich den Spruch »Wir werden als Shintoisten geboren, heiraten christlich und sterben als Buddhisten«.

Gibt es denn einen Gott in Japan? Shinto bedeutet der *Weg der Götter*, denn tatsächlich gibt es unzählige Gottheiten, die mit Kami oder *Kami-sama*, der ehrfürchtigsten Anrede im Japanischen, bezeichnet werden. Es sind Naturgötter, und man kann ihnen überall begegnen. Daher wird der Shintoismus auch als Naturreligion bezeichnet. Stellen Sie sich einfach vor, dass Götter um uns herum sind: in einem Baum, im Felsen, im Wasser, im Feuer, in Pflanzen genauso wie in Lebewesen. Symbole für Gottheiten findet man im ganzen Land. Bäume werden dazu mit einer Schnur oder einem dicken Seil umgeben. Daran hängt weißes, zu einem Zickzack gefaltetes Papier. Das ist das Zeichen für einen heiligen Ort und bedeutet: Hier wohnt ein Gott. Diese Götterseile, *Shimenawa* genannt, werden oft aus Stroh gemacht. Ein Naturprodukt, das bis zu 250 kg wiegen kann. Alles, was der Mensch braucht, findet sich halt in der Natur, und mit einem Seil aus einem Naturprodukt drücken die Menschen ihre Dankbarkeit aus. Warum Japaner der Natur so verbunden sind, wird spätestens jetzt klar, oder?

Dabei ist die Natur nicht immer gnädig zu den Menschen, das weiß kein Land besser als das von Erdbeben, Tsunami, Taifunen und Vulkanen bedrohte Japan. Als Bedrohung sehen die Japaner diesen Wandel der Natur allerdings nicht. Gegen die Kräfte der Natur kann man nicht viel ausrichten, das akzeptieren Japaner und sehen in den Naturgewalten die Taten der Götter. Es gilt, im Einklang damit zu leben. Die Natur ist schließlich die Quelle allen Lebens und erschafft alles, was der Mensch zum Überleben benötigt.

In den tiefen Wäldern und in den Bergen sind die Götter allgegenwärtig. Im Rauschen der Wasserfälle hört man ihre Stimmen, im wuchtigen Fall der Wassermassen spürt man ihre Kraft. Auf den Bergen und am Gipfel, dem Himmel ganz nah, kommt man auch der Welt der Götter am nächsten. Eine heilige Schrift gibt es im Shinto deshalb nicht. Man lernt aus der Natur.

Viele Zeremonien zu Ehren der Götter sind echte Feste. Wenn Menschen zusammen feiern, trägt das zur Stärkung der Gemeinschaft bei. Da wird gemeinsam gesungen, getanzt, getrunken und gegessen.

Lokale Traditionen und Riten werden heute besonders bei den vielen Festen zu Ehren der Schreingottheiten sichtbar. *Matsuri* nennt man diese Volksfeste, die im ganzen Land das ganze Jahr über stattfinden. Shinto ist lebendig und orientiert sich stark an der Gegenwart, mit Ritualen zur Geburt, für Heranwachsende oder andere fröhliche Ereignisse im Leben, wie der Hochzeit. Dabei wird gerade in den letzten Jahren »christlich« geheiratet, in einem weißen Kleid. Mit Religion hat das wenig zu tun, sondern nur mit der unglaublich romantischen Vorstellung, in einer kleinen Kapelle das Jawort zu sprechen – wie im Film.

Der Buddhismus dagegen nimmt sich der Welt im Jenseits an, wenn man das so sagen kann. Buddhismus hat wenig mit Religion zu tun, sondern ist vielmehr eine Philosophie, oder besser gesagt: viele unterschiedliche Philosophien. Deshalb gibt es diverse Richtungen im Buddhismus, die selbst Japaner nicht alle kennen. Es ist nämlich nicht so, dass sich jeder Japaner für eine Weile zum Meditieren in einen Tempel zurückzieht. Auch mit dem bei uns bekannten Zen-Buddhismus, der irgendwie immer mit Japan verbunden wird, haben nur wenige Japaner wirkliche Berührungspunkte. Christen gehen schließlich auch nicht wie selbstverständlich zum Innehalten in ein Kloster oder jeden Sonntag in die Kirche (auch wenn das einige Japaner glauben mögen). In Japan sind der Tod und der damit verbundene Ahnenkult eng mit dem Buddhismus verknüpft. Stirbt ein Mensch, so versammeln sich in der Regel die Familie und ein buddhistischer Priester, um in einer Zeremonie den Toten vom Diesseits zum Jenseits zu begleiten. Wichtigstes Ritual ist hier die Reinigung des Ortes, wo der Tote gelebt hat. Anschließend wird der Leichnam verbrannt und die Asche in einer Urne nach Hause getragen, bis sie irgendwann in einem Tempel bestattet wird.

Meine Schwiegermutter, die morgens als Erstes vorm buddhistischen Hausaltar kniet, begrüßt so im Stillen die Ahnen. Porträtfotos vom Großvater und von der Großmutter hängen hier an der Wand. Die anschließende Schüssel Reis im kleinen Shinto-Hausschrein ist hingegen den Göttern gewidmet, um sich für die Gaben der Natur zu bedanken. Ich mag die Vorstellung einfach sehr gerne, die Verstorbenen mit in den Alltag zu integrieren und täglich dankbar zu sein für unser Essen. So existieren in Japan mehrere Religionen wie selbstverständlich nebeneinander, ergänzen sich und fügen sich wunderbar in das Leben ein. Kein Wunder, dass Japaner sich da nicht festlegen möchten.

25. Grund

Weil ich hier geräuchert in den Tag starten kann

Irgendwo in einer japanischen Wohnung oder einem japanischen Haus findet man sie: den Hausaltar oder einen kleinen Schrein in Miniformat, manchmal auch beides.

Da gibt es einmal den buddhistischen Hausaltar für die Ahnen, den *Butsudan*. Täglich beten wir hier für die verstorbenen Familienangehörigen und reden mit den Verstorbenen, deren Fotos irgendwo in der Nähe hängen.

Jeden Morgen wird ein Räucherstäbchen abgebrannt und in ein Aschegefäß auf den Altar gesteckt. Im Anschluss bekommen die Verstorbenen etwas Reis oder Tee. Wenn es abends etwas ganz Besonderes zu essen gibt, kann davon auch schon mal etwas auf einem kleinen Tellerchen vor dem Hausaltar landen.

Geschenke, die die Familie erhält, werden zunächst an den Altar gelegt. Bei meinen Schwiegereltern befindet sich der Butsudan im Gästezimmer. Das ist ein besonders schöner Raum, spärlich japanisch eingerichtet, mit Rollbildern an der Wand, die passend zur Jahreszeit ausgewählt werden. In diesem Raum lebte früher einmal die Großmutter. Ihr Bett steht noch aus dieser Zeit vor dem Fenster mit Blick auf den wunderschönen Garten. Hier wurde ich in den ersten Monaten einquartiert. Mein letzter Blick vor dem Schlafengehen galt den Fotos der Großeltern an der Wand. Geweckt wurde ich morgens durch die leisen Trippelschritte meiner Schwiegermutter, die ein Räucherstäbchen anzündete, der Klangschale einen Ton mit einem Holzstab entlockte, die kleine Schale Reis abstellte und dann kurz betete. Es gehört seit jeher zu ihrem Morgenritual und wurde für mich eine unvergessliche Art, geweckt zu werden. Besondere Dekorationen gibt es zu den Festen wie Neujahr und *Obon*, dem Fest für die Toten.

In einem anderen Zimmer des Hauses befindet sich bei uns noch ein *Kamidama*, ein kleiner Holzschrein für die Shinto-Götter. Der ist dem klassischen Shinto-Schrein nachempfunden und hoch über der Tür angebracht. Auch den Göttern wird jeden Morgen ein wenig Essen, meistens eine Schale Reis, dargebracht. Meine Schwiegermutter klatscht dabei fröhlich in die Hände und bedankt sich kurz, bevor sie in den Tag startet.

Wenn man bedenkt, dass sie auf die Frage, ob sie gläubig sei, mit »eigentlich nicht« antwortet, erstaunte es mich doch immer wieder zu sehen, mit welcher Selbstverständlichkeit der Ahnen und der Götter gedacht wird und diese im Alltag ihren Platz finden. Die Rituale gehören einfach dazu.

Kommen wir zurück von einer Reise, dann ist der erste Gang zum Altar der Ahnen. Dort legen wir unsere Mitbringsel von der Reise ab und begrüßen die Verstorbenen kurz, machen mit einem Räucherstäbchen auf unsere Anwesenheit aufmerksam, so hab ich es zumindest immer empfunden. Ich habe das nie infrage gestellt und immer fröhlich mitgemacht. Es hat etwas erstaunlich Beruhigendes an sich, einen ganz kurzen Moment innezuhalten und von der Reise zu erzählen, während sich der kräftige Geruch der Räucherstäbchen langsam im Zimmer verteilt.

Räucherduft hat in Japan eine ganz besondere Bedeutung. Als *Koh* bezeichnet ist der rauchende Stab seit dem 15. Jahrhundert bekannt und vereint »*Die zehn Tugenden des Koh*«:

1. Förderung der Kommunikation mit dem Transzendentalen
2. Reinigung von Körper, Geist und Seele
3. Beseitigung negativer Einflüsse in der Atmosphäre
4. Weckt die Sinne und macht munter
5. Freund und Begleiter in der Einsamkeit
6. Momente der Besinnung im hektischen Alltag
7. Selbst im Überfluss entsteht kein Überdruss
8. Selbst wenig schafft Zufriedenheit

9. Selbst bei langer Lagerung verliert es seine Wirkung nicht
10. Selbst bei täglichem Gebrauch schadet es nicht

Jetzt wundert mich auch nicht mehr, warum ich morgens immer so schrecklich entspannt in den Tag gestartet bin, mit der Räucherung in meinem Schlafzimmer.

26. Grund

Weil man nie genau wissen kann, ob Schrein oder Tempel

Rund 90.000 Schreine soll es geben (darunter auch winzig kleine, irgendwo versteckt in den Bergen), Tempel gibt es ein paar weniger.

Schreine und Tempel, wo liegt da eigentlich der Unterschied? Die häufig gestellte Frage in diesem Zusammenhang habe ich mir anfangs auch gestellt, nachdem ich erfuhr, dass Schreine dem Shintoismus zugeschrieben werden, Tempel hingegen buddhistisch sind.

Woran erkenne ich denn nun den Schrein, und was zeichnet einen Tempel aus? Klar gibt es Zeichen und Merkmale. So ganz klar definieren lässt es sich wiederum auch nicht, denn hier und da hat sich so einiges vermischt in all den Jahren. Wir sollten uns manchmal von festen Regeln im Kopf lösen und die Dinge so hinnehmen, wie sie sind. So tun es die Japaner schließlich auch.

Es wäre jetzt einfach, sagen zu können, Schreine haben immer ein großes Tor, das für Japan so sinnbildhafte *Tori*, durch das man läuft, möchte man das Gelände betreten (niemals in der Mitte des Weges laufen, da laufen die Götter). In der Nähe sind dann vielleicht sogar noch Laternen oder Löwenhunde aufgestellt. Oder man könnte sagen, nur bei Schreinen findet man ein Handwaschbecken, zum Reinigen von Händen und Mund. Könnte man einen Schrein nicht viel einfacher identifizieren, wenn man davor immer eine große Glocke hängen sieht, darunter ein Holzkasten, in den man Geld wirft, ein paar Verkaufsstände, an denen man sich Glücksbringer kaufen oder sich die

Zukunft vorhersagen lassen sagen kann. Und wäre ein Schrein nicht ganz einfach identifizierbar, wenn darin immer ein heiliger Gegenstand aufbewahrt würde, den man als Besucher aber eigentlich nie zu Gesicht bekommt und der nur herausgetragen wird zu bestimmten Anlässen, um auf einem Schreinfestival, dem *Matsuri*, durch die Gegend getragen zu werden. Und nicht zu vergessen das dicke Götterseil aus Stroh, an dem oft das Zickzackpapier hängt.

All das sind Merkmale für einen japanischen Shinto-Schrein, die Holzkiste oder die Glocke findet man aber auch vor Tempeln, Glücksbringer ebenfalls, genau wie den göttlichen Gegenstand, der aber sichtbar für alle im Inneren des Tempels steht. Ganz sicher kann man einen Schrein aber identifizieren, indem man auf eine Landkarte nach dem Tori-Zeichen sucht, zwei Pfosten und zwei Querbalken. Zumindest kann man sagen, dass hier mal jemand eine Entscheidung getroffen hat.

Der buddhistische Tempel hingegen fällt in den Karten schneller ins Auge. Das Sonnensymbol, das einige mit einem Hakenkreuz verwechseln, das in die falsche Richtung zeigt, steht für einen Tempel. Am Eingang zum Tempelgelände gibt es zwar auch ein großes Tor, das ist aber verschließbar mit einer Tür, nennt sich nicht *Tori*, sondern *Mon* und ist weitaus aufwendiger gebaut. Manchmal finden sich hier furchteinflößende Torwächter in Form von Statuen. Das ganze Gelände ist sogar oft mit einer Mauer umgeben. Zum Schutz vor Angreifern in alter Zeit (damals waren Tempel auch Zufluchtsstätten) und weil hier heute tatsächlich jemand wohnt. Tempel sind vergleichbar mit unseren Klöstern, und nicht alle sind der Öffentlichkeit zugänglich. Die Priester leben auf solchen Geländen oft in Nebengebäuden des quadratisch angelegten Geländes. Ein Wasserbecken gibt es auch auf Tempelanlagen, manchmal für das Reinigungsritual von Händen und Mund, manchmal ausschließlich für die Säuberung von Grabsteinen, wenn sich ein Friedhof in der Nähe befindet. Die dort vorhandenen Eimer werden dann mit Wasser gefüllt und zusammen mit einer Kelle zum Friedhof getragen, um den Grabstein der Ahnen zu waschen. Buddhistische Tempel werden genau wie Schreine, private Wohnhäuser, Wohnungen oder Schulen niemals mit Schuhen betreten. Im

Inneren von Tempeln findet man sehr oft (aber nicht immer) irgendwo eine Kannon- oder Buddhastatue.

Buddhas Reliquien allerdings werden in einer *Pagode* aufbewahrt (nicht nur in Japan, sondern in ganz Asien). Pagoden sind die mehrstöckigen Gebäude mit vielen Dächern drum herum, die sich auf einem Tempelgelände befinden, genau wie die geharkten Steingärten, für die Japan so bekannt ist.

Und noch etwas ist nur bei buddhistischen Tempeln zu finden: kleine Figuren vor dem Eingang, die manchmal auch rote Mützen und Lätzchen tragen. *Jizo Bosatsu* werden die Begleiter der toten Seelen auch genannt. Schutzgott der Reisenden und der Kinder. Alle, die kein ordentliches Begräbnis erhalten können, wie abgetriebene Kinder, werden Seelen von den kahlköpfigen kleinen Mönchen ins Jenseits begleitet. Solche Jizo-Figuren werden aber nicht immer an Friedhöfen aufgestellt, manchmal sieht man sie auch ganz abgeschieden, an kleinen Wegen oder Kreuzungen, kleinen Kindern zum Verwechseln ähnlich. Fast so überraschend, wie die kleinen Figuren mit Mützchen, gibt es in Japan hin und wieder aber auch noch Statuen, die genau das darstellen, wonach es aussieht: Penisse (zu Ehren der Fruchtbarkeitsgötter).

Also doch alles nicht so schwer: Glatzkopf = Buddhismus = Tempel und Penis = Shinto = Schrein.

In der Präfektur Yamaguchi, in Nagato, gibt es einen Ort, der zu den größten Phallus-Kultstätten gehört. Neben erstaunlich vielen Penissen stehen hier aber auch kleine Jizo mit roten Lätzchen, alle schön vereint in einem Wald. Noch mehr Penisse dann in den Gebäuden. Einem Tempel und einem Schrein. Google Maps sagt Tempel, vielleicht weil das Tori fehlt? Und was steht auf dem Schild am Eingang? Tawarayama Onsen Mara Kannon 日本一ココ oder mit anderen Worten: Japans Nummer 1 HIER!

27. Grund

Weil Zen hier keine Modeerscheinung ist, sondern allgegenwärtig

Alle meditieren plötzlich. Jeder erfolgreiche Manager und jeder, der es noch werden will, und auch alle anderen, die einfach nur das Glück im Leben suchen, sitzen morgens oder abends mit verschränkten Beinen (oder auch nicht) rum und versuchen, an nichts zu denken, sondern nur zu atmen, achtsam und vielleicht im Anschluss noch ein wenig dankbar zu sein. Und die, die es wirklich lernen wollen, gehen zum Meditieren nach Indien, Thailand oder eben nach Japan. Da muss es dann aber die Zen-Meditation sein. Wenn schon, denn schon.

So werde ich immer wieder gefragt, ob ich das in Japan denn auch gelernt hätte. Hab ich nicht. Oder vielleicht doch? Vielleicht nicht in einem Kloster, so wie man sich das immer vorstellt: tagelang in Stille sitzend, um sich mit den tiefsten Geheimnissen seiner Seele zu beschäftigen. Denn da fängt es ja schon an. Die Seele kennt man im Zen gar nicht.

Aber was ist Zen? Die wahrscheinlich schwierigste Frage, die ich in diesem Buch nicht beantworten kann.

Zen ist eine der vielen Schulen des Buddhismus, die es erfolgreich geschafft hat, im Ausland richtig bekannt zu werden. Zen wird heute außerhalb Japans oft mit Spiritualität und eben der Meditation verbunden, wo es darum geht, den Geist komplett zu leeren, an nichts mehr zu denken und sich nur darauf zu konzentrieren.

Zen ist nicht mit dem Verstand zu begreifen, besitzt keine Dogmen, Hierarchien oder Gottesvorstellungen, wie wir sie kennen. Zen beantwortet keine Fragen, ob es ein Leben nach dem Tod gibt oder ob wir eine Seele haben. Alle großen Fragen unserer Existenz kann Zen nicht beantworten, denn sie liegen außerhalb unseres Denkvermögens und unserer Sprache. Mein Verständnis von Zen ist, jeden Tag bewusst zu leben. Es geht um den Respekt vor allen Kreaturen, um das Mitgefühl und die Konzentration des Jetzt-Momentes. Dahin zu kommen ist ein langer Weg und hört sich einfacher an, als es tatsächlich ist.

Dass es um diesen Weg geht, das wiederum hab ich in Japan gelernt. Nicht bei den Priestern, aber in vielen kleinen Dingen, denn es ist die Grundlage der japanischen Lebensweise, ihrer Kultur und der Kampfkunst. Ob z.B. *Judo, Aikido* oder *Kendo*, sie alle haben eines gemeinsam: Das Ergebnis des Kampfes steht nicht im Fokus, sondern der Weg (das »do« im Namen sagt es schon, das bedeutet »Weg«). Hier habe ich zum ersten Mal den Zen-Gedanken gespürt. Die Einheit von Geist und Körper, die trainiert wird. Die Verbeugungen, als Respekt dem anderen gegenüber und dann die in sich ruhenden Kämpfer, die sich für kurze Zeit nur auf eine Sache konzentrieren: den Körper mit dem Geist zu verbinden, um den Gegner zu »fühlen«. Natürlich ohne das Atmen dabei zu vergessen, welches die vollste Konzentration ermöglicht. Atmen ist der Schlüssel zum Jetzt, zum Moment.

Noch deutlicher wird Zen, wenn man sich japanische Bogenschützen anschaut. *Kyudo*, auch ein »do«, ist der *Weg des Bogens*, bei dem es weniger darum geht, den Pfeil mit seinem unsymmetrischen Bogen in die Mitte der Scheibe zu bekommen, sondern im Wesentlichen darum, seinen Kopf von allen Gedanken zu befreien. Denn nur ein komplett leerer Kopf hat Platz für die vollste Konzentration, und ein leerer Geist hilft beim Fokussieren auf das Jetzt und am Ende auf ein einziges Ziel, die Mitte der Scheibe.

Der Wunsch nach dieser ganz besonderen Kraft, das Leben zu bewältigen, Glück zu spüren und Unglaubliches zu schaffen, macht die Faszination für Zen auch außerhalb Japans verständlich und bringt oft eine ganz neue Sichtweise auf die Welt und das Leben selbst mit sich.

»Okay«, werden Sie jetzt vielleicht denken, »Kampfkunst und Bogenschießen ist vielleicht japanisch, aber das praktizieren ja wahrscheinlich nur wenige.« Mir fallen auf Anhieb noch drei weitere Wege ein: Der Weg des Schreibens (*Shodo*) ist bei uns vielleicht besser bekannt als japanische Kalligrafie. Allein die Herstellung der Tusche, das Anreiben des schwarzen Tuscheblocks auf einem Reibstein wirkte auch bei mir immer sehr meditativ, gehört zur Grundausbildung und hilft beim Entleeren des Kopfes. Ziel ist auch hier wieder, in den konzentrierten Zustand zu kommen, um die Pinselstriche am Ende auf das Papier zu bringen.

Auch der Weg des Tees (*Chado oder Sado*) oder die Teezeremonie und Grund 31, Japan zu lieben, ist tief mit dem Gedanken von Zen verbunden. Nicht umsonst sagen Japaner: »Die Teezeremonie ist Zen in seiner flüssigen Form.«

28. Grund

Weil es so viele Feiertage gibt

Ist ja wirklich kein Geheimnis, dass Japaner viel arbeiten und kaum Urlaub haben. Das Klischee stimmt. Dabei gibt es in Japan einen gesetzlich festgeschriebenen Urlaubsanspruch von 20 bezahlten Tagen (wer dem Unternehmen länger als 6,5 Jahre angehört. Für Anfänger gibt es hingegen nur 10 Tage). Anspruch hin oder her. Der japanische Arbeitnehmer denkt bei Urlaub ohnehin nicht an zwei Wochen Freizeit am Stück, in den Flieger und ab in den wohlverdienten Sommerurlaub. »Da muss mein Kollege ja meine Arbeit übernehmen. Wo er doch ohnehin schon so viel zu tun hat.«

Wie könnte er mit diesem unguten Gefühl entspannen, faulenzen und einfach mal die Seele baumeln lassen? Da ticken die Japaner einfach anders. Selbstlos geht es in erster Linie um das Wohl der Gemeinschaft und weniger um das ganz eigene Glück. Oder geht es einfach nur darum, nichts anderes zu machen als alle anderen?

Der Gedanke ist für mich absurd: einfach durchzuarbeiten und meinem Arbeitgeber die 20 Tage meines gesetzlich festgelegten Urlaubsanspruchs zu schenken. Also ich brauche ab und an Erholungsphasen, um meine Batterien wieder aufzuladen.

Dies wissen auch die Japaner. Sobald es einen Feiertag in Japan gibt, wird dieser mit in die Urlaubsplanung genommen. Die Tage zwischen Feiertag und Wochenende sind bei Japanern besonders beliebte Urlaubstage. Es ist möglich, vier oder fünf Tage am Stück Urlaub zu machen und dafür nur einen oder zwei Arbeitstage zu opfern. Das geht natürlich nicht in allen Berufen. Geschäfte haben sieben Tage die Woche geöffnet, 365 Tage im Jahr. Wochenende kennen die Verkäufer nicht. Nur Angestellte kommen in den Genuss eines langen Wochenendes.

Gelegenheit zu Brückentagen finden sich in Japan immer wieder, vor allem Anfang Mai. Es beginnt mit dem 29. April, dem *Tag des Showa,* und setzt sich mit gleich drei Feiertagen am 3. Mai (*Tag der Verfassung*), am 4. Mai (*Tag der Natur*) und dem 5. Mai (*Tag des Kindes*) fort. In Kombination mit dem Wochenende kann man einige Brücken bauen und kommt im besten Falle auf zehn Tage Urlaub am Stück, braucht aber nur zwei Urlaubstage zu nehmen. Und da behaupten wir immer, Japaner hätten keinen Urlaub! Wozu auch?

Golden Week nennen die Japaner diese freie Zeit, und eine goldene Nase verdient sich hier auf jeden Fall die Tourismusindustrie, denn jetzt ist scheinbar das ganze Land unterwegs. Preise für Flüge ins Ausland gehen in die Höhe, Hotels im Land sind ausgebucht und die Züge sind voll. Japan ist ein bisschen im Ausnahmezustand, und für Japanreisende aus dem Ausland kann es mitunter an den Hauptattraktionen des Landes und in den Freizeitparks zu langen Wartezeiten kommen.

Insgesamt kommt Japan über das Jahr verteilt auf 16 Nationalfeiertage. Mit Ausnahme des Junis gibt es in jedem Monat mindesten einen. Einige der gesetzlichen Feiertage sind datumsabhängig, sollten sie unverschämterweise mal auf ein Wochenende fallen, dann werden sie, mit einigen Ausnahmen, auf einen Ersatztag gelegt, dem davorliegenden Freitag oder den nachfolgenden Montag. Vier andere Feiertage lässt man schon grundsätzlich auf einen Montag fallen, die *Happy Mondays*: Am 2. Montag im Januar den *Tag der Volljährigkeit*, der 3. Montag im Juli ist der *Tag des Meeres*, der 3. Montag im September wird gefeiert als der *Tag des Respekts der Alten* und der 2. Montag im Oktober steht ganz im Zeichen des Sports. Wer jetzt vielleicht denkt, hier wird richtig gefeiert, der irrt. Vielmehr geht es darum, sich an diesen Tagen zu erholen und etwas mit der Familie zu unternehmen. Gerne verbringen Japaner ihren freien Tag im Einkaufszentrum, in einem Vergnügungspark oder bei einem Restaurantbesuch.

Für die einen ist es ein Feiertag, für andere ein freier Tag und für den Rest einer der ganz besonderen Arbeitstage mit erhöhtem Kundenaufkommen. So hat jeder was davon.

29. Grund

Weil es Spaß macht, wenn der Kollege verreist

Wie jetzt? Bedeutet das nicht, dass der Daheimgebliebene jetzt auch noch die Arbeit des Urlaubnehmenden übernehmen muss? Nicht unbedingt, denn man kann ja auch mal am freien Wochenende in den Urlaub fahren (und das tun tatsächlich auch viele). »Was hat der Kollege denn davon?«, werden Sie sich vielleicht fragen.

Das kann ich ihnen verraten: Der bekommt ein *Omiyage*.

Omiyage ist ein Mitbringsel, eine unausgesprochene soziale Pflicht und ein fester Bestandteil der japanischen Kultur und Tradition. Es gehört sich einfach, den daheimgebliebenen Familienmitgliedern, Kollegen, Nachbarn und Freunden eine kleine Freude zu bereiten, um auf einfache Weise ausdrücken zu können: Entschuldige, dass ich dich allein gelassen habe. Während ich mich amüsiert habe, musstest du hier die Stellung halten. Danke. Dafür habe ich dir etwas mitgebracht. So kannst auch du von den Köstlichkeiten meiner Reise probieren.

Omiyage kaufen gehört für Japaner zum Reisen dazu wie Kofferpacken oder Tickets kaufen. Die Kultur des Schenkens ist eine ausgefeilte und durchdachte Angelegenheit. Man hat sich darauf eingestellt, und so gibt es an beliebten Sehenswürdigkeiten, aber auch an Flughäfen und Bahnhöfen im ganzen Land *Omiyage* zu kaufen. Hauptsächlich sind es regionale Speisen, die das Bild des Reisezieles oder ein bekanntes Symbol des Ortes darstellen: Plätzchen, kleine Kuchen, gefüllte Klebereisbällchen, Reiscracker, Schokolade, Fruchtgelees oder andere Süßigkeiten in unterschiedlicher Menge in einer schönen Schachtel. Das mit der Schachtel ist wichtig. Genauso ist darauf zu achten, dass jedes noch so kleine Plätzchen einzeln verpackt ist.

Nichts ahnend kaufte ich einmal so eine Packung kleiner Kuchen in einem schönen Karton. Die sahen so lecker aus, dass ich sie unbedingt probieren wollte. In der bunten Schachtel befanden sich sechs wunderschöne Küchlein mit leckerer Schokofüllung, alle noch einmal einzeln verpackt. »Die verstehen es aber, extra viel Müll zu produzieren!«, war mein erster Gedanke, umweltbewusst, wie ich nun mal bin.

Dass ich ein klassisches *Omiyage* gekauft hatte, erfuhr ich erst später. Schließlich möchte man dem Kollegen keinen krümelnden Kuchen vor seine Tastatur stellen. Da macht die Extra-Verpackung natürlich Sinn.

Genau wie die Reise selbst, will auch der *Omiyage*-Kauf gut geplant und vorbereitet werden. Am besten mit einer Liste. Kollegen erhalten jeweils ein Teil aus einer großen Packung. Nachbarn, Freunde und Familienangehörige bekommen eine eigene Schachtel, damit sie es mit ihrer Familie teilen können. Dann folgt der größte Spaß, für einige ist es sogar ihr Highlight der gesamten Reise: die Auswahl des passenden Geschenks.

In den Läden türmen sich die Schachteln verschiedener Produkte in allen möglichen Größen. Um sich ein Bild von den Inhalten machen zu können, gibt es extra Display-Boxen, Attrappen aus Kunststoff mit Plexiglasscheibe. Dahinter liegen die einzeln verpackten Produkte, und natürlich kann man auch sehen, wie es ausgepackt ausschaut. Zum Reinbeißen, aber alles nur Fake. Plastikattrappen, die dem Original täuschend ähnlich sehen. Manchmal sind die Teile sogar noch »angeschnitten«, damit man auch noch einen Blick auf die Füllung werfen kann. Besonders genial, wenn man zwischendurch auch selbst mal kosten kann.

Zurück von der Reise geht's dann ans Verteilen und um Small Talk hier und da: »Ach, du warst am Wochenende in Kyoto? Da blühen ja jetzt die Kirschbäume.« Und so nebenbei erfährt man auch, wie die Kollegen ihre Wochenenden so verbringen. Nur im Mai, wenn alle unterwegs sind, türmen sich die *Omiyage* auf dem Tisch, sodass man schnell den Überblick verliert. Am Ende macht es einfach irre Spaß, sich durch die Köstlichkeiten des Landes zu futtern. Da gönn ich jedem gerne ganz viele Reisen.

30. Grund

Weil's jeden Ort auch zum Essen gibt

Gefühlt hab ich schon ganz Japan gegessen. Nein. Kein Witz. Haufenweise *Omiyage* hab ich schon bekommen, von Kollegen, Freunden und von vielen meiner Schülerinnen und Schüler, in der Zeit, als ich unterrichtet habe. Japaner lieben es, Fremden ihr Land zu zeigen, und wie geht das besser, als eine kleine Köstlichkeit aus dem hintersten Winkel Japans zu präsentieren, zusammen mit Fotos und Erklärungen, warum ich unbedingt mal nach Kakunodate oder nach Hiroshima fahren sollte.

Die kleinen Mitbringsel von der Reise sind vielleicht das beste Marketingtool, das die Tourismusbranche sich hat einfallen lassen. Schon so manches Mal habe ich einen Apfelkuchen verschlungen und gedacht: »Ich muss unbedingt mal nach Aomori!« (Aomori ist bekannt für die besten Äpfel im ganzen Land.)

Manchmal lernt man beim Blick auf die *Omiyage*-Shops an den Bahnhöfen gleich bei der Ankunft, was die Stadt oder die Präfektur alles zu bieten hat. So findet man in Kyoto beispielsweise allerhand Omiyage mit grünem Tee. Die Region ist halt für ihren Tee bekannt.

In Okayama gibt es reichlich Fruchtiges, weil der Ort bekannt ist für seine saftigen Trauben und Pfirsiche. In Yamagata gibt's Kirschen und dementsprechend ein Omiyage, ein festes Gelee mit Kirschen, einzeln verpackt natürlich. Die Präfektur Gunma ist stolz auf ihre Kühe, da muss es hier natürlich auch eine regionale Spezialität mit Käse sein. Süßkartoffeln finden sich in so manchen Keksen und Kuchen aus Okinawa, und die Zitrusfrucht *Yuzu* wächst im milden Klima Miyazakis, da dürfen Sie jetzt einmal raten, welchen Geschmack die in ihren Törtchen verarbeitet haben.

Bei den anderen Mitbringseln allerdings beginnt mein Kopf zu arbeiten und will keine so rechte Erklärung finden. In Tokyo werden Sie kleine Kuchen in Bananenform, gefüllt mit Pudding, entdecken. Die berühme *Tokyo Banana*. Bananen wachsen da aber nicht. Und Affen leben höchstens im Zoo in Ueno. Der Hersteller dieser Köstlichkeit kommt aus Tokyo und hatte einfach ein gutes Marketinghändchen (und das Rezept für köstliche Bananenkuchen).

Wen es nach Hokkaido verschlägt, der kommt oft mit *Shiroi Koibito*, dem *weißen Liebhaber*, zurück. Das sind zwei dünne Butterkekse mit weißer Schokolade dazwischen. Weil Hokkaido die Milchregion schlechthin ist, gibt es neben weißer Schokolade auch noch viele andere Schokovarianten von anderen Firmen.

Ein anderes klassisches *Omiyage* aus Kyoto ist *Yatsuhashi*. Eine süß-zimtige Reis-Tasche mit roter Bohnenpaste gefüllt oder in getrockneter Form ohne Bohnenpaste.

In Kanagawa gibt es einen knusprigen Keks in Taubenform. Nagano ist bekannt für seinen gefüllten Keks mit Nüssen oder Maronen, und in Shizuoka gibt es das köstliche *Unagi Pie*, Blätterteigplätzchen mit Aal als Geheimzutat. Das hab ich nach meinem ersten Japanbesuch auch meinen Freunden in Deutschland präsentiert. Niemand wollte das probieren, weil es auf der Verpackung aussieht wie Schlange. Dabei schmeckt man den Aal am Ende gar nicht raus.

Das ungewöhnlichste *Omiyage* kommt aus Oita: Ein rechteckiger Reiscracker, *Senbei* genannt, der dem 1000-Yen-Schein nachempfunden ist.

So ein *Omiyage* ist halt immer etwas Besonderes, eine kleine kulinarische Reise. Das beliebteste Geschenk, das Japaner ihren Landsmännern nach ihrer Deutschlandreise mitbringen, ist übrigens Bier. Kein klassisches *Omiyage* für die Kollegen, eher für Familie und Freunde. Andere beliebte *Omiyage* sind: Schokolade, Baumkuchen (leider in Deutschland nie einzeln verpackt, in Japan schon), Gummibärchen, Wurst, Wellnessprodukte und Badezusätze in kleinen Tüten, Tees mit ungewöhnlichen Geschmackssorten, Soßen und Salatdressingtütchen, kleine Schnäpse und die Minifläschchen *Kölnisch Wasser*. Vieles eignet sich leider nicht als *Omiyage*, denn nach einzeln verpackten kleinen regionalen Köstlichkeiten muss man bei uns oft lange suchen.

Haltbarkeit, Klimabedingungen und Gewicht spielen bei Mitbringseln aus dem Ausland natürlich auch noch eine wichtige Rolle. Etwas, was man aufbrauchen kann, muss es zusätzlich sein, denn japanische Wohnungen haben kaum Platz für viele Dekorationsartikel. Deko und

Gebrauchsgegenstände fallen unter die Kategorie *Souvenir*. Ein Mitbringsel aus dem Urlaub, gekauft für sich selbst zur Erinnerung oder für enge Freunde, um auszudrücken: »Schade, dass du nicht dabei warst. Als ich das gesehen habe, musste ich sofort an dich denken.«

Wichtig zu beachten ist nur eines bei *Omiyage* und bei Souvenirs aus dem Ausland: Es sollte nicht »Made in Japan« drauf stehen, und »Made in China« wird nur toleriert, wenn Sie Ihren Urlaub tatsächlich in China verbracht haben.

31. Grund

Weil jeder Tag ein guter Tag ist

Ich sitze in einem japanischen Zimmer. Schlicht eingerichtet, nur durch die verschlossenen Schiebetüren, mit weißem Papier bespannt, fällt Licht in den Raum. Der Boden ist mit Tatamimatten ausgelegt. Der Geruch der Reisstrohmatten erfüllt den Raum auf angenehme Weise. Der Raum ist spärlich eingerichtet, ganz ohne Möbel und trotzdem nicht langweilig.

Gleich werde ich zum ersten Mal an einer Teezeremonie teilnehmen. *Sado*, der Weg des Tees. Ich bin gespannt, was mich erwartet. Ein bisschen aufgeregt sogar, denn ich weiß, es gibt vieles zu beachten, und ich möchte gerne alles richtig machen. Im *Seiza* sitzen fällt mir mittlerweile nicht mehr ganz so schwer, 20 Minuten schaffe ich es locker auf meinen Unterschenkeln, bis die eingeschlafen sind. So hocke ich auf dem Fußboden, und mein Blick fällt auf ein Wandbild. Eine Schriftrolle, *Kakemono* genannt, mit japanischen Zeichen in schönster Kalligrafie hängt in einer kleinen Nische an der Wand: 日々是好日 steht dort gleich über einem Blumengesteck.

Nichi nichi kore kojitsu – Jeder Tag ein guter Tag. Was für ein schönes Sprichwort und das heutige Motto für die Zeremonie. Es kommt aus dem Zen und bringt die Teezeremonie ziemlich gut auf den Punkt. Denn darum geht es hier. Jeder Moment ist vergänglich und daher unersetzbar.

Eine Schülerin der Teezeremonie erklärte mir mal, dass sie jeden Tag übt. Jeden Tag wiederholt sie die einzelnen Schritte, achtet auf die richtige Haltung, und während sie anfangs noch dachte, Tag für Tag dasselbe zu tun, bemerkte sie plötzlich ganz kleine Veränderungen, Verbesserungen ihrer Technik, kaum sichtbar für Außenstehende.

Daran muss ich denken, als ich dem Meister bei der Zubereitung des grünen Tees zusehe. Seine Bewegungen sind fließend und ruhig, und allein vom Zusehen merke ich, wie alle Anspannung vom Alltag von mir abfällt und ich ganz ruhig werde. Genau darum geht es bei der Teezeremonie ja am Ende: den Gast dazu zu bringen, an nichts weiter zu denken und nur den Moment zu genießen.

Vor mir kniend, mit einer Verbeugung stellt der Meister die Schale mit dem grünen *Matcha* vor meine Knie, die ich mittlerweile kaum noch spüre. Ich bedanke mich ebenfalls mit einer Verbeugung, hebe die wunderschöne Keramikschale und drehe sie zweimal. So habe ich das gelernt. Und trinke den cremigen Tee in mehreren Zügen. Die etwas bittere Flüssigkeit ist im Nachgeschmack überraschend süß. Ich habe das Gefühl, noch nie so bewusst getrunken zu haben. Dann stelle ich die Schale ab, und sogleich begibt sich der Meister damit wieder an seinen Platz, um den zweiten Durchgang für mich vorzubereiten, den etwas dünneren Aufguss, der schmeckt noch einmal ganz anders, ist weniger bitter. Zum Abschied verbeuge ich mich und schiebe mich sitzend zum Ausgang des Teehauses, bis zur etwa einen Meter hohen Tür, durch die man nur in gebückter Haltung kriechen kann, damit man sich bewusst wird, dass ab dem Moment des Eintritts alle Menschen gleich sind, egal welchen Beruf oder welchen Rang sie in der Gesellschaft einnehmen. Etwas wackelig auf den Beinen, die mir in den letzten 40 Minuten komplett eingeschlafen sind, schlüpfe ich in meine Schuhe und betrete den Garten, lasse mich kurz auf einer Bank nieder und genieße diesen Moment der Ruhe in mir und um mich herum noch ein letztes Mal, bevor es wieder rausgeht in das Leben. Als wäre ich in eine andere Welt gereist und meinem Leben für eine Weile entflohen.

Was für ein Geschenk ich mir mit dem Besuch gemacht habe, merke ich erst viel später, als ich zufrieden vor mich hin lächelnd in der vollen Bahn auf dem Weg nach Hause sitze. Es ist ein wirklich guter Tag.

32. Grund

Weil Kunst im Detail steckt

Die japanische Liebe zum Detail erkennt man in so vielen Dingen, dass ganze Bücher darüber geschrieben wurden. Am besten wird sie aber in der Kunst, oder das, was die Japaner unter Kunst verstehen, sichtbar. Denn es unterscheidet sich doch sehr von unserem westlichen Kunstverständnis.

Japaner schätzen mittlerweile auch unsere dekorativen Kunstwerke. Für sie steckt Kunst aber vielmehr in einfachen Gebrauchsgegenständen mit spezieller Ästhetik. Japanische Ästhetik ist mittlerweile auch bei uns angekommen und hat viele Liebhaber für sich gewinnen können. Aber was ist das eigentlich?

Es beschreibt die Vergänglichkeit von Dingen, drückt sich in Schlichtheit aus, sieht das Schöne im »Unperfekten«.

Die »Unbeständigkeit des Seins« ist tief im buddhistischen Glauben verankert. Die Darstellung von Traurigkeit ist für Japaner Kunst und soll genau das Gefühl vermitteln.

Eine einzige Kirschblüte, die sich tapfer an einem Ast hält, oder ein einziger Kirschbaum, der verlassen in einem Fluss gegen die Strömung kämpft. Der Gedanke: »Alles ist vergänglich« ist den Menschen in Japan, einem Land, das ständig mit Naturkatastrophen zu kämpfen hat, immer bewusst. Sie schätzen daher den Augenblick sehr und schenken auch den kleinen Dingen besondere Aufmerksamkeit und Wertschätzung. Das fertige Kunstwerk kann jederzeit wieder zerstört werden. Deshalb ist die Entstehung allein schon Kunst.

So gibt es neben der Vergänglichkeit die »Kunst des Weges«. Des Erschaffens. Der Weg wird im Japanischen mit dem Schriftzeichen 道 (do) dargestellt und kommt Ihnen jetzt vielleicht bekannt vor: Judo, Kendo oder Aikido. Auch gibt den Weg des Tees (Chado oder Sado), den Weg des Schreibens (Shodo) oder den Weg der Blume (Kado), besser bekannt als Ikebana-Kunst. All diese Wege haben eines gemeinsam: die kleinen Details, die daraus Kunst werden lassen.

Bei Ikebana ist es nicht nur die einfache Auswahl von Blumen, die anschließend zusammengesteckt werden. Dazu gehören auch die Auswahl des Gefäßes, das Beschneiden der Blumen und die Anordnung des Winkels, wenn die Pflanze in das Nadelkissen gesteckt wird.

Es gibt unterschiedliche Stile, zahlreiche Prüfungen und Level, die man erreichen kann und mit der so manche Japanerin ihr Leben lang beschäftig ist, um die Natur im Kleinen darzustellen, denn nichts anderes wird beim Ikebana versucht. Einfach gesagt: abgeschnittene Blumen so in ein Nagelbrett zu stecken, dass es aussieht, als habe man die Natur ins Wohnzimmer geholt.

Als ich mich in Japan zu einem Ikebana-Kurs anmeldete, wusste ich von alldem nichts. Ich dachte, ich schneide ein paar Zweige und Blumenstängel und arrangiere sie zu einem Gesteck. Das müsste auch ohne große Japanischkenntnisse gehen, war mein naiver Gedanke, als ich mich meiner Ikebana-Lehrerin vorstellte. Spätestens, als sie mir auf Englisch zu erklären versuchte, dass ich meine Gefühle mit in die Gestaltung einfließen lassen solle, ohne dabei die Harmonie des Kunstwerkes zu vernachlässigen, sah ich mich maßlos überfordert, und so steckte ich das alles möglichst wild zusammen. Denn mein Gefühl in dem Moment, als ich hörte, dass ich hier den Himmel, die Erde und die Menschheit in einer kleinen Schale vereinen sollte: vollkommene Verwirrtheit und Ratlosigkeit.

Weit habe ich es bei dem Ikebana-Kurs am Ende nicht gebracht. Eine Woche später begann ich meinen Kalligrafiekurs.

Selbst japanische Speisen, mit kleinen Schnitzereien im Gemüse passend zur Jahreszeit versehen oder mit einer Blüte verziert und in ausgewählten Schalen präsentiert, sind Kunstwerke. Diese kleinen Details, dazu unglaublich lecker, liebe ich ganz besonders, und nichts stellt Vergänglichkeit wohl besser dar als die kulinarische Kunst, nicht wahr?

33. Grund

Weil in Japan das »Unperfekte« zur Schönheit erklärt wird

Das Schöne im »Unperfekten« zu sehen ist ein wundervoller Gedanke. Eigentlich ganz einfach. Aber *Wabisabi* in Worten zu erklären ist jetzt plötzlich doch gar nicht so einfach. Ich bin die Sache damals falsch angegangen. Das Zeichen für *Wabi* 侘 bedeutet einsam sein oder sich elend fühlen. Nicht so recht dazugehören. Das Zeichen *Sabi* 寂 bedeutet alt sein. Alt, aber auch gereift oder vielleicht besser ausgedrückt, die Würde des Alten und Gebrauchten. Zusammen machte Wabisabi für mich erst mal gar keinen Sinn. Dahinter soll sich also die hochgeschätzte japanische Ästhetik verbergen? Wie soll das gehen?

Erklärt wurde mir das Prinzip der traditionell japanischen Schönheit am eindrücklichsten, als ich in einem japanischen Café arbeitete, in dem keine Teetasse einer anderen glich. Die getöpferten Tassen sahen alle ein bisschen so aus, als sei dem Schöpfer die Hand auf der Töpferscheibe kurzzeitig ausgerutscht oder als hätte man für einen ordentlichen Lack keine Muße mehr gehabt.

So unterschiedlich, wie die Gäste unseres Cafés waren, sollten auch unsere Tassen sein. Die Aufgabe bestand darin, dem Kunden seinen Tee in einer für ihn passenden Tasse zu servieren.

»Aber die ist doch krumm und schief! Sieht aus, als hätte sie schon bessere Tage erlebt!«

»Darum geht es!« Es muss nicht immer alles perfekt aussehen. Gerade in der Unregelmäßigkeit und der rauen Oberfläche steckt noch der Geist des Künstlers, der diese Tasse geschaffen hat! Der Mensch ist ja auch nicht perfekt. Hat auch seine Ecken und Kanten und seine raue Fassade. Aber das macht ihn einzigartig und zeichnet ihn aus.

Als im Zusammenhang mit Wabisabi Begriffe fallen wie: Bescheidenheit, Aufgeräumtheit und das Verzichten auf überflüssigen Ballast, beginne ich langsam zu begreifen, warum Wabisabi so nur in Japan entstehen konnte, einem Land, in dem der Gedanke des Buddhismus tief in den Menschen verwurzelt ist.

Vielen Japanern ist das so gar nicht bewusst: Mit wenig auskommen, allein schon aus platztechnischen Gründen ein sehr japanisches Phänomen (wobei ich auch Japaner kennen, die sammeln, was ihnen in die Finger kommt, und ihre kleinen Wohnungen mit allerhand Kitsch und Spielzeug vollgestellt haben). Wabisabi ist aber vor allem eines, die Wahrnehmung der Dinge, ob in Gegenständen oder in der Natur. Das Vergängliche gehört da einfach mit dazu. Blätter im Herbst fallen von den Bäumen, genau wie jede Kirschblüte irgendwann verblüht. Das gehört zum Leben dazu.

Alles verändert sich jeden Augenblick. Das wahrnehmen zu können braucht Übung und einen geschärften Blick.

Als einer unserer Stammgäste wie jeden Mittwoch an der Theke unseres kleinen Cafés saß, durfte ich eine Tasse für ihn wählen. Aus den Erzählungen von seinen früheren Besuchen wusste ich, dass seine Frau vor einigen Jahren gestorben war und er nun allein lebte. Ich wählte eine dunkelgraue Tasse mit einem kleinen Riss (ich hätte die ja längst weggeschmissen und keinem Kunden angeboten, bevor ich von Wabisabi gehört hatte). Er strich langsam mit dem Finger über den Riss und die raue Oberfläche, trank einen Schluck vom kräftigen Matcha, und ich bemerkte ein trauriges Lächeln. Ob er jetzt an den Verlust seiner Frau dachte? Oder einfach nur »Was macht die Ausländerin eigentlich hier?«. Vielleicht war der Matcha aber auch einfach nur ein wenig zu bitter geraten. Ich habe es nie erfahren. Aber meine Chefin klopfte mir kurz auf die Schulter und meinte: »Die hätte ich heute auch gewählt, am Todestag seiner Frau!«

34. Grund

Weil jeder bei Japan gleich an Kimono und Geisha denkt

Auf der Suche nach einem geeigneten Namen für mein Japan-Blog bat ich rund 200 Leute, mir spontan einen Begriff zu nennen, der ihnen zu Japan einfällt. Kimono, Geisha, Sumo, Sushi und Kirschblüte waren die am häufigsten mit Japan assoziierten Dinge. Die Domains waren natürlich schon längst vergeben und hauten mich auch nicht richtig vom Hocker, weil doch sehr klischeehaft. So entschied ich mich am Ende für NIPPON INSIDER als Blognamen, auch wenn gut die Hälfte der Befragten nicht wusste, dass *Nippon* das japanische Wort für »Japan« ist. Aber am Ende ging es ja genau darum, solche Aufklärungsarbeit mit dem Blog zu betreiben.

Auch der Kimono braucht in der westlichen Welt noch ein wenig Aufklärung. Der Begriff *Kimono* bedeutet nichts anderes als Anziehsache. Heute versteht man darunter das traditionell japanische Kleidungsstück mit herunterhängenden Ärmeln und einem breiten Gürtel.

Im Alltag sieht man kaum noch Japanerinnen einen Kimono tragen. Allenfalls aus beruflichen Gründen, wie bei Angestellten in Hotels, Restaurants oder zu besonderen Anlässen und Feiern. Meine Schwiegermutter trägt ihn regelmäßig bei ihrer Arbeit als Kimonolehrerin. Gerne zeigt sie sich aber auch bei Restaurantbesuchen oder zu Ausstellungen in einen immer zur Jahreszeit passenden Kimono mit einfach gebundenem Obi, so nennt man den 30 cm breiten und 420 cm langen Gürtel.

Meine Schwiegermutter mit ihren drei Söhnen wünschte sich nichts mehr als eine Schwiegertochter, um ihr Wissen und ihre kostbaren Schätze weiterzugeben. Klar, hab ich Unterricht von ihr bekommen, lernte das ordnungsgemäße Zusammenfalten eines Kimonos und deren Bänder, wie was wo wann hingehört, wie geknotet, gezupft und drapiert wird, wie ich meine Taille mit Handtüchern so oft umwickele, dass sie verschwunden ist, und wie ich den aufregendsten Körperteil einer Frau gekonnt in Szene setze: Der Nacken gilt in Japan als das, was bei uns ein tiefes Dekolleté ist – sehr sexy. Ich lernte aber auch ganz praktische Dinge: wie ich mit einem Kimono zur Toilette kann oder wie ich Handy, Geld, Fächer und Schlüssel ganz einfach im Ärmel des Kimonos oder im Gürtel verschwinden lassen kann. Auch das Laufen, Stehen, Sitzen und Sich-fotografieren-Lassen gehörten zu meiner Ausbildung.

Es ist ein tolles Gefühl, einen Kimono zu tragen, man hat automatisch eine gute Haltung und bekommt viele bewundernde Blicke.

Das Beste am Kimonotragen ist für mich allerdings der einzigartige Moment, wenn man ihn auszieht und man Stück für Stück pure Befreiung verspürt und man wieder richtig atmen kann.

Meine Schwiegermutter weiß nicht so recht, was ich damit meine. Sie trägt ihr Leben lang schon Kimonos, und selbstverständlich hatte sie auch einen dabei, als sie uns in Deutschland besuchen kam.

Den Tag mit ihr im Kimono durch Berlin werde ich nie vergessen. Wie sie über Kopfsteinpflaster tippelte, gekonnt den zerbrochenen Bierflaschen auswich, mit ihrem teuren Kimono in der U-Bahn saß, die Treppen zum Berliner Dom in ihren Zehensandalen hoch lief, und die vielen Köpfe, die sich den ganzen Tag nach ihr umdrehten. Kameras wurden heimlich gezückt, Familien baten um ein Foto mit ihr, und es drang hier und da ein »Guck mal, die Geisha!« zu uns herüber. »Nicht jede Frau, die einen Kimono trägt, ist eine Geisha!!!«, hätte ich am liebsten irgendwann laut geschrien.

Meine Schwiegermutter störte sich nicht groß daran, die Fassung in der Öffentlichkeit zu verlieren, tat sie ohnehin nie. Stattdessen machte sie das, was wahrscheinlich jede Japanerin und jede Geisha in so einer Situation gemacht hätte: freundlich lächeln, sich kurz verbeugen und dann in kleinen Schritten weitertippeln, sehr darauf bedacht, nicht versehentlich in einen Hundehaufen zu treten.

Während unserer weiteren Reise durch Deutschland war es meine Aufgabe, sie davon zu überzeugen, dass nicht jeder Bürgersteig einem Berliner Gehweg gleicht. Auf das Tragen ihres Kimonos verzichtete sie auf der weiteren Reise dann aber trotzdem.

35. Grund

Weil die Samurai noch nicht vergessen sind

Mit meinem Bild vom japanischen Krieger im Kopf komme ich nach Japan. Männer in Rüstungen verteidigen im Auftrag ihres Herrn, des Daimyo, die Ländergrenzen. Mein Bild vom stolzen, loyalen und ehrenhaften Ritter hatte sich durch Filme in mein Hirn gebrannt. Im

Schwertkampf erprobt, mit kahl geschorener Stirn und Zopf und dem Bushido-Ehrenkodex unterworfen erkämpfte sich der Samurai seine Macht und Privilegien im vorindustriellen Japan. Damals waren die meisten Japaner noch Landwirte. Wer sich als heldenhafter Samurai im Krieg hervorgetan hatte, erhielt Macht und Land, durften Steuern eintreiben und hatte Vorbildfunktion inne.

Als ich dann etwas mehr über den Samurai erfuhr, wandelte sich mein Bild: blutrünstige Krieger, denen es darum ging, möglichst viele Feindesköpfe zu sammeln, um damit ihrem Herrn zu imponieren und vor allem dafür belohnt zu werden. Stolz waren sie. Loyal, wenn man davon absieht, dass sie auch mal einen Mann aus den eigenen Reihen töteten, nur um an einen weiteren Kopf zu kommen. Vor Neid waren sie nicht gefeit. Und auch wenn es dem Ehrenkodex nicht entsprach, mussten sie es nur geschickt anstellen, damit niemand etwas von ihrem unehrenhaften Handeln erfuhr. Wenn doch, nahmen sie sich lieber selbst das Leben, indem sie sich einen Dolch in ihr Herz rammten, ein qualvoller Tod, der sich *Seppuku* nennt, und neben dem Tod im Kampf die einzige ehrenvolle Art für einen Samurai, zu sterben und seine Familie damit nicht zu entehren.

In der Präfektur Akita, in Kakunodate, gibt es noch gut erhaltene Samurai-Häuser, einige davon wurden der Öffentlichkeit zugänglich gemacht. Hier spürt man den Reichtum, sieht aber nichts von den Grausamkeiten der Samurai. Das kleine Samurai-Viertel von Kakunodate ist seit 1620 unverändert geblieben. Früher lebten hier einmal 80 Samurai-Familien. Heute findet man authentische Inneneinrichtung, kann Schwerter bewundern, sich im Restaurant den Bauch vollschlagen oder Souvenirs kaufen.

Auf der Insel Kyushu an der Burg von Kumamoto kann man auch heute noch Samurai sehen. Täglich treffen sie sich, bewaffnet mit ihren Schwertern und brüllen männlich ihre kriegerischen Kommandos. Wer allerdings in die Geschichtsbücher schaut, wird feststellen, dass es die eigentlich nicht mehr geben dürfte. 1877 verloren sie in einer letzten Schlacht gegen die kaiserlichen Truppen. Hier versammelt sich einfach nur ein Haufen japanischer Studenten mit ihren Schwertern und spielt ein bisschen Geschichte.

Samurai-Schwerter üben auch heute noch eine unglaubliche Anziehungskraft auf Männer aus. Mein Schwager gehört zu ihnen. Er besitzt so ein *Katana*, nicht als Waffe, sondern als Kunstgegenstand, also nicht so scharf, um einen Kopf abzutrennen (vermute ich jetzt einfach mal). Er praktiziert *Iaido*, die Kunst des Schwertziehens. Stundenlang übte er die Haltung, das Schwert aus der Scheide zu ziehen und würdevoll nach allen Regeln der Kunst wieder zurückzustecken. Selbstverständlich niemals blutverschmiert. Er sagt, dass es unglaublich entspannt, seine volle Konzentration erfordert, um eine Einheit zwischen Körper, Geist und Schwert zu entwickeln.

Kendo oder den *Weg des Schwertes* lernte ich in der Schule, an der ich unterrichtete, kennen. Diese abgewandelte Form des japanischen Schwertkampfes beruht auf Samurai-Techniken. Allerdings geht es beim Kampf mit dem *Shinai*, einem Bambusschwert, niemals ums Töten, sondern es ist ein Sport, wie Judo oder Karate, der Geist und Körper formen soll. Auch außerhalb Europas gibt es mittlerweile viele Kendo-Praktizierende, und die Samurai-Krieger sind dank Hollywoodfilmen und Orten wie Kakunodate oder Kumamoto noch lange nicht vergessen. Sie werden immer ein Teil japanischer Geschichte bleiben und eines dieser verklärt romantischen Bilder vom kriegerischen Japaner, den es so schon lange nicht mehr gibt.

4. Kapitel

Popkultur & Leidenschaften

Filmplakat

36. Grund

Weil Japan ein Herz für Fans hat

Echte Fans, die leidenschaftlich für eine Sache schwärmen, in ihrem Hobby aufgehen und alles drüber wissen, haben in Japan einen Namen: *Otaku*. Eigentlich bedeutet das Wort nichts anderes als »dein Haus«. Das anfängliche Bild eines Otaku war eher negativ: der typische Nerd, der Stubenhocker, unsportlich, der gerne viel Zeit zu Hause verbringt, wenig Freunde hat, in der Schule nicht sonderlich beliebt ist, der eine Brille trägt, weil er am liebsten den ganzen Tag vor dem Computer hockt, Manga liest oder Anime-Serien schaut.

Lange behielt das Wort *Otaku* sein negatives Image von einem Menschen, der zu zwischenmenschlichen Beziehungen unfähig ist und einen Hang zum Kindlich-Niedlichen hat. In dem Zusammenhang fällt auch oft das Wort *Lolicon*, abgeleitet aus dem »Lolita-Komplex«, den eine ganze Reihe Manga mit Zeichnungen von Minderjährigen und Kindern in sexy Outfits und Posen bedienten.

Dem japanischen Jugendkult ist es zu verdanken, dass der Begriff heute nicht mehr negativ besetzt ist. In die Rolle ihrer Lieblingsfigur zu schlüpfen, sich zu verkleiden und andere mit einer ähnlichen Leidenschaft für einen bestimmten Manga oder für eine Anime-Serie zu treffen, wurde zu einem harmlosen Hobby, das auch in der westlichen Welt zahlreiche Anhänger gefunden hat und unter dem Begriff *Cosplay* bekannt geworden ist. Ein wenig Nerd steckt aber in jedem Fan. Das muss so sein. Ohne geht es nicht.

Dass der einst so negativ besetzte Begriff mittlerweile neutral besetzt ist, zeigt sich in den unterschiedlichsten Bereichen: Es gibt *Densha-Otaku*, Zugfans, die ihre Leidenschaft in dem Transportmittel auf Schienen gefunden haben, *Military-Otaku*, *PC-Otaku*, *Game-Otaku* oder *Idol-Otaku* (Fans einer bestimmten Musikgruppe oder eines Idols). Im weiten Sinne sind auch Fußballfans, die sich in die Farben ihres Lieblingsvereins hüllen, Otaku, Fussball-Otaku eben.

Individuell sein ist in Japan keine sonderlich positive Eigenschaft. Und doch sehnen sich gerade Jugendliche danach, anders zu sein und aus der Masse auszubrechen. In einem Land, in dem Schuluniformen zum Alltag gehören und ausgefallene Haarfarben in Schulen untersagt werden, suchen junge Leute nach anderen Wegen, sich ihrer Persönlichkeit bewusst zu werden, Gefühle auszudrücken, zu rebellieren und auszubrechen. Es ist kein Wunder, dass die Begeisterung für den Fankult in Japan so beliebt wurde. Sich verkleiden und in andere Rollen schlüpfen ist eine akzeptierte Art des Individuellseins, vielleicht weniger aus gesellschaftlichen Aspekten, sondern vielmehr, weil sich damit sehr viel Geld verdienen lässt. Und auch wenn ich im Alltag selten kostümierte Japaner sah, Fans einer Sache traf ich oft, und eine Fangemeinde hatte es ganz besonders auf mich abgesehen: die Deutschland-Otakus.

37. Grund

Weil Japan die Wiege des Cosplays ist

Deutsche Cosplayer bezeichne ich ja heimlich als *Japan-Otaku*, weil alle Cosplayer, denen ich bisher begegnet bin, auch Japanfans waren. Der Trend, sich wie ein Charakter aus einem Manga, einem Anime, einem Computerspiel, einem Comic, einem Film oder wie ein Mitglied einer japanischen Band zu verkleiden, hat ihren Ursprung in den 90er-Jahren.

Ich muss gestehen, als mir Cosplay zum ersten Mal begegnet ist, hatte ich schon eine Weile in Japan gelebt und musste erst einmal im Internet dazu recherchieren. Was genau steckt dahinter? Warum tun die das? Sich als Superheld verkleiden oder als Charakter einer Serie oder eines Comics, sich dann möglichst auch so zu verhalten und zu sprechen und Rollenspiele in einer Gruppe Gleichgesinnter zu üben bedarf nicht nur schauspielerischen Talents, sondern auch einer beeindruckenden Kreativität in der möglichst detailgetreuen Herstellung des Kostüms. Denn kaufen kann man die Verkleidungen so nicht.

Selbst habe ich mich nie auf diesem Gebiet probiert, was vielleicht auch daran liegen mag, dass ich weder animierte Serien aus Japan in meiner Kindheit sah (abgesehen von *Heidi* und *Marco*, der kleine Junge, der auf die Suche nach seiner Mutter ging). Es reichte lediglich für eine Verkleidung als Japanerin zum Karneval (okay, nennen wir es Geisha, um das Klischee der betrunkenen Karnevalisten zu bedienen). Auch ich legte natürlich wert auf Details. Abgesehen davon, dass ich keinen teuren Kimono in einer versifften Kölner Kneipe trug und stattdessen in einer leichten Yukata aus Baumwolle auf dem Tisch tanzte, mein Handy und einen japanischen Fächer trug ich stilecht im Gürtel und mein Geld im Ärmel.

Aber mit Cosplay hat das nun wirklich nicht viel zu tun, stellte ich beim ersten Besuch einer Convention fest. Total irre Kostüme, Make-up und Zubehör, mit so viel Liebe gemacht. Allerdings habe ich bis auf Pokémon, Superman und Sailor Moon niemanden erkannt und musste mir die Geschichten so mancher Cosplay-Kostüme erklären lassen.

Wie tief das Verständnis dieser mir völlig fremden Welten mancher Cosplayer geht, hat mich stark beeindruckt.

Was ich noch gelernt habe: Cosplay ist ein teures und zeitintensives Hobby. Geld damit verdienen nur die wenigstens, sei es, dass sie professionelle Fotos verkaufen oder an Wettbewerben teilnehmen. Dabei präsentieren sie ihre Kostüme und bieten eine kleine Show, singen die Titelmelodie der entsprechenden Serie, zitieren einen kleinen Monolog ihres Charakters oder führen in der Gruppe ein kleines Stück oder einen Kampf auf. Die Jury bewertet beim Wettbewerb die Ähnlichkeit der Figur zum Original, die Präsentation des Charakters, die Reaktion des Publikums und die Fertigung des Kostüms.

In Japan hingegen gibt es bei Cosplaywettbewerben weniger Show, da geht es allein um die Kostümpräsentation.

Eine andere Form des Cosplays in Japan, die dem Rollenspiel gleichkommt, sind die sogenannten Maidcafés oder Cosplay-Cafés. Die Kellnerinnen hier sind als Dienstmädchen oder bekannte Figuren aus der Manga- oder Animewelt verkleidet, mit hohem Niedlichkeitsfaktor und geben der Kundschaft das Gefühl, etwas Besonderes zu sein. Hier geht es nicht nur darum, einen Kaffee zu trinken, sondern um Unterhaltung, und gemeinsame Fotos gegen Bezahlung stehen am Ende auch häufig auf dem Programm. In Maidcafés ist alles irgendwie süß und für Japanbesucher, die noch keinerlei Kontakt zu Cosplay hatten, ein erster Einblick in eine andere, eine sehr exotische japanische Welt.

Andere japanischen Cosplayer habe ich bislang noch nicht kennengelernt, aber die Begegnungen mit den deutschen Cosplayern haben mir eine ganz andere Liebe zu Japan gezeigt. Ohne jemals in Japan gewesen zu sein, haben sich viele mit dem Land auseinandergesetzt, nicht nur an dem vermittelten Bild aus Büchern und Filmen festgehalten, das doch manchmal etwas verzerrt und klischeehaft auf mich wirkt. Für viele ist Cosplay nur ein Grund, sich in Japan zu verlieben. Wenn daraus echte Liebe, am Ende sogar eine Japanreise oder ein Leben in Japan wird, dann ist das der schönste Beweis, dass Japan schon etwas ganz Besonderes ist, oder nicht?

38. Grund

Weil japanische Manga die ganze Welt erobert haben

Japanische Manga, das sind nicht einfach nur Comics. Ich kenne viele, die ihren ersten Kontakt mit Japan über Manga hatten und so begeistert davon waren, dass sie sich mit dem Land auseinanderzusetzen begannen. Auf die Frage »Wie bist du zu deiner Japanliebe gekommen?« antworten mir deshalb viele: »Über das Lesen von Manga.«

Ob man die satirischen Zeichnungen aus dem 8. Jahrhundert bereits als Manga bezeichnen kann, darüber streiten sich die Kenner. Einige Holzschnitte des Ukiyo-e-Künstlers Katsushika Hokusai (1760–1849) wurden mit dem Begriff »Manga« in Verbindung gebracht. Er ist bekannt für seine Farbholzschnitte mit den »36 Ansichten des Berges Fuji« und hat das Wort *Manga* mit seinen gesellschaftskritischen Schnitten erst in Japan bekannt gemacht.

Später, nach dem Zweiten Weltkrieg, entstand das moderne Manga, das Geschichten erzählt. Osamu Tesukas *Kimba, der weiße Löwe* war tatsächlich auch mein allererstes Manga, das allerdings wenig mit Japan zu tun hat, aber sehr gesellschaftskritisch ist. Keine Kinderlektüre.

Mit seinem *Astro Boy* begann der unaufhaltsame Mangaboom dann auch außerhalb Japans, vor allem bei Jugendlichen.

Dabei richten sich Manga in Japan nicht nur an junge Leute. Gerade die politischen Satire-Manga oder Storys, die Politik und Geschichte erklären, sind sehr komplex und werden einem hohen Anspruch gerecht. Die Kombination aus Bildern und Text kann ernste Themen sehr viel humoristischer darstellen und verleiht schweren Themen eine Leichtigkeit, die auch zwischendurch konsumiert werden kann.

Zum Beispiel in der U-Bahn. Da sah ich den mangalesenden Mann zum ersten Mal und war etwas verwirrt, als ich zufällig auf die Zeichnungen in seinem dicken Mangaheft sah: Die ganze Handlung erschloss sich mir dabei zwar nicht, aber es ging unmissverständlich um Sex, und dass der Lesende keinerlei Scham dabei empfand, sich um 11:00 Uhr in einer mäßig gefüllten Bahn die Abbildung eines weiblichen Geschlechtsorgans anzusehen, hat mir gezeigt, dass Japaner alles andere als prüde sind. Die unterschiedlichen Genres bei Manga bedienen dabei unterschiedliche Altersgruppen und Geschlechter:

Manga für ein junges männliches Publikum, mit Abenteuergeschichten, Action, Fantasy, Sport oder Superhelden, wie *Dragon Ball* werden unter dem Genre *Shonen* (少年) zusammengefasst.

Für die Mädchen gibt es dementsprechend *Shojo* (少女), bei denen es vorrangig um Freundschaft, Liebe und Liebeskummer geht. Die bekannteste Manga-Serie ist wohl *Sailor Moon*. Die animierte Serie hat in Deutschland so manches Mädchen zum Japanfan gemacht.

Sehr viel ernster ist das Genre *Seinen* (青年) für den jungen Mann. Wo es um Gut und Böse geht, wie im bekanntesten seiner Art *Death Note*.

Das weibliche Gegenstück dazu nennt sich *Josei* (女性). Die Storys behandeln das Studentenleben und die Arbeitswelt.

Man braucht nur mal in einen Buchladen oder Konbini (einen rund um die Uhr geöffneten Supermarkt) zu gehen, und man trifft zu 100% mindestens einen, der vertieft in ein Manga ist. Im Laden zu lesen ist in Japan kein Problem und sehr verbreitet. Denn die meistverkaufte Manga-Serie aller Zeiten, die Piratengeschichte *One Piece*, gibt es seit 1997. Wöchentlich wird ein Kapitel veröffentlicht, und wer die alle kaufen würde, hätte jetzt ein gut gefülltes Regal mit über 900 Büchern. Unvorstellbar bei den kleinen japanischen Wohnungen.

Für viele Manga-Fans im Ausland sind Manga der erste Kontakt mit Japan. Viele Manga geben einen Einblick in das Leben in Japan, mit Kleinigkeiten wie Schuluniformen, japanischer Zimmereinrichtung, Freizeitgestaltung und den typischen Problemen heranwachsender Japaner. Die deutschen Übersetzungen sind nicht immer leicht, oft sogar unmöglich.

Um wirklich tief eindringen zu können in die Welt seiner Lieblingscharaktere, bleibt nichts anderes übrig, als Japanisch zu lernen. Und tatsächlich kenne ich viele, die ihr Japanisch-Studium so angefangen haben. Was liegt da näher, als irgendwann nach Japan zu reisen?

So hat Japan mit seinen unverwechselbaren Manga Menschen auf der ganzen Welt unterhalten, mit Geschichten verzaubert, zum Lernen gebracht und den Tourismus im eigenen Land ganz nebenbei noch angekurbelt.

39. Grund

Weil ich Japan auch animiert entdecken kann

Bin ich zu alt für Anime? Weder Sailor Moon, noch Pokémon, Dragon Ball oder Astro Boy habe ich in meiner Kindheit gesehen. Zu meinen Kindheitserinnerungen gehören stattdessen Heidi, Biene Maja, Nils Holgersson, Marco und Sindbad. Auch alles japanische oder deutsch-japanische Produktionen. Nur ahnte ich das damals als Kind noch nicht. Die Welten, in denen diese Serien spielen, sind aber auch so gar nicht japanisch.

Die 15 Jahre nach mir Geborenen wuchsen mit animierten Serien, kurz *Anime*, auf, und der ein oder andere verliebte sich dabei in Japan. Vor allem die schöne Mädchenkriegerin *Sailor Moon* hatte es vielen jungen Mädchen angetan.

Anime haben in Japan Kultstatus erreicht und sind eng mit dem japanischen Manga verflochten. In keinem Land der Welt werden so viele animierte Filme und Serien produziert wie in Japan, und es gibt so viele spezifische Genres, dass ich die gar nicht alle hier aufzählen könnte.

Große Filmstudios, am bekanntesten das Studio Ghibli, produzieren Filme am laufenden Band, die in der ganzen Welt geliebt werden, und haben mittlerweile ein eigenes Museum in Mitaka, das sich vor japanischen und ausländischen Besuchern gleichermaßen nicht retten kann. Die Ghibli Animes von Hayao Miyazaki wie *Prinzessin Mononoke*, *Chihiros Reise ins Zauberland*, *Nausicaä aus dem Tal der Winde*, *Das wandelnde Schloss*, *Mein Nachbar Totoro* oder *Ponyo – das große Abenteuer am Meer* habe ich zum ersten Mal in Japan gesehen, und ich bin den Anime-Filmen seitdem verfallen. Vor allem die sehr realistische Darstellung in kleineren Produktionen, die das Leben in Japan zeigen, haben es mir angetan. In detailgetreuen Bildern wie japanische Wohnungen, Kleidung, Straßenbilder, Landschaften oder Schulumgebung kann jeder ein Stück Japan entdecken, ohne sich auf die Reise begeben zu müssen.

Zum größten Serienproduzenten Japans gehört Toei Animation, die viele Klassiker wie *Space Battleship Yamato*, *Captain Future*, *Sailor Moon* oder *Dragon Ball* weltweit bekannt machten und damit für einen echten Anime-Boom sorgten.

Seit 1969, mit mittlerweile über 2200 Folgen läuft *Sazae-san*, nach der Vorlage eines gleichnamigen Manga, und gehört zu meinen absoluten Favoriten, denn es zeigt das Japan der Nachkriegszeit auf amüsante Weise. Grafisch vielleicht nicht so modern, ist die Umsetzung der Probleme in dieser Zeit genial und wirklich sehenswert. Zu meinen Entdeckungen während meiner Zeit in Japan gehören auch *Doraemon*, der Roboter, der seinem Freund in allen Lebenslagen helfen will, es meistens aber nur schlimmer macht, und *Crayon Shin-Chan* mit dem fünfjährigen Shinnosuke, der mindestens einmal pro Folge seinen nackten Hintern zeigt und seine Eltern in den Wahnsinn treibt. Diesen Kinder-Serien habe ich einen Großteil meines Japanisch-Wortschatzes zu verdanken, den ich so in keinem Lehrbuch fand. Animes sind daher für mich die amüsanteste und kurzweiligste Art, Japanisch zu lernen und Japan zu entdecken, ohne die Couch verlassen zu müssen.

Der Tokyo Skytree im Stadtteil Oshiage des Bezirks Sumida. Der Fernsehturm ist mit einer Höhe von 634 Metern das höchste Gebäude Japans.

Oben: Einmal auf der Kreuzung im Stadtteil Shibuya die Straße zu überqueren, gehört zum Tokyo-Pflichtprogramm. **Unten:** Akihabara ist das Herz des japanischen Elektronikhandels und Mekka aller Otakus.

Oben: Die Skyline von Tokyo mit dem Fuji im Hintergrund. Diesen Blick gibt es mit etwas Glück vom Tokyo Metropolitan Government Building. **Unten:** Das Hozomon-Tor am Sensoji-Asakusa-Tempel in Tokyo.

Oben: Der Hie-Schinto-Schrein im modernen Stadtteil Nagata-cho des Bezirks Chiyoda wurde 1967 wiederaufgebaut, nachdem er im Zweiten Weltkrieg komplett zerstört wurde.
Unten: Der Zojoji-Tempel mit dem Tokyo Tower im Hintergrund vereint alt und neu. Der buddhistische Tempel befindet sich im Stadtteil Shiba-koen in Minato, Tokyo.

Oben: Alt und neu vereint in Hiroshima.
Unten: Fast geht es unter – das Tori inmitten eines Geschäftsviertels in Hiroshima.

Weg zum Fushimi-Inari-Taisha in Fushimi, Kyoto. Tausende von roten Tori säumen den Weg zum Shinto-Schrein.

Oben: Fushimi-Inari-Taisha – der Shinto-Schrein im Stadtbezirk Fushimi in Kyoto gehört zu Japans ältesten und bekanntesten Schreinen mit mehreren Millionen Besuchern jährlich.
Unten: Herbst am Daigoji-Tempel, Kyoto – ein der Gottheit Benzaiten gewidmeter Pavillon im Kyotoer Stadtteil Fushimi.

Oben: Der Goldene Pavillon, Kinkakuji, gehört zu den vielen Sehenswürdigkeiten Kyotos. Der buddhistische Tempel ist auch unter dem Namen Rokuon-ji bekannt.
Unten: Der bekannte Sagano-Bambuswald in Arashiyama gehört ebenfalls zu Kyotos Touristenattraktionen und befindet sich in der Nähe des UNESCO-Weltkulturerbe-Tempels Tenryu-ji.

Himeji-jo – Die Burg Himeji befindet sich in der Stadt Himeji in der japanischen Präfektur Hyogo und ist seit 1996 UNESCO-Weltkulturerbe.

Die Burg von Osaka, Osaka-jo, ist zur Kirschblütenzeit einfach umwerfend.

Oben: Der Tsutenkaku Tower im Vergnügungsviertel Shinsekai ist das Wahrzeichen Osakas. Der Tower wurde nach dem Vorbild des Eiffelturms gebaut. **Unten:** Der Dotonbori-Kanal ist das bekannteste Osaka-Motiv. Bei Nacht ist es noch einmal besonders eindrucksvoll.

Japanische Gärten – die ganze Welt in einem Garten vereint.

Oben: Der Motonosumi-Schrein in Nagato in der Präfektur Yamaguchi. Durch 123 Tori führt der Weg zum kleinen Shinto-Schrein an die Küste des japanischen Meeres.
Unten: Das Rote Tori gehört zum Itsukushima-Schrein auf der Insel Miyajima in der Präfektur Hiroshima. Bei Flut scheint es im Meer zu schwimmen und gehört zu den beliebtesten Fotomotiven Japans.

Oben links: Jizo-Bosatsu-Statuen auf dem Kanman-Weg, Kanmangafuchi in Nikko. **Oben rechts:** Handwaschbecken, zum Reinigen von Händen und Mund. **Unten:** Reisfelder im historischen Dorf Shirakawago, Takayama in der Region Tokai-Hokuriku. Das saftige Grün der Reisfelder gehört zu den schönsten Japanansichten. Ein Besuch in dieser Gegend lohnt aber auch im Winter bei Schnee.

Das Friedensdenkmal
in Hiroshima.

40. Grund

Weil japanische Musik verzückt und verrückt ist

Bämm. Ganz unverhofft trifft es mich wieder und versetzt mich zurück nach Japan. Erinnerungen sind sofort wieder da. Mein Japanisch kriecht aus den hintersten Ecken meiner Gehirnwindungen, mein Herz hüpft ein wenig vor Freude, und ein kleines Tränchen kullert dabei über meine Wange: Ach, Japan!

Ich gebe zu, vor diesem Kapitel habe ich mich etwas gefürchtet. Denn das Thema ist groß, liegt mir am Herzen, und ich muss mich kurzfassen. Eine ungünstige Kombination.

Seit 2009 lebe ich wieder in Deutschland und habe es geschafft, nicht ständig an Japan denken zu müssen oder das Leben dort schmerzlich zu vermissen, wie in den ersten Monaten. Da war die Sehnsucht noch unerträglich. Aber dann höre ich japanische Musik, und sofort ist sie wieder da. Das kann Musik wirklich gut: Menschen mitreißen und berühren. Und das auf so unterschiedliche Weise, mit so unterschiedlichen Musikrichtungen. Die Palette an japanischer Musik ist wirklich groß, ein wenig verrückt, anders als alles, was ich kenne – japanisch eben.

Obwohl ich manchmal das Gefühl habe, die Musik versucht alles, aber nicht japanisch zu sein. Will sich international geben und hat dabei ein klitzekleines Problem: Die meisten Songtexte werden auf Japanisch gesungen – mal abgesehen von den einzelnen englischen Wörtern, die sich in die Lieder hineingeschlichen zu haben scheinen. Richtig Sinn machen die oft nicht. Und trotzdem ist es schön, so wie es ist.

Japan ist der zweitgrößte Musikmarkt der Welt und Spitzenreiter im Verkauf von Tonträgern. Während im Rest der Welt das Streaming angekommen ist, kaufen Japaner weiterhin die guten alten CDs, und das, obwohl die nicht gerade billig sind.

Mit AKB48 besitzt Japan die größte Popgruppe der Welt. 130 Mitglieder umfasst die Girlgroup, die, in Teams aufgeteilt, fast täglich irgendwo im Stadtteil Akihabara auftreten und ihre Fans treffen. Boygroups aus dem Hause Johnny's schlagen regelmäßig Rekorde, und Gruppen wie SMAP, Kinki Kids, Arashi, TOKIO oder KAT-TUN haben mich durch meine Japanjahre begleitet, ob ich nun wollte oder nicht.

Wie kommen Menschen eigentlich dazu, japanische Musik zu hören, ohne in Japan zu leben und ohne die Sprache zu verstehen? Das habe ich mich immer gefragt. Über Titelsongs von Animes, japanischen Filmen und Dramen? J-Pop ist mittlerweile auch in der restlichen Welt angekommen, und hier beginnt für viele die Liebe zu Japan, die Faszination für die japanische Sprache, Fashion und japanischen Lifestyle. Hatsune Miku, von meinem Mann als japanische Madonna mit viel zu kurzen Beinen belächelt, oder die J-Pop Queen Ayumi Hamasaki füllen Stadien und produzieren Hits am laufenden Band. Und das seit Jahren.

Obwohl ich selbst lieber Rock, Metal, Punk und Ska höre, bekomme ich doch regelmäßig feuchte Augen, wenn ein Mr. Children-Song läuft, ich die süße Stimme von Aiko höre oder den schiefschluchzenden Hanaregumi. Bei Taiko-Trommeln und Shamisen-Klängen geht mein Herz auf. Selbst zu einem alten traditionellen Enka-Song wie Kyu Sakamotos *Sukiyaki* (Ue o Muite Arukou) habe ich schon getanzt. Enka sind vergleichbar mit volkstümlichen Schlagern, und die sentimentalen Lieder erinnern mich sofort an ältere Herren in Karaoke-Kneipen, denen nur schwer das Mikro aus der Hand zu nehmen ist.

In japanischen Cafés wird dagegen überwiegend J-Jazz gespielt. Japan soll die größte Jazz-Fan-Gemeinde der Welt haben. Mit Quellen belegen kann ich das allerdings nicht, aber vorstellen kann ich mir das schon sehr gut. Jazz begegnet einem dort wirklich ständig.

Hier hört es bei japanischer Musik noch lange nicht auf. Denn die vielen ungewöhnlichen Instrumente der traditionell japanischen Musik können genauso verzücken: die *Shakuhachi*, eine Bambusflöte, die *Koto*, eine Art Zither, mit ihrem unverkennbar japanischen Sound oder die *Sho*, eine Mundorgel, die mich immer ein wenig an eine Kirchenorgel erinnert, nur wesentlich trauriger klingt.

Dieses verrückte Instrument ist der traditionellen Musik des *Gagaku* zuzuordnen, ein japanischer Musikstil, der von der UNESCO zum immateriellen Kulturerbe ernannt wurde. Genau wie auch *Ka-*

buki in die UNESCO-Liste der Meisterwerke des mündlichen und immateriellen Erbes der Menschheit aufgenommen wurde. Sowohl das Kabuki- als auch das No-Theater haben musikalische Elemente mit unverkennbarem japanischen Stil, den man liebt oder hasst. Dazwischen gibt es wenig.

Aber so verhält es sich ja bei Musik meistens. Bei den vielen japanischen Musikstilen, die unterschiedlicher nicht sein könnten, ist eigentlich für jeden etwas dabei. Richtig verrückt wird es dann erst, wenn sich die Stile vermischen und man nicht mehr genau sagen kann, ob man es nun mag oder nicht. Aber wer so tief eingedrungen ist in die japanische Musik, der hat sich ohnehin schon längst in das Land verliebt.

41. Grund

Weil Japaner Papier für den Frieden falten

Es ist zwar bewundernswert, dass Japaner aus einem einfachen Blatt Papier wundervolle Dinge falten können, aber deshalb gleich das Land zu lieben? Warum ich der Kunst des *Origami* trotzdem ein paar Zeilen in diesem Buch widmen möchte, erzähle ich gerne.

Dabei kommt die Faltkunst nicht mal aus Japan, sondern wie so viele anderen Dinge aus China.

Das Falten von Papier war auch Teil meiner Kindheit. Papierflugzeuge, Schiffe und aus einem alten Zeitungsbogen einen Hut zu falten, mit dem man dann selten dämlich aussah, hatte immer etwas Magisches – wie Zauberei kam mir das vor.

Was Japaner aber mit einem quadratischen Papierbogen anstellen können, ahnte ich damals noch nicht. Die falten Tiere, Käfer, Blumen, … und das grenzt in der Tat an Zauberei, wenn man bedenkt, dass einige Werke aus Papier bis zu 200-mal gefaltet werden.

Origami beherrschen nicht nur ein paar Freaks, die nichts Besseres mit sich und ihrer Zeit anzufangen wissen und ihre Erfüllung darin finden, mit dem Fingernagel über Papierfalze zu streichen. Jedes Kind in Japan kann einen Kranich falten. Ach was, einen? 1000!

Einer Legende nach geht für jeden ein Wunsch in Erfüllung, der 1000 Kraniche faltet und sich dabei ganz doll etwas wünscht. Die traurige Geschichte der elfjährigen Sasaki Sadako kennt in Japan jedes Kind. Nach dem Abwurf der Atombombe in Hiroshima 1945 erkrankte das kleine Mädchen an Leukämie und wünschte sich nichts mehr, als wieder gesund zu werden. Also fing sie an, Kraniche zu falten. Dabei wünschte sie sich anfangs bei jedem Blatt, das sie in einen Vogel verwandelte, den Krebs zu besiegen, später aber ganz selbstlos den Frieden auf der ganzen Welt. Als sie 1000 Kraniche gefaltet hatte, aber der Krebs noch immer nicht besiegt war, faltete sie einfach weiter, so eine Version der Geschichte. Sasaki starb mit 12. Eine Statue der Kleinen steht als Inspiration, zum Gedenken an den Atombombenabwurf und als Hoffnung für den Weltfrieden in Hiroshima und eine zweite Statue in der US-Stadt Seattle. Noch heute falten Schüler auf der ganzen Welt zum Friedenstag am 6. August viele Tausend Kraniche, um sie nach Hiroshima zu schicken. Der Wunsch nach Frieden ist leider noch immer nicht in Erfüllung gegangen, und täglich sterben Kinder im Krieg. Aber die Hoffnung stirbt zuletzt, und so sind mittlerweile Origami-Kraniche zu einem Symbol der internationalen Friedensbewegung und des Widerstands gegen den Atomkrieg geworden. Vielleicht keine große Sache, aber dass Kinder an eine bessere Zukunft glauben und mit dem Gefühl aufwachsen, die Welt mit kleinen Dingen verändern, verbessern zu können, finde ich großartig. Und so ergreifend der Anblick von Kranichen aus buntem Papier ist, so hoffnungsvoll schaue auch ich in die Zukunft.

42. Grund

Weil dicke Männer hier unglaublich sportlich sind und Japan verkörpern wie sonst niemand

Als Nationalsport in Japan gilt *Sumo* bis heute. Ein Sport, der aber nur von wenigen in Japan betrieben und an vielen Schulen gar nicht unterrichtet wird. Kendo und Judo sind als traditionelle Sportarten vertreten, aber Baseball und Fußball an Beliebtheit bei den Kindern und Jugendlichen nicht zu übertreffen.

Während ich einen ganzen Nachmittag benötigte, die Baseball-Regeln zu verstehen, brauchte ich keine zwei Minuten für die Regeln beim Sumo: Wer den Boden mit etwas anderem als den Füßen berührt oder den Ring verlässt, hat verloren. Beim Kampf ist alles erlaubt, bis auf Griffe in die Schrittgegend, Treten, das Eindrücken der Augen, Faustschläge, Würgen, an den Haaren ziehen, die Finger des Gegners umbiegen, Schläge auf die Ohren und das Benutzen von Waffen. Daher wird fast nackt gekämpft. So ist es gar nicht möglich, Waffen zu verstecken.

Beim Sumo gibt es keine Gewichtsklassen. Gekämpft wird innerhalb seines Ranges, vergleichbar mit dem Prinzip der Liga im Fußball, allerdings gibt es nur vier Ränge, wobei die Spitze in der Regel von einem Grand Master, dem *Yokozuna,* angeführt wird. Am Ende eines Turniers entscheidet das Verhältnis von Siegen und Niederlagen, ob man aufsteigt oder absteigt. Nur der Yokozuna bleibt immer an der Spitze, bis er in den Ruhestand geht oder wegen Fehlverhaltens ausgeschlossen wird und seinen höchsten Rang abtreten muss.

Sumo ist weit mehr als ein Kampfsport. Es vereint japanische Tradition und Kultur in einem, und darüber zu schreiben ist nicht vergleichbar mit dem Erleben eines Sumoturniers, das ich jedem Japanbesucher ans Herz lege (die großen Turniere finden immer in den ungeraden Monaten des Jahres statt).

Sumo, einst Ringkampf zu Ehren der Götter, beinhaltet noch viele Shinto-Rituale, wie das Hin-und-her-Wanken mit dem Aufstampfen auf den Boden, um böse Geister zu vertreiben, oder das ständige Reinigen des Ringes mit Salz. In den großen Kampfarenen erinnert der Ring mit seiner Überdachung schon sehr an einen Tempel.

Die westliche Welt macht sich gerne mal über den Sport lustig: Nackte dicke Männer, die sich umarmen. Einem dicklichen Jungen wird dann schon mal scherzhaft vorgeschlagen, es doch mal mit Sumo zu probieren. Was so einfach und gar nicht wie ein ernst zu nehmender Sport klingen mag, ist am Ende ein Zusammenspiel von Körperkraft, Körperbeherrschung, mentaler Stärke und Gefühlsbeherrschung.

Wer Profi werden will, der betreibt nicht einfach nur Sumotraining, der lebt Sumo. Dazu geht er in einen sogenannten »Stall«, wo alle *Sumotori* oder *Rikishi*, wie die Sumokämpfer genannt werden, zusammenleben, gemeinsam trainieren, schlafen, kochen und essen.

Zeit für Freunde, Familie oder eine Beziehung bleibt hier nicht. An erster Stelle steht einzig und allein Sumo. Ein hartes Leben und ein Kampf, den viele begabte Jungs verlieren.

Sumo bedeutet wörtlich »wettstreiten«, doch Sumo leben, bedeutet mentale Stärke, Muskeln und Balance. Balance ist essenziell, bei der Ernährung genauso wie beim Aufbau des Körpers, der trotz extremer Körpermasse niemals unbeweglich werden darf. Es geht nur darum, die Balance des Gegners zu zerstören, ohne sie selbst dabei zu verlieren.

Aufgrund der extremen körperlichen Belastung sterben Sumoringer im Durchschnitt 20 Jahre früher. Damit zahlen sie einen hohen Preis für ein fremdbestimmtes Leben voller Regeln während ihrer Zeit als Profi, in der sie aber äußerst gut verdienen können.

Ein wenig erinnert das alles an die alten Samurai-Krieger, und tatsächlich stammt die Frisur, dieser Knoten am Kopf, aus der Samurai-Zeit. Einige behaupten, dass die Haare eine Art Airbag sind, für den Fall, dass ein Kämpfer auf dem Kopf landet. Ob eine Ginkgoblatt-ähnliche Frisur tatsächlich vor Kopfverletzung schützt, weiß ich nicht. Dass die Haare bei Profis täglich von einem professionellen Friseur gerichtet werden, der eine spezielle Ausbildung genossen hat, zeigt aber schon, dass Sumo nicht einfach nur ein Sport ist. Es ist Fashion, Lifestyle, Essen, Ehre, respektvoller Umgang und Religion. Oder mit anderen Worten: Nichts ist japanischer als Sumo.

43. Grund

Weil Japan nichts ohne Maskottchen wäre

Was finden die Japaner bloß an Maskottchen? Warum fahren selbst Erwachsene so auf diese kindischen Figuren ab?

Yurukyara (oder Yuruchara) werden die kleinen süßen Figuren genannt und bedeuten nichts anderes als »leichte Figuren« oder »leichte Charaktere«. Jede Stadt, Region und Präfektur hat natürlich ein eigenes Maskottchen. Als Werbebotschafter fungieren sie und preisen das Besondere ihrer Heimat an. Ein echter Star unter den Maskottchen ist *Kumamon*, der kleine schwarze, etwas tollpatschig aussehende Bär mit den roten Wangen, der Kumamoto auf Kyushu präsentiert. *Kuma* bedeutet auf Japanisch »Bär«. Was liegt da also näher, als einen Bären zum Maskottchen zu machen. Schwarz ist Kumamon, weil auch die Burg Kumamoto schwarz ist. Auf Produkte, Lebensmittel und Kleidungsstücke hat es der Bär mittlerweile geschafft und ist ein echter Verkaufsschlager geworden, wovon auch die Region finanziell profitieren kann.

Einmal im Jahr kommen alle Maskottchen zusammen beim Yurukyara Grandprix. 2017 wurden hier unter 1.158 Maskottchen die beliebtesten des Landes gewählt. Der flugzeugähnliche *Unari-kun* aus Narita wurde Sieger. Narita, bekannt für den internationalen Flughafen und für Aal, auf Japanisch *Unagi*, hat da einfach diese beiden Highlights in einem Namen vereint und dem Ganzen einen niedlichen Körper gegeben.

Viele Unternehmen und Organisationen haben neben Logos auch immer noch ein Maskottchen, um Aufmerksamkeit zu erregen oder den Verkauf anzukurbeln. Selbst im Ausland kennen viele *Domo-kun*, das braune Monster mit schwarzen Knopfaugen und einem weit aufgerissenen rechteckigen Maul, das mich an einen Fernseher erinnert. Es mag vielleicht auch daran liegen, dass Domo-kun den nationalen Fernsehsender NHK präsentiert und mit seinen Weisheiten und nicht selten erhobenem Zeigefinger bei der Kindererziehung mithelfen soll.

Der Maskottchenwahn der Japaner geht aber noch einen Schritt weiter: Auch das japanische Verteidigungsministerium hat zwei niedliche Figuren, um sich in der Öffentlichkeit zu präsentieren und die Angst vor Bedrohung durch andere Staaten in der Bevölkerung nicht unnötig zu schüren. Begeistertes Zuwinken von *Prinz Pickles* und *Ms. Parsley* wirkt wesentlich entspannter als eine Menschenmenge, die einer Militärparade zujubelt. Auch auf Fotos machen die Maskottchen eine gute Figur, selbst wenn Prinz Pickles schon mal einen Tarnanzug trägt. Die beiden Quadratköpfe mit großen Kulleraugen haben übrigens keine Ähnlichkeit mit Gemüse, sondern erinnern mich immer an ein Stück Tofu.

Die Polizei der Metropole Tokyo hat ein kleines gelbes mausähnliches Maskottchen mit großen Augen, riesigen Ohren und einer Antenne auf dem Kopf zu ihrem Wahrzeichen gemacht: *Pipo-kun*. Als *People-Police* (daher der Name Pi-Po) kommt der Kleine daher. Große Ohren helfen Bürgern, die Hilfe benötigen oder in Not sind, zu hören, die großen Augen, um die Menschen besser im Blick zu haben, und mit der Antenne können Ereignisse schnell wahrgenommen werden.

Wer in Tokyo nach der Polizei sucht, der sollte also Ausschau halten nach einem Schild mit dem gelben Pipo-kun. Die Polizisten in ihren kleinen Stationen beantworten auch gerne Fragen nach dem Weg oder einem guten Restaurant.

Kostümtragende Polizisten sucht man allerdings vergeblich. Da stecken Menschen drin, die nicht selten extra eine Maskottchen-Ausbildung erhalten haben. Denn es ist nicht immer leicht, sich in den riesigen Kostümen richtig zu bewegen, werbewirksam aufzutreten und zu begeistern.

Die japanischen Maskottchen bringen die Menschen nicht einfach nur zum Lachen. Sie treten bei besonderen Anlässen und Events auf, wo sich Menschen versammeln. Sie geben tolle Fotomotive für die fotoverrückten Japaner, in der Hoffnung, dass die auch fleißig in den sozialen Medien verbreitet werden und ordentlich Werbung machen. Sie sind tolle Souvenirs, bringen Geld, helfen dem Image, und nicht zuletzt lernt man mit ihnen viel über die japanische Kultur und über regionale Besonderheiten.

44. Grund

Weil Japaner ihre ganz eigene Interpretation vom Café haben

Cafés in Japan sind mein ganz persönlicher Grund, Japan zu lieben. Damit bin ich nicht allein. Japanern geht es ähnlich. 450.000 Tonnen Kaffee werden jährlich importiert. Japan ist viertgrößter Kaffeekonsument im weltweiten Ländervergleich und hat sich damit einen Platz noch vor dem Cappuccino- und Espressoland Italien gesichert. Das erste Café wurde 1886 in Ueno eröffnet. Mittlerweile gibt es schätzungsweise über 80.000 Cafés in Japan.

Die Café-Kultur spiegelt die Entwicklung des Wandels der japanischen Lebensweise auf faszinierende Weise wider wie keine andere. In den ausländischen Medien wird gerne über die kuriosen Cafés berichtet: Maidcafés, Mangacafés, Katzen-, Hasen-, Igel- oder Eulencafés. Gerade die Tiercafés, die besonders in Metropolen einen Boom erleben, sind bei vielen Japanern und Ausländern gleichermaßen beliebt. Auch wenn sich darüber streiten lässt, ob eine Eule, ein Igel oder eine Katze in einem Café leben sollte, zeigt diese Entwicklung den Wandel der japanischen Lebensweise am allerbesten. Beengte Wohnverhältnisse, viel Arbeit, wenig Zeit für ein eigenes Haustier und der Wunsch nach einer kleinen Auszeit vom Alltag bei einer Tasse Kaffee, während der Kater gemütlich auf dem Schoß schnurrt.

Im Maidcafé holen sich Japaner gerne ihre Extraportion Aufmerksamkeit bei einer Tasse Cappuccino. Das Getränk spielt hier allerdings nur eine Nebenrolle. Hauptattraktion sind die niedlich verkleideten Japanerinnen, die mit hoher Stimme ihre Kunden unterhalten, sich ihnen spielerisch unterwerfen und sie für eine Weile in eine andere Welt entführen.

Ist Japan doch eigentlich für seine Tee-trink-Kultur bekannt, traf ich mich mit Japanerinnen morgens, mittags, nachmittags oder abends zum Kaffeetrinken im *Kissaten* (喫茶店), wie Cafés auch genannt werden, wobei die Schriftzeichen kurioserweise wenig mit Kaffee zu tun haben und mit »Ort, um Tee zu trinken« übersetzt werden.

Selbst ein »Ort, um Kaffee zu trinken« würde die Sache nicht treffen. *Kissaten*, das sind Rückzugsorte, an denen viele sich ihre ganz persönliche Auszeit von der Arbeit oder dem Familienleben nehmen. Das sind Ruheorte, zum ungestörten Lernen, Besprechungsorte, ob für Bewerbungsgespräche, für Geschäftliches oder für persönliche Probleme mit der besten Freundin. Diese lädt man in Japan nicht zu sich nach Hause ein, wo kaum Platz ist und man extra aufräumen müsste. Man trifft sich im Café. Morgens sieht man Männer in Anzügen, versteckt hinter dem Sportteil der Tageszeitung, die viele Cafés als Service für ihre Gäste kostenlos bereithalten.

Der Café-Boom setzte in der Nachkriegszeit ein. Erst Fernsehcafés entstanden, als die Menschen sich noch keinen eigenen Fernseher leisten konnte. Um eine Sendung zu sehen, ging man ins *TIBI-Café* (TV Café). Damit war der Erfindungsgeist der Japaner geweckt. Es folgten *Classical-Music-Cafés* und *Jazz-Cafés*, in denen man sich nicht unterhalten durfte, sondern leise kaffeeschlürfend der Musik aus den Boxen lauschte. Heute sind sie seltener geworden, aber noch lange nicht ausgestorben.

Sing-along-Cafés luden zum Singen in der Gemeinschaft ein und wurden erst in späterer Zeit von den Karaokeboxen abgelöst.

Die bekannten Tanzcafés nannte man in Japan *GoGo-Cafés* und wurden später zur Discos. Sehr beliebt waren auch die *Videogame-Cafés*, in denen man mit Freunden auf einen im Tisch eingelassenen Bildschirm für 100 Yen pro Spiel den Joystick schwingen konnte. Spiel-, Gaming- und Pachinko-Hallen sind später daraus entstanden. Aber angefangen hatte damals alles unter dem Deckmantel »Café«.

Während Entertainment in Cafés damals im Mittelpunkt stand, fällt den Kissaten in der heutigen Zeit noch eine gesellschaftlich weitaus wichtigere Rolle zu: Vor allem ältere Menschen, die nicht in einem Mehrgenerationenhaushalt mit ihren Kindern und Enkeln leben, sondern allein, treffen sich regelmäßig in Gemeindecafés. Hier nehmen sie wieder aktiv an der Gemeinschaft teil, reden, lachen und unterstützen sich gegenseitig bei den kleinen Dingen des Alltags. Hier fühlen sie sich wieder gebraucht und vertreiben sich ihre Zeit bei einer Tasse Kaffee und netten Gesprächen.

In diesem Umfeld ist auch meine tiefe Liebe zu japanischen Cafés entstanden, ganz besonders zu dem kleinen Café, in dem ich arbeiten durfte, welches ich mitgestaltet habe und welches am Ende zu einem ganz besonderen Ort für mich und viele Menschen der Umgebung wurde. Ein Blumencafé, mit einem kleinen Garten, in dem Kunden draußen in der Sonne sitzen konnten. Das gibt es in Japan nur selten. Das alte Fachwerkhaus mit den Balken und den großen Fenstern war ein echter Hingucker. Das Herz des Cafés allerdings war unsere 68-jährige Chefin. Wegen ihr kamen unsere Stammgäste. Sie hörte zu, gab Ratschläge und machte Komplimente, während sie die frischen Kaffeebohnen mahlte und aufbrühte. »Ich komme gar nicht wegen des Kaffees«, gestand mir unser 84-jähriger Stammgast einmal. »Ich fühle mich hier wohl, liebe die Atmosphäre dieses alten Hauses und mag die Gespräche mit euch. Da werden viele Erinnerungen wach, ich fühle mich wieder lebendig und nicht mehr so einsam. Und wo sonst in Japan serviert mir eine Deutsche eine Tasse Kaffee?« Dieses Kapitel möchte ich daher meinen lieben Gästen widmen, denn sie haben mir gezeigt, dass ein Café nicht bloß Kaffeetrinken bedeutet, sondern ein Leben bereichern kann. Meines miteingeschlossen.

45. Grund

Weil japanisches Fernsehen so schön bunt ist

Das ist so eine Hass-Liebe, das mit dem japanischen Fernsehen und mir. Eigentlich ist es immer das Gleiche: Serien für die weiblichen Zuschauer (daher meistens am Vormittag), viele Talkshows, wo es meistens ums Essen geht, Reisesendungen, bei denen es meistens ums Essen geht, oder Talkshows, bei der sich japanische Comedians, Promis, B-Promis, meist irgendwelche Musik-Idol-Bandmitglieder aus dem Hause Johnnys oder ein niedliches Mädchen von der beliebten Girlband AKB48 lustige Filmausschnitte ansehen, um die dann zu kommentieren. Es gibt Shows, bei denen anderen beim Essen zugesehen wird, Quizshows, bei denen Preise für ein Essen erraten oder japanische Präfekturen anhand eines Essens erkannt werden müssen. Dann gibt es natürlich noch die vielen schrägen Gameshows, wo irgendwelche Promis, meistens wieder japanische Comedy-Stars oder Talente, sich irgendwelchen fiesen Aufgaben stellen müssen, die schon beim Zusehen wehtun. Spärlich bekleidete Männer machen sich dabei z.B. in Verbindung mit Folie und Seife zum Volldeppen. Es ist albern, es ist witzig, es ist bunt und laut, es ist abgedreht, es ist grenzwertig, das alles ist japanisches Fernsehen. Es geht mir nach einer Weile ganz schön auf die Nerven.

Warum ich das japanische Fernsehen aber wirklich zu schätzen gelernt habe: Es ist einfach eine weitere Möglichkeit, Japanisch zu lernen. Nicht nur das Hörverständnis kann beim Fernsehen trainiert werden. Nahezu alle Sendungen arbeiten in Japan mit japanischen Untertiteln. Die sind oft sogar animiert und ein fester Bestandteil des Programmes. Da kann ich super die Schriftzeichen studieren. Aber das ist noch längst nicht alles. Auf dem Bildschirm geht es richtig ab. Oben links und rechts im Bild steht weiterer Text: das Thema der Sendung, wer gerade spricht und worum es geht. Wer spontan einschaltet, ist schnell im Bilde. Noch eine weitere Besonderheit: Während kurze Beiträge eingespielt werden, zeigt man irgendwo im Bild auch den Kopf der Talente, die im Nachhinein noch kommentieren müssen. Erste Reaktionen werden da schon mal mit Ton eingeblendet, bestehen aber zu 95% aus erstaunten Ausrufen »Hööööööööö!«, »Häääääääääääää!«, Kowaaaaaaaaai!«, wenn etwas besonders gruselig ist, oder »Kawaiiiiiiiiiii!«, wenn etwas besonders niedlich ist.

Zusammen mit den unterschiedlichen Wegen, dem Genuss beim Essen Ausdruck zu verleihen, habe ich als Japanisch-Lernende eigentlich 50% des Fernsehvokabulars abgedeckt. Das kann ich super im Alltag einbauen, und niemand merkt, dass ich eigentlich kaum Japanisch spreche.

Wenn ich dann sage, dass ich das alles beim Fernsehengucken gelernt habe, höre ich nur ein erstauntes »Hööööööööööö!«. Eines der untrüglichen Zeichen, dass man schon zu lange in Japan lebt, ist, wenn man mehr als 10 Mal am Tag mit »Hööööööööö!« antwortet. Oder vielleicht ist es einfach nur ein Zeichen, dass man zu viel japanisches Fernsehen sieht?

5. Kapitel

Smartes Japan – Kurioses Japan

Japanische Makaken – Schneeaffen

46. Grund

Weil Japan für jedes Problem eine Lösung hat

Ich bin immer wieder fasziniert von den kleinen unscheinbaren Dingen des Alltags, die das Leben so viel einfacher machen können. »Warum gibt es das eigentlich nicht bei uns?«, denke ich beim Blick auf den Regenschirmhalter am Fahrradlenker und zücke schnell meine Kamera. Ich habe mich tatsächlich schon so oft gefragt, warum noch niemand eine Lösung für das Problem mit dem Regen beim Fahrradfahren gefunden hat. Atmungsaktive Regenjacken und Hosen gehen zwar schon mal in die richtige Richtung, sind aber für die Modebewussten oder Rockträgerinnen nicht wirklich eine Option.

Japan imponiert mir da sehr, wenn es heißt: Problem erkannt, kurz nachgedacht, Problem gelöst. Vielleicht sollte ich an dieser Stelle aber auch erwähnen, dass Fahrräder dort auf den Bürgersteigen fahren und nicht gerade schnell unterwegs sind. Außerdem sind hier 80% aller Regenschirme durchsichtig. Transparente Regenschirme zum Durchschauen und Lichtdurchlassen an einem trüben Regentag. Wie praktisch ist das denn bitte???

Aber bleiben wir doch noch eine Weile beim guten alten Rad oder *Mamachari*, wie Japaner das Stadtrad umgangssprachlich gerne nennen. Finden Sie es nicht auch nervig, im Winter mit dicken Handschuhen zu fahren und die zum Abschließen ausziehen zu müssen. Japaner finden es genauso lästig und haben das Problem behoben: einen warm gefütterten Lenkerüberzieher, in den man seine Hände stecken kann. In Deutschland hab ich das bei Rollern und Mopeds gesehen und an genau einem Fahrrad, nämlich an meinem. Allerdings waren die Überzieher nach zwei Tagen weg.

Mamachari, da steckt nicht ohne Grund das Wort Mama drin. Es ist ein mit Fahrradkörben vorne und hinten ausgestattetes Rad für die vielen Einkäufe, die eine Mutter so machen muss. Wer Kinder hat, der braucht hingegen Kindersitze. So radelt die Mutter mit ihren zwei Kindern durch die Straße, eines vorn und eines hinten im Sitz. Wenn die Kleinen dann sicher beim Kindergarten abgeladen wurden, geht es für die Mama zum Einkaufen. Aber wohin jetzt mit den Einkäufen? Die Kindersitze werden kurzerhand zu Fahrradkörben umfunktioniert. Wie praktisch! Die Fahrräder sind dabei speziell für den Transport von schweren Kindern (und Taschen) gebaut und nicht ganz günstig, dafür aber sicher und sehr komfortabel.

Haushaltsgegenstände scheinen es den Lösungsfindern in Japan besonders angetan zu habe. Bei so einfachen Dingen wie Frischhaltefolie kam mir nie in den Sinn, dass es auch ein Produkt geben könnte, das genau an der Stelle reißt, an der es soll, das nicht zusammenklebt, sowohl für die Tiefkühltruhe als auch für die Mikrowelle geeignet ist, und dass die Benutzung am Ende sogar Spaß bringt. Bis ich meine erste Rolle japanischer Frischhaltefolie in die Hand bekam. Ein wahrer Traum für alle Hausfrauen, die keine Zeit haben, immer wieder das verklebte Ende einer Rolle suchen zu müssen, und die nicht stundenlang mit ihrer Frischhaltefolie beschäftigt sein wollen. Die Lösung hier liegt in einer deutlich durchdachteren Verpackung und einer anderen Materialzusammensetzung der Folie. Kleinigkeiten, ich weiß. Aber es ist einfach schön zu sehen, dass sich jemand eines so nervigen Problems angenommen und es einfach mal besser gemacht hat.

Verpackungen allgemein, ein leidiges Thema bei uns, wenn ich da an meine Wurst- und Käsepackungen denke. In Japan funktioniert das doch auch. Kluge Verpackungsingenieure haben das Problem erkannt und eine ordentliche Verpackung entwickelt. Wenn man dagegen bei uns eine Packung öffnet, wo die Ecke rot markiert zum Aufziehen gedacht ist, reißt sie irgendwann in der Mitte ein. Immerhin hat man die Salamischeiben versetzt gelegt, aber leider liegt die oberste Scheibe meistens ganz hinten. Oder erwische ich da immer das Montagsprodukt? Japan denkt da scheinbar einen Schritt weiter. Dabei ist das Land nun wirklich nicht bekannt für einen übermäßig großen Verzehr von Aufschnitt.

Seifenspender produzieren Schaum und verringern damit den Verbrauch. Bücher sind handlich klein und leicht. Sie passen so in jede Handtasche (das gute alte Platzproblem in Japan ist mal wieder dafür verantwortlich). Schulhefte haben standardmäßig das B5-Format und nicht das große DIN-A4-Format wie bei uns, das zusammen mit einem DIN-A4-großen Schulbuch auf keinen Schreibtisch passt.

Bei Schreibwaren übertreffen sich die Hersteller mittlerweile selbst. Der Druckbleistift ist schon jetzt perfektioniert bis ins kleinste Detail. Und trotzdem gibt es jedes Jahr etwas Neues. Die Miene bricht nicht mehr und wird während des Schreibens ein wenig gedreht und so gleichmäßig abgetragen. Immer eine spitze Miene, eine tolle Erfindung! In Japan absolut sinnvoll, wenn man sich die detaillierten Schriftzeichen anschaut.

Vieles in Japan ist aus der Not heraus entstanden und macht in Deutschland vielleicht wenig Sinn. Wir brauchen keine Heizung unter dem Tisch, wir haben Zentralheizung. Wir brauchen keine Stangen vor den Fenstern, über die wir unseren Futon zum Lüften legen, wir haben Betten. Wir brauchen auch keinen elektrischen Reiskocher, der programmiert werden kann, damit wir morgens von einer kleinen Melodie daran erinnert werden, dass der Reis jetzt fertig ist. Wir essen Brot. Und wir brauchen keine Gelstifte, die man wegradieren kann, wir machen keine Fehler. Oder doch? Die Stifte sind auch in Deutschland zum Verkaufsschlager geworden. Einen Schirmhalter würde ich auch sofort kaufen, wenn der bei uns erlaubt wäre, das weiß ich gar nicht so genau. Warum auch? Den gibt es ja eh nicht. Den Rest habe ich mir natürlich aus Japan mitgebracht. Denn wenn ich eines dort gelernt habe, dann, dass es für jedes Problem eine Lösung gibt.

47. Grund

Weil selbst eine Toilette zum Highlight einer Reise werden kann

Die beliebteste Sehenswürdigkeit in Japan? Fuji? Die Tempel von Kyoto? Der Fischmarkt in Tokyo? … Könnte man meinen. Aber am Ende reden alle nur von einer Sache, die so sehr geflasht hat, dass sogar im stillen Örtchen die Kamera gezückt wurde, um ein Foto zu machen: die japanische Toilette.

Japanische Toiletten sind das Sinnbild von Hightech und Fortschritt. Oder einfach nur außergewöhnlich? In Japan erfüllen sie einen ganz praktischen Zweck. Nämlich den, den Toiletten nun mal erfüllen sollen: sich des Inhalts seiner Blase und seines Darms zu entledigen.

Die vielen Funktionen eines *Washlets*, so nennt man die japanische Multifunktionstoilette, haben dort ihre absolute Berechtigung: Zunächst wäre da mal die beheizte Klobrille. Da japanische Wohnungen in der Regel über kein zentrales Heizungssystem verfügen, ist es im Winter bitterkalt in den kleinen WCs. Gerade in den alten Häusern ist keine Außenwandisolation vorhanden. Damit der Popo im schlimmsten Fall nicht an der Klobrille festfriert, wurde einfach mal eine Heizung in den Sitz gebaut. Ein Problem wird, wie so oft, mit einer einfachen Lösung behoben. Ja, so sind sie, die Japaner. Das liebe ich so sehr an dem Land.

Wichtig zu wissen ist in diesem Zusammenhang, dass sich die Toilette standardmäßig immer in einem separaten Raum befindet, also von der Badewanne getrennt. Aus hygienischen und praktischen Gründen. Denn es wird täglich ausgiebig gebadet. Wäre also etwas unpraktisch, wenn die Mutter in dieser Zeit auf die Toilette müsste, während Opa in der Wanne sitzt. Nur in den kleinen Einraumwohnungen muss darauf aus Platzgründen manchmal leider verzichtet werden.

Toilettenhersteller lösten noch ein weiteres Problem, welches wir mit unseren »westlichen Toilettengewohnheiten« und unserem Hang zum Umweltbewussten wahrscheinlich nicht kennen: einen übermäßigen Gebrauch der Spülung. Vor allem Japanerinnen ist es unangenehm, wenn andere bei der Toilettenbenutzung hören können, was gerade abgeht. Bei den dünnen Wänden in japanischen Wohnungen ist das kaum vermeidbar. Schon gar nicht in öffentlichen Toiletten. Aus diesem Grund hatten viele sich angewöhnt, beim Gang auf die Toilette erst einmal die Spülung zu betätigen, um damit alle weiteren Geräusche zu überspielen. So kam es, dass bei einem Toilettengang drei bis vier Spülvorgänge notwendig wurden. Was für eine Wasserverschwendung! Als ich mal mitbekam, wie eine Japanerin auf einer herkömmlichen Toilette beim Betreten die Spülung betätigte (nicht dass ich hobbymäßig vor Toiletten rumhänge, es war in einer Privatwohnung und ich saß zufällig ganz in der Nähe), fragte ich etwas beschämt: »Oh. Hab ich vielleicht vergessen, meine kleine Hinterlassenschaft zu beseitigen? Oder warum hast du gerade dreimal hintereinander die Spülung betätigt?« Unter guten Freunden darf man schon mal so intime Fragen stellen. »Du willst doch sicher nicht an meinen intimsten Geräuschen akustisch beteiligt werden, oder?« Nein. Wollte ich in der Tat nicht. »Aber was für eine Wasserverschwendung!«, ging es mir direkt durch den Kopf.

So dachte sich das einst auch die japanische Regierung und startete eine Aufklärungskampagne. Weil die aber nichts gegen diese Gewohnheit ausrichten konnte, haben sich die Toilettenhersteller des Problems angenommen. Jedes stille Örtchen kann seitdem mit einem kleinen Lautsprecher nachgerüstet werden, bei dem man auf Knopfdruck die Toilettenspülung akustisch simulieren kann. Wahlweise kann man bei einigen Toiletten zwischen verschiedenen Geräuschen wählen: Meeresrauschen, Bachplätschern und auch klassische Musik sind mir in meinen Jahren in Japan begegnet. Um die echte Spülung am Ende zu betätigen, wird ein schnöder mechanischer Hebel betätigt, in die eine Richtung gedreht, fließt wenig Wasser, in die andere Richtung gedreht, mehr. Bei den moderneren Toiletten gibt es statt des Hebels am Toilettenkasten praktische Knöpfe an der Wand oder in der Konsole, die stark an eine Armlehne erinnert.

Wo auch immer sich nun die Spülung befindet, für den Japanbesucher kann es bisweilen eine echte Herausforderung bedeuten, den richtigen Knopf oder Hebel zu finden. Denn Kenntnisse der japanischen Schrift sind oft Voraussetzung. Deshalb hier eine kurze Einführung in den Toilettenterminus: 大 steht für »Groß« (einfach einen Kopf dazu denken und sich einen großen Menschen mit ausgestreckten Armen vorstellen) und 小 bedeutet »Klein« (einfach einen Kopf dazu denken und sich einen kleinen, in sich zusammengesunkenen Menschen vorstellen). Bei dieser Gelegenheit prägen Sie sich doch gleich noch das Zeichen 止 ein. Das bedeutet »Stopp«. Stellen Sie sich vor, was Sie möchten. Ich sehe darin einen kopflosen Polizisten, der mich mit ausgestrecktem Arm zum Anhalten auffordert.

Was aber tun, wenn es keinen Spülknopf oder -hebel gibt? Öffentliche Toilette verzichten da tatsächlich gerne aus hygienischen

Gründen drauf. Manchmal gibt es einfache Sensoren, die auf ihr Winken warten, um mit der Arbeit zu beginnen. Andere starten, sobald sie sich vom Sitz erheben. Dann beginnt der Spülprozess mit anschließender Toilettenreinigung und -desinfektion ganz von alleine. Bei anderen Toiletten ist diese Automatik mit dem Entsichern der Toilettentür verbunden, wieder andere starten erst beim tatsächlichen Öffnen der Tür.

Ein weiteres Phänomen und meine heimliche Lieblingsfunktion ist, wenn sich beim Betreten des kleinen WCs der Toilettendeckel wie von Geisterhand öffnet, als wolle mir die Toilette etwas sagen: »Kommen Sie näher und setzen Sie sich doch eine Weile zu mir!«

Bei all dieser Technik, die man für überflüssig halten mag oder nicht, gibt es ein paar wirklich angenehme Funktionen: ein Vaporisator, der einen angenehmen Duft in die Schüssel versprüht. Ein Föhn, der warme Luft auf Ihren Allerwertesten bläst, der zuvor von einer Popodusche gewaschen wurde. Wärme und Intensität des Wasserstrahls lassen sich selbstverständlich individuell einstellen. Neben der Analdusche gibt es für Frauen auch noch den Strahl für die Intimzone. Die Analdusche sowie die Intimbereichsdusche sind angeblich nicht nur unglaublich hygienisch und schonen den Verbrauch von Toilettenpapier, die Massage mit dem Wasserstrahl ist ganz nebenbei der Gesundheit zuträglich. Da mag was Wahres dran sein, denn nicht umsonst findet man in vielen anderen Teilen der Welt Bidets, die gleiches Ziel verfolgen, auch wenn der ein oder andere sich gelegentlich die Füße darin wäscht. Bei der japanischen Toilette ist das ausgeschlossen. Aufgrund der Duschfunktionen bezeichnen wir das Washlet auf Deutsch auch gerne als Dusch-WC. Wobei der Name etwas irreführend ist.

Alle, denen das ganze Wassergespritze nicht geheuer ist, sollten einfach die Finger von den Knöpfen lassen.

»Alles ganz schön abgefahren!«, denken Sie vielleicht, dabei habe ich Ihnen noch gar nichts von der Stuhl- und Urinprobenanalyse erzählt, deren Werte direkt an den Hausarzt übermittelt werden können. Das finden auch Japaner abgefahren, denn das ist noch kein Standard, sondern wahrer Luxus.

Für die einen ist eine Toilette eben ein stilles Örtchen, für die Japaner ist es technischer Fortschritt in seiner praktischsten Form, dem man die Stille mit viel Technik und Einfallsreichtum erfolgreich abgewöhnt hat.

48. Grund

Weil Automaten Kult sind

Getränkeautomaten sind vielleicht keine innovative Erfindung, aber Japan wäre nicht Japan, wenn sie daraus nicht einen Kult gemacht hätten, den es so in keinem anderen Land der Welt zu finden gibt. Getränkeautomaten sind da erst der Anfang. Die stehen wirklich an jeder Ecke, auf Bahnhöfen, aber auch an jeder noch so kleinen Dorfstraße und selbst vor Supermärkten.

Ein Freund von mir hat eine kleine private Nachhilfeschule. Täglich sitzen 30 Jugendliche in seinem Einraum-Haus und pauken Englisch. Lernen macht durstig und Trinken hilft der Konzentration, besonders im heißen Sommer. Ein Getränkeautomat vor seinem Haus wäre super, dachte er sich und kontaktierte einen der vielen Getränkeautomat-Aufsteller. Es dauert nicht lange, bis ein Automat auf seinem Grundstück an der Straße stand. »Ist das jetzt deiner?«, wollte ich wissen. »Nein, der ist geleast. Ich werde am Umsatz beteiligt mit 10 Yen pro verkaufter Flasche. Die Firma füllt die Flaschen nach und kümmert sich um die Instandhaltung, ich muss nur die Stromkosten zahlen.« Dass das so einfach ist, hatte ich nicht gewusst. Kein Wunder, dass es über 5,5 Millionen Automaten gibt. Ein schönes kleines Nebeneinkommen, wenn man über ein Grundstück verfügt oder genug Kundschaft hat. »Reich werde ich damit nicht, aber für meine Schüler ist es praktisch, und ich selbst habe so immer gekühlte Getränke vor meiner Tür!«, ergänzte mein Freund und kramte ein paar Münzen aus seiner Hosentasche. »Was möchtest du heute trinken?«

Neben der Umsatzbeteiligung gibt es aber auch die Möglichkeit, einen Teil seines Grundstücks gegen eine monatliche Miete an einen oder gleich mehrere der zahlreichen Getränkeautomat-Anbieter zu vermieten, erfahre ich weiter. Das erklärt auch, warum oft drei bis vier verschiedene Automaten an einer Hauswand gedrängt stehen. Wieder andere kaufen sich ihren eigenen Automaten, befüllen ihn mit Getränken, die sie günstig im Großhandel gekauft haben, und erhöhen ihre Gewinne. Gerade in ländlichen Gebieten mit nur einem kleinen Supermarkt sieht man die markenlosen Automaten häufiger. Der Supermarkt mit seinen Öffnungszeiten wird so zum Rund-um-die-Uhr-Getränkemarkt. Die Investition von rund 1,2 Millionen Yen hält sich in Grenzen, und mit etwas Glück findet sich manchmal auch schon ein guter gebrauchter Automat für einen Bruchteil des Geldes.

Wirtschaftlich und gesellschaftlich betrachtet ist der Automatenkult in Japan eigentlich ganz verständlich. Ein Automat verkauft 24 Stunden, und das ohne hohe Mitarbeiterkosten.

Ganz vernarrt sind Japaner in jegliche Form von Technologie, die das Leben angenehmer macht. Egal ob Roboter, Hightech-Toiletten, schnelle Züge, Erdbeben-Frühwarnsysteme oder eben Automaten. Japaner sind stolz auf ihre innovativen Entwicklungen und hinterfragen die negativen Aspekte wie zusätzlicher Stromverbrauch selten, wenn sie einen wertvollen Nutzen für ihr Leben darin sehen.

Hochwertige Automaten, in denen sich viel Bargeld befindet, und das auf einer einsamen Landstraße. Stellen Sie sich so etwas bitte einmal bei uns vor, wo selbst Kaugummiautomaten angekokelt, vollgeschmiert und mit Aufklebern bis zur Unkenntlichkeit dekoriert werden. Vandalismus und Zerstörung von fremdem Eigentum ist mir in Japan selten begegnet. Einen kaputten Automaten habe ich in sechs Jahren Japan nicht erlebt, und ich werfe mein Geld ohne Bedenken in den Schlitz, während in Deutschland immer die Angst mitschwingt, ob das Ding wohl funktioniert oder ob mein Geld nicht für immer verloren ist.

Ein weiterer Grund, warum das mit den Automaten in Japan so gut klappt, ist, dass Japan ein echtes Bargeldland ist. Das Portemonnaie ist immer gut gefüllt mit Geldstücken und Scheinen (ja, die Automaten können auch wechseln!). Auch Kartenzahlung wird mittlerweile akzeptiert. Keine Bankkarten, sondern eine aufladbare Geldkarte, mit der man auch Bahntickets oder kleine Summen in Geschäften zahlen kann.

Japanbesucher schwärmen von den japanischen Automaten, und nicht umsonst gehören die Metallkisten zu den beliebten Fotomotiven für Touristen, gleich nach Toiletten, Kirschblüten und dem Fuji. Leichter kann man kaum die moderne Kultur Japans erkunden, als ein paar Geldstücke in den Schlitz zu werfen, die blinkenden Punkte zu betrachten, einen Knopf zu drücken und am Ende ein kaltes Getränk entgegenzunehmen. Im Winter ein besonderes Erlebnis und Gratis-Handwärmer für den, der sich eines der warmen Getränke »zieht«. Eine Dose Kaffee (ja genau, hier gibt es noch die gute alte Aluminiumdose), eine Flasche Tee oder eine Dose heißer Maissuppe an einem kalten Tag, gibt es was Besseres? Sie haben richtig gehört. Maissuppe. Zum echten Kult sind die Automaten geworden, weil es nichts gibt, was man nicht in einen Automaten packen könnte. Süßigkeiten und Snacks, kennen wir. Auch Pommes und Frittiertes gehört zum holländischen Automatenalltag. In Japan gibt es Bier und Sake, praktisch in der Hotellobby oder nach dem Besuch eines öffentlichen Bades, Bücher und Zeitschriften auf Bahnhöfen – jetzt wird es interessant. Frische Bananen und Äpfel, Eier, Reis, Regenschirme, Brillen, Eiswürfel, und dreimal dürfen Sie raten, was neben einem Kondomautomaten in einem Love Hotel steht: richtig, ein Automat mit Energydrinks.

Aber auch an den Geschäftsmann hat man gedacht, der es am Abend nicht mehr nach Hause geschafft hat und am nächsten Morgen frisch zur Arbeit will. Günstige Hotels bieten da Automaten mit Socken, T-Shirts, Krawatten und frischen Unterhosen. Die getragenen Unterhosen von jungen Mädchen, die es für 1000 Yen in den Rotlichtbezirken gibt, sind mittlerweile legendär. Gesehen habe ich die selbst noch nicht, aber alle erzählen davon.

Harmlos erscheinen dagegen Automaten mit buddhistischen Glücksbringern, Blumensträuße, Spielzeug und Gummihandschuhe für Gartenarbeit. Ich persönlich bin ein Fan von Automaten mit Batterien, leider war nie einer in der Nähe, wenn ich ihn brauchte. So ist es ja meistens. Worauf aber immer Verlass ist: ein Getränkeautomat – Nein. Ein Getränkeautomat, der funktioniert!

49. Grund

Weil japanische Straßen singen können

»Die Straße ist hier aber in einem schlechten Zustand!«, denke ich im ersten Moment, als ich das leichte Vibrieren am ganzen Körper spüre und dazu ein dröhnendes Reifengeräusch vernehme. Wir sind auf der Bundesstraße 4 unterwegs Richtung Norden. Dass es sich bei den rhythmischen »Straßenschäden« um einen bekannten japanischen Anfeuerungsruf handelt, den 3-3-7-Rhythmus, fällt mir erst im letzte Moment auf. Beim nächsten Mal höre ich genauer hin. Und tatsächlich haben die von mir fälschlicherweise angenommenen Straßenbeschädigungen ein System: »Bam-bam-bam———bam-bam-bam———bam-bam-bam-bam-bam-bam-bam.« Damit feuert man eigentlich ein Sportteam an, indem man im Rhythmus in die Hände klatscht: 3-mal – Pause – 3-mal – Pause – 7-mal.

Was das im Straßenverkehr zu suchen hat? Gute Frage. Vielleicht nur ein kleiner Hinweis an die Autofahrer, dass sie sich auf der längsten Straße Japans mit 743 km befinden? Da noch gut 500 Kilometer auf dieser Strecke vor einem liegen können, ist so eine *Komm-du-schaffst-das* sicher nicht verkehrt. Aber das ist reine Spekulation. Andere vermuten, dass damit Fahrer auf dem langweiligen Streckenabschnitt der Route 4 einfach mal wieder aufgerüttelt und am Einschlafen gehindert werden sollen.

Solche Erziehungsmaßnahmen im Straßenverkehr sind in Japan kein Einzelfall: Mit Melodien auf der Straße erreicht man, dass Geschwindigkeitsbegrenzungen eingehalten werden. Klingt erst mal komisch, oder? Funktioniert aber hervorragend! Sogenannte *Melody Roads* spielen eine Melodie, wenn man in einer vorgegebenen Geschwindigkeit über den Asphalt fährt. Und dass ganz ohne Technik. Der Anfeuer-Rhythmus auf der Bundesstraße 4 taucht aber in der offiziellen Liste der Melody Roads nicht auf. Vielleicht, weil die Geschwindigkeit hier ausnahmsweise keine Rolle spielt.

Erfunden haben die Japaner die singenden Straßen nicht – nur weiter gedacht, weiterentwickelt, perfektioniert, realisiert, zum Patent angemeldet und dem Ganzen einen Sinn gegeben. Die ursprüngliche Idee stammt von zwei Dänen und ihrem 1995 entstandenen Kunstobjekt. Es erinnert ein wenig an die profilierten Randmarkierungen auf deutschen Autobahnen, die zwischen Fahrbahn und Seitenstreifen angebracht sind. Sollte ein Fahrzeug von der Fahrbahn abkommen und der Reifen den Rubbelstreifen berühren, ertönt ein lautes Brummen als Warnzeichen. Jeder, der kurz mal eingenickt oder in Sekundenschlaf gefallen ist, sollte jetzt wieder wach sein.

Der Japaner *Shizuo Shinoda* gilt heute als offizieller Erfinder und Namensgeber der japanischen Melody Roads in Form von Rillen. Seit er den Namen *Melody Road* 2004 registriert hatte, tüftelte der Ingenieur auf einer Teststrecke an einer geeigneten Technik, bis zu einem Versehen, bei dem eine Baumaschine ungewollt Rillen in die Fahrbahnoberfläche fräste. Als Herr Shinoda mit dem Auto anschließend darüber fuhr, ertönten Geräusche. »Damit kann man doch auch Musik machen!«, waren seine Gedanken, und er tüftelte weiter an einer Methode, Noten in Linien umzusetzen und sie dann in Form von Rillen in den Asphalt zu bringen. Das Prinzip ist einfach: Jede gefräste Linie entspricht dabei einer Note. Je weiter die Abstände der Rillen, desto tiefer der Ton. Die technische Umsetzung war dagegen etwas aufwendiger und brauchte noch ein paar Jahre.

Die erste Melody Road entstand offiziell 2007 auf der ehemaligen Teststrecke in der Stadt Shibetsu auf Japans nördlichster Insel Hokkaido und Heimat des Erfinders. Die wunderbare Melodie ertönt nur, wenn man sich an die vorgegebene Geschwindigkeit hält. Fährt man schneller, dann wird das Lied unerträglich verzerrt, und fährt man zu langsam, hört es sich nach einer leiernden Schallplatte an. Mittlerweile gibt es schon über 30 singende Straßen in Japan (Stand 2017), und es werden immer mehr.

Japaner freuen sich so sehr über die musikalische Abwechslung und halten sich nur zu gerne an die vorgegebene Geschwindigkeit, um die Straße zum Singen zu bringen. Dass das alles noch einen praktischen Nebeneffekt hat, daran dachte zunächst niemand: Die Musikstraßen helfen, den Tourismus in noch nicht erschlossenen Regionen etwas anzukurbeln. Die Melody Roads sind mittlerweile nicht nur Weg, sondern Ziel einiger Japaner, und wenn man schon mal in der Gegend ist, kann man sich auch gleich noch etwas genauer umsehen und die regionale Küche probieren.

Die Melodien für die Straßen werden oft passend zur Umgebung gewählt. So wählte man für die Straße zum Wahrzeichen Japans, dem Fuji, das bekannte Kinderlied *Fuji no Yama (Der Berg Fuji)*.

Angekündigt werden die Straßen meistens mit einem kleinen Schild mit einer Note oder einem Notenschlüssel. Dann kann man schon mal das Radio ausstellen und die Fenster schließen. Denn so hört man die Töne des Asphalts unter seinen Reifen am allerbesten. Große Notenschlüssel oder Noten auf dem Straßenbelag kündigen dann die Melody Road an. Durchschnittlich dauert so eine Melodie unter den Reifen rund 20 Sekunden. Das entspricht einer Streckenlänge von etwa 250 m.

Im Repertoire sind neben japanischen Volks- und Kinderliedern auch Balladen und Popsongs. Besonders beliebt ist die Titelmelodie aus dem bekannten Anime-Film *Mein Nachbar Totoro*. Diese gibt es auf 658 m in der Präfektur Hiroshima zu hören, wenn man die Geschwindigkeit von 60 km/h einhält. Selbst der amerikanische Klassiker *Country Roads* hat es 2014 auf die japanische Bundesstraße 252 bei Kaneyama in der Präfektur Fukushima geschafft.

Nicht jedes Lied hat das Zeug zu einem »Straßen-Hit«. Bei Heavy-Metal-Songs und besonders schnellen Rhythmen muss die Technik passen. So wird es wohl kein *Highway to Hell* geben.

Auch musste im Laufe der Jahre eine der Melody Roads wieder entfernt werden, weil es Beschwerden von Anwohnern gab, denen das ständige Gesumme der Straße irgendwann auf die Nerven ging. Daraufhin wurde festgelegt, dass melodische Straßen einen Mindestabstand von 300 m zum nächsten Haus haben müssen.

Die vielen Fahrten über singende Straßen in Japan lösen bei mir mittlerweile einen Reflex aus: Musik aus, Fenster zu und hingehört. Eine Melodie habe ich auf unseren heimischen Straßen bisher noch nicht wahrgenommen. Mit Schlaglöchern scheint das leider noch nicht zu funktionieren. Sonst kämen wohl einige Regionen und Städte in den Genuss ganzer Straßenkonzerte und könnten sich vor japanischem Massentourismus kaum retten.

50. Grund

Weil eine Fahrt mit dem Taxi ein wahrer Kulturschock sein kann.

Mit einem Handzeichen mache ich den Fahrer des etwas in die Jahre gekommenen Taxis auf mich aufmerksam. Er hält vor mir, und wie von Geisterhand öffnet sich die hintere Tür des Wagens. Ich steige ein, und die Tür fällt automatisch hinter mir zu. Sofort fällt mir der weiße Überzug auf den Sitzen auf. Ist das gehäkelt? Zahlreiche Schilder auf Japanisch mit allerlei Regeln. Aber erst mal grüße ich freundlich und nenne mein Ziel. Der Taxifahrer bestätigt das Ziel, und los geht die Fahrt.

Auch wenn Taxifahren nicht unbedingt zu den günstigsten Fortbewegungsarten in Japan gehört, empfehle ich einmal eine Fahrt. Allein schon, um Ihnen einen weiteren einzigartigen Kulturschock zu vermitteln.

Bei meiner ersten Taxifahrt habe ich so ziemlich alles falsch gemacht, was man so falsch machen kann. Ich steuerte den vermeintlichen Beifahrersitz an. Da saß allerdings schon jemand. Der Fahrer nämlich. In Japan herrscht Linksverkehr, natürlich sitzt der Fahrer da auf der rechten Seite. Beim Taxi steigt man für gewöhnlich immer hinten ein, es sei denn, man ist zu viert, denn da reicht der Platz auf der Rückbank nicht aus. Niemals die Türen selbst öffnen oder schließen ist oberstes Gebot. Alles geht hier automatisch. Weil es in der Vergangenheit viele Unfälle mit Fahrrädern, Motorrädern und Autos gab, als Gäste unbedacht die Taxitür öffneten, kümmert sich der Fahrer mittlerweile lieber selbst darum. Also schön stehen bleiben und abwarten. Und beim Aussteigen das gleiche Spiel: sitzen bleiben, bis die Tür aufgeht oder der Fahrer selbst die Tür aufhält. Das Öffnen von innen ist aber ohnehin nicht möglich.

Was hier noch auffällt, ist die Plexiglasscheibe zwischen Fahrer und Rückbank. »Damit der seine Ruhe hat«, denke ich zunächst, »oder um die ganzen Regeln hier anbringen zu können!« Vielleicht auch das, aber in erster Linie geht es um die Sicherheit des Fahrers.

Wer japanisch lesen kann, der erfährt auch gleich den Namen seines Chauffeurs, denn in jedem Taxi klebt vorne die Zulassung des Fahrers, mit Namen und Bild. Tatsächlich fühlt es sich in einem japanischen Taxi so an, als hätte man einen Chauffeur, mit weißen Handschuhen, Anzug, dem aufrechten Sitz und dem dezenten Ton in seiner Stimme. Wenn ich da an meine letzte Fahrt in Berlin denke.

Der japanische Taxifahrer scheint seinen Job wirklich zu lieben, und das, obwohl er kein Trinkgeld bekommt. Trinkgeld gibt es generell nicht in Japan, das gehört zum guten Ton und ist 105. Grund, Japan zu lieben. Taxifahrten machen da keine Ausnahme.

Ungewöhnlich für Japan ist, dass man neben Bargeld auch mit Kreditkarten zahlen kann. Das geht selbst in teuren Hotels in Japan manchmal nicht. Sie erhalten in Japan übrigens immer eine Taxi-Quittung. Sollten Sie vielleicht mal etwas im Taxi vergessen haben, ist das gar kein Problem, denn auf der Rechnung stehen eine Telefonnummer und die Nummer des Taxis, mit dem Sie gefahren sind. Sie müssen nur noch jemanden finden, der Ihnen mit dem Telefonat auf Japanisch behilflich ist. Englisch sprechende Taxifahrer in Japan, ja, die soll es geben. Ich hatte bisher allerdings noch nicht das Glück. Im Zeitalter von Smartphones, Navigationssystemen und Apps müssen Sie sich aber keine großen Sorgen machen. Eine Adresse auf einem Zettel auf Japanisch ist trotzdem ganz praktisch.

Vielleicht alles etwas ungewöhnlich, aber noch kein echter Kulturschock? Dann freuen sie sich auf das Ende Ihrer Taxifahrt. Spätestens die Rechnung hat es nämlich in sich.

51. Grund

Weil selbst Jesus Japan liebte

Als ich zum ersten Mal in den kleinen Ort Shingo in der Präfektur Aomori kam, ganz im Norden der japanischen Hauptinsel, staunte ich nicht schlecht. Auf einem Straßenschild hieß es doch tatsächlich »Tomb of Christ«, direkt daneben zwei Getränkeautomaten. Ein Witz?

Jesus ist doch in Jerusalem gekreuzigt worden und im Anschluss auferstanden. Wie kann es also sein, dass er hier begraben liegt, in einem 2000-Seelen-Dorf zwischen Bergen und Reisfeldern? Wurde er hierher gebracht? Davon hätte man doch sicher etwas in der Bibel geschrieben. Oder hat er hier gelebt? Sightseeing schloss ich aus, denn Aomori gehörte meines Wissens nie zu den Touristenhotspots auf der Insel.

Was steckt also hinter dieser Geschichte? Ich will es gleich mal vorwegnehmen: Bewiesen ist hier nichts. Die Legende von Jesus in Japan ist, was sie ist: eine Legende. Das einzige »Originaldokument«, ein »Testament Christi«, ist kurz vor dem Zweiten Weltkrieg in dem Dorf aufgetaucht und leider bis heute in den Kriegswirren verschollen. Glücklicherweise hatte man zuvor noch eine Abschrift aus dem Hebräischen machen können, auf die sich die ganze Geschichte stützt, die hier erzählt wird.

Wir waren die einzigen Besucher am »Jesus-Grab«, einem kleinen angehäuften Sandhügel, von einem weißen Zaun umgeben, darauf ein schnörkelloses Holzkreuz auf der Mitte platziert. Rings herum Bäume. Und da war noch ein zweites Grab, also noch ein weiterer umzäunter Sandhügel mit Kreuz darauf. Hier soll eine Locke der Jungfrau Maria und ein Ohr des Bruders vergraben worden sein. Ja, richtig gelesen, Jesus soll einen Bruder mit Namen *Isukiri* gehabt haben, der den tragischen Teil dieser Geschichte übernimmt. Dazu aber später mehr.

Unten am Parkplatz gab es auf einer kleinen Hinweistafel die ersten vage formulierten Antworten auf meine Fragen:

Im Alter von 21 Jahren kam Jesus zum ersten Mal nach Japan.

Was er tatsächlich im Alter von 21 bis 33 gemacht hat und wo er gelebt hat, darüber schweigt sich auch die Bibel aus. Indien behauptet, er sei in den 12 Jahren dort gewesen, die Chinesen erzählen Ähnliches. Wahrscheinlich haben alle ein bisschen recht. Auch wenn das Reisen damals um einiges beschwerlicher gewesen sein muss, eine Weltreise kann ich mir bei dem weltoffenen, furchtlosen und immer neugierigen Jesus mit seiner Hands-on-Mentalität sehr gut vorstellen. Mit Fähigkeiten wie »aus Wasser Wein zu machen« konnte er sich sicher auch im Ausland ganz gut über Wasser halten.

Was passierte, als er in die Heimat zurückkehrte, wissen wir alle. Zum ersten Mal allerdings lese ich hier auf der Infotafel eine mir bislang völlig unbekannte Version der bekannten Geschichte aus der Bibel: Pontius Pilatus verurteilte Jesus zwar zum Tod am Kreuz, doch am Ende wurde sein Bruder Isukiri an seiner Stelle gekreuzigt, und Jesus hielt es wohl für besser, unterzutauchen. Mit dem Ohr des Bruders und einer Locke seiner geliebten Mutter in der Tasche ging er wieder zurück nach Japan, in das abgeschiedene Dorf Herai, wie es damals noch genannt wurde. Dort lebte er als Reisbauer, heiratete eine junge Japanerin und bekam mit ihr drei Töchter. Fortan nannte man ihn *Daitenku Taru Jurai*. Er lebte ein ruhiges, beschauliches und zurückgezogenes Leben, soweit das in einem Haus mit vier Frauen möglich ist. Er starb mit 106 Jahren.

Für einen so kleinen unbedeutenden Ort sind die beiden Erdhügel ein wahrer Touristenmagnet. Das geben der Bürgermeister und das Touristenbüro auch offen zu. Aber ihre Idee war es nicht. Ein Nachfahre von Jesus hatte sich aufgrund des gefundenen Testaments auf die Suche gemacht und 1935 die Hügel als Grabstätte Christi oder *Kiristo no Haka* gekennzeichnet. Er war es auch, der in der Nähe noch ein paar Überreste von Pyramiden gefunden haben soll, und von einem gesehenen UFO habe ich auch gehört.

Zum Abschluss dieses Tages genehmigten wir uns eine Nudelsuppe mit dem treffenden Namen *Kiristo-Ramen*. Anschließend besorgten wir meinen Schwiegereltern noch eine Flasche *Kiristo-Sake*. Ein Mitbringsel aus diesem verrückten, aber doch liebenswerten Ort.

52. Grund

Weil wir selbst beim Einkaufen noch was lernen können

Wie angenehm das Einkaufen in einem japanischen Supermarkt doch ist. Zurück in Deutschland, ist das für mich immer mit Stress verbunden. Von dem Kulturschock werde ich mich wohl nie erholen können.

Und ich rede hier nicht nur von dem Kundenservice, den ich oft verzweifelt suche. Es sind die einfachen Dinge, die an Ineffizienz kaum zu überbieten sind. Sie haben keine Ahnung, wovon ich gerade rede? Gerne nehme ich Sie mit auf meinen Einkauf in einem japanischen Supermarkt. Okay. Ich kann nicht für alle Supermärkte des Landes sprechen. Ich stelle hier also mal exemplarisch mein Einkaufserlebnis vor, wie es sich in verschiedenen Supermärkten über mehrere Jahre immer wieder ereignet hat.

Die monströsen Einkaufswagen sucht man vergebens. Stattdessen gibt es Einkaufskörbe. Beim Großeinkauf verwende ich drei oder vier davon. Um die nicht durch den Laden schleppen zu müssen, gibt es kleine wendige Wagen. Bis zu vier Körbe haben darauf Platz. Alle Artikel in Japan müssen also zwingend in einen Einkaufskorb. Warum das so ist, wird klar, sobald ich Ihnen erzählt habe, wie japanische Supermarktkassen organisiert sind.

Auffallend ist, dass die Schlangen vor der Kasse nie sonderlich lang sind. Gehören Sie auch zu den Menschen, die immer an der Kasse stehen, die am längsten braucht? Wenn Sie endlich an der Reihe sind, um Ihre Artikel auf das Band zu legen, wird just in dem Moment die Kasse neben Ihnen geöffnet. Von weit hinten ziehen dann andere Kunden an Ihnen vorbei zur gerade geöffneten Kasse. Gerecht ist das nicht, oder?

Das sollte mal einer in Japan probieren. Wenn die Schlange zu lang wird (also mehr als vier Kunden warten müssen), wird eine neue Kasse geöffnet. Nach Aufforderung der Kassiererin darf nun der Kunde vortreten, der ohnehin als Nächstes dran wäre. Hier stürzt niemand von ganz hinten heran, und wenn doch (wie ich es einmal aus Unwissenheit versuchte), wird er freundlich abgewiesen, denn Reihenfolge ist nun mal Reihenfolge.

Bin ich nun bei der Kassiererin eingetroffen, stelle ich meinen gefüllten Einkaufskorb zu ihr neben den Scanner. Ein Laufband gibt es in der Regel nicht. Glücklicherweise, denn das erspart mir, jeden einzelnen Artikel auf das Band legen zu müssen, wie es bei uns der Fall ist. Nach dem Scanvorgang muss ich in Japan auch nicht alles in Weltrekordgeschwindigkeit in meiner Tasche verstauen (oder zurück in den Wagen schaffen, um am Ende alles in Ruhe einpacken zu können).

Stattdessen legt die japanische Kassiererin die Artikel nach dem Scannen direkt in einen zweiten Korb. Dabei achtet sie natürlich darauf, schwere Dinge nach unten zu packen, und die weichen Pfirsiche und Bananen zum Schluss nach oben zu legen. Ist ja klar, oder?

Auf Plastiktüten zu verzichten ist mittlerweile auch in Japan angekommen. Dazu hängen an der Kasse extra Schilder, die ich als Kunde auf meinen Einkaufskorb lege und damit signalisiere: »Ich habe meine eigene Tasche und möchte keine Plastiktüte!« Es geht also ganz, ohne japanisch sprechen zu müssen. Meine mitgebrachte Einkaufstasche stülpe ich einfach über den leeren Korb, bevor der von der Kassiererin gefüllt wird, und so brauche ich am Ende nichts weiter zu tun, als zu zahlen, meine Einkaufstasche zuzuziehen und den sorgsam gepackten Einkauf nach Hause zu tragen.

Während ich beim Einkaufen die Produkte also theoretisch nur einmal in die Hand nehme, wenn ich sie in meinen Einkaufskorb lege, so zähle ich in Deutschland bis zu vier Berührungspunkte mit den Artikeln.

Sie mögen jetzt denken: »Die stellt sich aber an. So schlimm ist das alles doch gar nicht!« Schlimm nicht, aber warum so umständlich, wenn es doch auch effizienter gehen könnte. Warum nicht mal von anderen lernen, Methoden kopieren und sich über ein stressfreies Einkaufen freuen?

53. Grund

Weil der japanische Supermarkt an alles gedacht hat

Als Ausländer ohne Japanischkenntnisse stieß ich gerade beim Einkaufen hier und da an meine Grenzen. Obst, Gemüse und Eier waren ja noch leicht zu finden. Eine Packung Kuhmilch von Sojamilch zu unterscheiden war dagegen etwas schwieriger. Bei Artikeln wie *Katakuriko* oder *Kinako* war ich ohne fremde Hilfe verloren. Weder hatte ich eine Idee, was genau das ist, noch, wo ich mit meiner Suche beginnen sollte. Ein japanisches Schriftzeichen hatte ich mir vorsorglich in meine Einkaufsliste kopiert, aber alle Regale danach abzusuchen war unmöglich. Also bat ich eine Mitarbeiterin um Hilfe, indem ich ihr meine Liste zeigte. Sie bemerkte gleich, was ich damit vorhatte. Nicht nur hatte ich am Ende alle gesuchten Produkte im Einkaufskorb, sondern gleich noch ein paar weitere Rezeptvorschläge. Hört sich das nicht großartig an?

Immer, wenn ich nicht weiterwusste (und das kam zu Anfang sehr oft vor), fand ich eine hilfsbereite Person, ob eine Mitarbeiterin oder eine andere Kundin, die meine ratlose Suche bemerkte und mir ihre Hilfe anbot. Aber vielleicht hatte ich in Japan einfach immer Glück oder den Bonus, eine Ausländerin zu sein, während ich in Deutschland leider immer genau die Person um Hilfe bitte, die entweder keine Ahnung, keine Zeit oder einfach einen schlechten Tag hat.

Eine weitere Besonderheit in japanischen Supermärkten berücksichtigt den heißen japanischen Sommer. Wer frisches Fleisch oder Fisch gekauft hat, kann seine Frischware unbeschadet durch die Hitze nach Hause tragen. Gratis bietet jeder Supermarkt Eiswürfel oder Trockeneis zur Kühlung an. Ein toller Service, den wir in unserem mitteleuropäischen Sommer vielleicht nicht unbedingt benötigen, der in Japan aber absolut Sinn macht.

Erwähnen möchte ich auch unbedingt noch einen weiteren Service, mit dem Sie jetzt vielleicht nicht so viel anfangen können: den Geschenkkorb-Versand-Service. Japaner und ihre Schenkkultur sind schon eine Sache für sich.

Nach einer Woche in Tokyo bei Freunden ist es nicht unüblich, sich für die Gastfreundschaft mit einem Präsentkorb zu bedanken. Im Supermarkt gibt es hier einen Service, bei dem man aus einem Katalog ein Geschenk auswählen und auch gleich den Versand innerhalb des ganzen Landes veranlassen kann. Ob nun eine Zusammenstellung aus Reinigungsmitteln, einer Palette Bier, einer Kiste mit saisonalem Obst aus der Region oder auch mal einen leckeren Krebs, ich muss hier nur entscheiden, das Versandformular ausfüllen und zahlen. Klar, meine Freunde bekamen Bier und deren Eltern, die mich zum Essen eingeladen hatten, eine Kiste mit süßen Pfirsichen, die in Tokyo nur schwer zu bekommen sind und dann gleich ein kleines Vermögen kosten.

Verschweigen möchte ich am Ende auch nicht die Musik in japanischen Supermärkten, die es dem Kunden schwer macht, zu viel Zeit beim Einkaufen zu verbringen. Gelangweiltes Herumschlendern und wertvolle Zeit vertrödeln wird hier einfach mit nervtötenden Melodien verhindert, die ich gratis als Ohrwurm mit nach Hause nehmen darf. Japanische Supermärkte haben wirklich an alles gedacht!

54. Grund

Weil mein Blut mir erklärt, wer ich bin

»Nani gatta desu ka?« *Welche Blutgruppe hast du?* Die Frage nach meiner Blutgruppe stellt mir meine achtjährige Schülerin, nachdem sie bereits herausgefunden hat, dass ich 1. mit Stäbchen essen kann und 2. die vergorenen Sojabohnen *Natto* nicht mag.

»Warum will die denn meine Blutgruppe jetzt wissen?« Was soll ich schon falsch machen können, diese Frage ehrlich zu beantworten, auch wenn ich sie recht ungewöhnlich finde. »B positiv!« Es folgt ein leises Kichern und dann ein »Dachte ich mir!«.

Dass das nicht unbedingt ein Kompliment ist und was es mit der ständigen Frage nach der Blutgruppe auf sich hat, erfahre ich erst einige Zeit später. Blutgruppen in Japan verraten angeblich die Charaktereigenschaften, das wissen selbst die Kinder. Und bei B sind es keine guten. Zumindest nicht für ein Land, in dem die Gemeinschaft über alles geht und man von Individualisten nicht viel hält. Die B-Typen sind die, die es in Japan schwer haben. Kaum brauchbar für die Ehe und nicht sonderlich anpassungsfähig. Die A-Typen sind da ganz anders, nehmen sich zurück, um die Gefühle der anderen nicht zu verletzen.

Die Frage nach dem Sternzeichen und das Lesen von Horoskopen werden in Japan ersetzt durch die Charakterisierung nach Blutgruppen. Dazu findet sich in jeder Buchhandlung mindestens eine Regalwand voller Ratgeber und Guides. In Zeitschriften erfährt man regelmäßig, welcher Typ warum und wie zu einem passt. Ein Bestseller in dem Bereich ist *»A, B, O, AB gata jibun no setsumeisho« (A, B, O, AB Blutgruppen-Guide)*.

Angefangen hat der ganze Hokuspokus aber schon 1927 mit dem Psychologen Takeji Furukawa, und auf seine Thesen aufbauend ging 1971 der Psychologe *Masahiko Nomi* weiter auf das Thema Kompatibilität unter den Blutgruppen ein. *Nomis* Sohn *Toshitaka* wurde schließlich eine wahre Koryphäe in der Blutgruppendeutung. Tatsächlich ist die Blutgruppen-Ernährung, ursprünglich aus China stammend, wissenschaftlich belegt, aber persönliche Züge anhand der Blutgruppe eindeutig zu bestimmen ist genauso fraglich wie das Horoskop nach Sternzeichen.

Trotzdem hört man immer wieder Äußerungen wie: »Ah, die muss ein O sein (keine Null, sondern ein »Oh«). Oder »Kein Wunder, dass sich die beiden getrennt haben. Sie eine A und er ein B.«

Jetzt sind Sie sicher neugierig geworden:

Blutgruppe A (40% aller Japaner)

Entscheiden nach gründlicher Überlegung. Haben einen Hang zum Perfektionismus. Sind empathisch und können sich gut in anderer Menschen Gefühle hineinversetzen (das sind wahrscheinlich auch die Erfinder der vielen praktischen Dinge, die es in Japan so gibt). Sind rücksichtsvoll, immer freundlich, liebenswürdig, zurückhaltend, harmoniebedürftig, verantwortungsbewusst, erfolgshungrig, kreativ, sensibel, einfühlsam, sorgfältig, angepasst, konservativ, eifrig, anspruchsvoll, wählerisch, ordnungsliebend, denken schnell in Schubladen (und fragen vielleicht deshalb auch jeden nach seiner Blutgruppe). Behalten die Ruhe auch in Krisensituationen. Fühlen sich nicht wohl in großen Gruppen. Haben das Gefühl, nicht dazuzupassen. Sind schüchtern und zurückgezogen. Erledigen Aufgaben gerne selbst. Sind fleißig, ausdauernd und arbeiten hart. Sind sichere Autofahrer. Denken zu viel nach und sind geduldig.

Blutgruppe B (20% der Japaner)

Machen gerne ihr eigenes Ding. Sind weniger kooperativ. Handeln nach eigenen Vorstellungen und Ideen. Lassen sich wenig sagen. Sind fokussiert. Immer ein klein wenig zu spät. Geben ihr Bestes (auch wenn etwas aussichtslos oder unmöglich erscheint). Nehmen wenig Rücksicht auf die Gefühle anderer. Halten sich nicht an Regeln und Bräuche. Sind Optimisten, freundlich und offenherzig. Verstellen sich ungern. Sind nicht gerne allein (weil sie sich schnell einsam fühlen). Sind anpassungsfähig und flexibel. Ändern schnell mal ihre Meinung. Sind pragmatisch denkend, kalt und ernst. Träumer mit wenig Ambitionen. Lieben das Spiel, Feste und Partys. Sind leichtsinnig. Verlieben sich oft. Sind entspannt, freiheitsgetrieben und unkonventionell. Kennen sich besonders in einem Thema sehr gut aus. Sind aktiv und kreativ.

Blutgruppe O (30% der Japaner)

Sind kontaktfreudig und sozial. Denken wirtschaftlich. Streben nach finanzieller Unabhängigkeit und träumen vom schnellen Reichtum. Sind Realisten, energiegeladen, ambitioniert, zielstrebig, dramatisch und flexibel. Fangen leicht etwas Neues an (bleiben aber nicht immer bis zum Ende dran). Sind stark in schweren Zeiten. Sind Romantiker und lieben sehr intensiv. Sind eifersüchtig. Sagen, was sie denken. Mögen es, im Mittelpunkt zu stehen. Sind selbstbewusst (brauchen aber eine Weile, bis sie auftauen). Sind vorsichtig. Haben Führungsqualität. Kümmern sich nicht um Kleinigkeiten, sondern eher um das große Ganze.

Blutgruppe AB (weniger als 10%)

Verfolgen ihre Träume und Ideale. Handeln unüberlegt. Sind nicht getrieben von Gier und Erfolg (mit starkem Hang zum Perfektionismus). Sind spirituell. Neigen zu Unpünktlichkeit. Sind kreativ, chaotisch, unordentlich, ruhig und rational. Denken logisch. Sind sensibel und leicht verletzlich. Das Privatleben ist ihnen wichtig. Sie sind komplizierte Persönlichkeiten, mögen aber klare Verhältnisse und einfache Beziehungen. Sie mögen es nicht, wenn andere sich einmischen. Haben viele Hobbys. Wissen über viele verschiedene Dinge Bescheid. Lieben es, zu lesen und sind wissbegierig. Sie haben ungewöhnliche Ideen, sind kreativ und leben den Moment.

Haben Sie sich in Ihrer Gruppe wiedergefunden?

Am Ende möchte ich eine wichtige Anmerkung machen, die ich aus einer Fernsehsendung für Kinder habe. Es wird darauf hingewiesen, dass am Ende die Persönlichkeit einer Person nicht durch die Blutgruppe bestimmt werden kann und dass deswegen niemand ausgelacht werden sollte.

Ich als Steinbock bin ja eher skeptisch, was Horoskope und solch ein Blutgruppen-Hokuspokus angeht, aber ändere meine Meinung vielleicht morgen auch schon wieder – schließlich bin ich Blutgruppe B!

55. Grund

Weil Japaner zum Liebemachen ins Hotel gehen

Love Hotels werden Sie in Japan in jeder Stadt finden. Von außen sind sie schon leicht zu erkennen. Romantisch-kitschig, erinnern viele an Schlösser oder Burgen, wie man sie oft nur aus den Disney-Filmen kennt. Sie stechen heraus, fallen auf und tragen oft französische oder englische Namen.

Was sich anrüchig anhört, hat in Japan einen ganz praktischen Hintergrund, und wahrscheinlich beginne ich jetzt, mich zu wiederholen. Wohnraum ist knapp und oft sehr teuer. Junge Menschen leben da gerne bis zu ihrer Hochzeit bei den Eltern. Den Freund oder die Freundin mit nach Hause zu nehmen, bedeutet in dem Fall mit ins

Elternhaus. Die Wände sind oft dünn, nicht nur zum Schlafzimmer der Eltern, auch zu den Nachbarn.

Ein anderes Problem, vor allem in großen Städten, haben junge Leute, die zwar eine eigene Wohnung haben, nicht aber in unmittelbarer Nähe der beliebten Ausgehviertel leben, in denen sie sich gern zum Date treffen. Eine 50-minütige Bahnfahrt in einem überfüllten Zug in der Nacht hat da schon so manche romantische Schwingung im Keim erstickt.

Junge Paare, die sich ihrer Liebe hingeben möchten, gehen daher ganz selbstverständlich in ein Love Hotel. Hier kann man Zimmer stundenweise mieten oder für eine Nacht, ganz nach Wunsch. Verschiedene Themenzimmer bieten zudem Abwechslung, ob romantische Himmelbetten oder Spiegelzimmer, aber auch ein Zugabteil, ein Raumschiff oder ein Zimmer mit Handschellen und Ketten kann man in den Love Hotels finden. Viele sind mit besonders luxuriösen Badezimmern inklusive Whirlpools ausgestattet.

Ein paar Dinge findet man in jedem Love-Hotel-Zimmer: ein großes Doppelbett, Kondome, eine dimmbare Lichtanlage, die sich vom Bett aus bedienen lässt, eine Minibar mit Alkohol und Papiertaschentücher. Optional sind Pornofilme, Karaokeanlagen und Sexspielzeug.

Eine weitere Besonderheit von Love Hotels ist, dass hier oft kein Personal an der Rezeption sitzt, und wenn, dann hinter einer Scheibe, die einen Blick auf die Gäste versperrt. Anonymität der Gäste zu gewährleisten ist eines der Anliegen der Hotels. Dass Love Hotels aber auch oft zum Ort für sexuelle Übergriffe und Straftaten werden, zeigt sich an zahlreichen Fällen aus der Vergangenheit, die ich hier nicht verschweigen möchte.

Das Love Hotel ist für viele dennoch die einzige Möglichkeit, mit dem Partner ungestört intim werden zu können, und so gibt es in meinem Bekanntenkreis niemanden, der noch nie ein Love Hotel von innen gesehen hat, wobei öffentlich niemand darüber spricht. Dabei ist es gerade in ländlichen Gegenden, auf der spontanen Suche nach einem Hotel für die Nacht, die einzige Möglichkeit. Reservierungen sind nicht möglich. Unter dem Begriff »Rest« kann ein Zimmer für den Rest der Nacht gebucht werden, zu einem günstigeren Preis als in einem regulären Hotel. Auf Sauberkeit wird größter Wert gelegt, und wem der Gedanke nicht unerträglich ist, was in den Nachbarzimmern getrieben wird, der kann hier durchaus seinen erholsamen Schlaf finden, auch ganz allein. Sex ist hier nicht zwingend vorgeschrieben.

Ein befreundetes Ehepaar, welches zusammen mit den Eltern des Mannes und den zwei Kindern ein kleines Haus bewohnt, gestand mir einmal, dass sie sich ab und zu, wenn die Großeltern Zeit mit den Enkeln verbringen, für ein paar Stunden ein Zimmer in einem Love Hotel nehmen, um ungestört ein paar Stunden durchschlafen zu können. Ein ruhiger Rückzugsort mit einem bequemen Bett für die einen und eine durchdachte Lösung für die Probleme junger Verliebter, das sind Love Hotels.

56. Grund

Weil es hier Getränke- und Mangaflatrates gibt

Angefangen hatte alles damit, dass ein Café neben Getränken auch ein paar Mangahefte zum Ausleihen bereitgestellt hat. Die konnte man lesen, während man seinen Kaffee trank. Mit der Zeit wurde das Sortiment an Manga, dem japanischen Comicheft, erweitert. Das Praktische an einem Manga ist, dass man in gut 30 Minuten durch ist. Je mehr Manga gelesen werden, desto mehr Kaffee wird auch getrunken. Warum also nicht den Spieß umdrehen, Regale mit Manga füllen und Eintritt nehmen?

Die Rede ist von Mangacafés. Japanische Manga, Gratisgetränke, kleine Ruheräume mit Massagesesseln oder Liegen, Computer, Internet, Video und Fernseher, das alles bieten diese einzigartigen Cafés. Und noch ein bisschen mehr.

Für mich hört sich das traumhaft an. Sich mit einem Stapel Bücher in einen kleinen Raum verziehen und lesen.

Mangakissa, so die japanische Bezeichnung, haben rund um die Uhr geöffnet. Abgerechnet wird hier nicht nach Raum, sondern nach Zeit.

Während meines ersten Aufenthaltes in Tokyo im Jahr 2000, als es noch nicht üblich war, mit Laptops zu reisen, habe ich täglich fünf bis sechs Stunden im *Mangakissa* verbracht. Dabei habe ich die riesige Auswahl an japanischen Manga links liegen lassen, die ich ohnehin nicht lesen konnte. Ich nutzte das Café damals ausschließlich als Internetcafé, um zu schreiben. Nach wenigen Tagen fühlte ich mich schon richtig wie zu Hause und hatte mich einmal durch das gesamte Getränkesortiment in den bereitgestellten Automaten getrunken. Die sind in Mangacafés gratis.

Nach getaner Arbeit belohnte ich mich mit einer Rückenmassage im Raum 5 auf der 2. Etage. Man kannte nach kurzer Zeit sogar schon meinen Namen, wusste, dass ich aus Deutschland kam und kein Wort Japanisch sprach und jedes Mal Hilfe brauchte, um die japanische Computer-Tastatur auf Englisch umzustellen.

Meine Freunde waren später erstaunt, dass ich mir nicht ein volles Programm an Sehenswürdigkeiten in Japans Hauptstadt zusammengestellt hatte und stattdessen meine Tage in einem Mangakissa verbrachte. Aber mal ehrlich, was ist japanischer als Manga, Getränkeautomaten mit Maissuppe, Instantnudelsuppen bis zum Abwinken und enge Räume, in denen man sich zwar kaum bewegen, aber trotzdem wohlfühlen kann?

Auch viele Jahre später, als ich mittlerweile in Japan wohnte und oft zu Besuch nach Tokyo kam, führte mich mein Weg immer wieder in ein Mangacafé. Mit einer Körpergröße von 160 cm passte ich genau in so einen Ruheraum, der mit Fernseher, Computer und einer Matratze ausgestattet war: Ich bezog abends einen der beliebten Flatrooms in der Frauenabteilung, mit einem Stapel Manga, mein Japanisch war mittlerweile gut genug, um die lesen zu können. Ich schaute zum Einschlafen noch ein wenig Fernsehen und war erstaunlich erholt am nächsten Morgen. Eine Dusche gab es auch und Gratiskaffee bis zum Abwinken. Bevor ich mich wieder ins Getümmel der Großstadt stürzte, ließ ich mir noch schnell die Nägel machen, für Mitglieder ein kostenloser Service. Die Mangaflatrate mit Getränkeflatrate und Flatroom kostete mich am Ende gerade mal 1.800 Yen. Japan, ich liebe deine sinnvollen Einrichtungen.

57. Grund

Weil öffentlicher Transport pünktlich, schnell und sauber ist

In einem Land zu leben oder zu reisen, wo das mit den Zügen, Bussen und U-Bahnen richtig gut klappt, ist großartig. Wenn ich dann auch noch in Rekordgeschwindigkeit die 300 km von Fukushima nach Tokyo in unter 1,5 Stunden reisen kann (mit dem japanischen Schnellzug ist das gar kein Problem), dann jubelt die kleine Daniela in mir.

Morgens früh los, einen Tag in Tokyo und abends wieder zurück. Klar, hat das seinen Preis. Günstig ist die Fahrt mit dem Shinkansen nicht unbedingt. Aber so unglaublich komfortabel und durchdacht.

Der Shinkansen fährt auf einem eigenen Schienennetz, hält an eigenen Bahnhöfen, ist schnittig wie ein Flugzeug, und die kleinen Verspätungen von unter einer Minute sind der Bahnfahrerin aus Deutschland wirklich nicht der Rede wert. Nur im Notfall, also wenn die Erde mal wieder bebt, hält der Zug aus Sicherheitsgründen sofort an, und da sei dem Nichteinhalten des Fahrplans verziehen. Sicherheit geht schließlich vor.

Es gibt ja Menschen, die gerne in Fahrtrichtung fahren. Macht auch Sinn. Im Shinkansen kann man die Rückenlehnen einfach umklappen und so immer in Zielrichtung sitzen, oder wer zu viert unterwegs ist, sich die Sitze so einstellen, dass man sich gegenübersitzen kann. So eine einfache und geniale Idee.

Nach meiner ersten Fahrt mit dem Shinkansen war es gleich um mich geschehen. Ich war schwer verliebt: gutes Aussehen, gutes Essen, bequem zum Sitzen und zum Schlafen, sauber und immer da, wenn man ihn braucht. Etwa alle 10 Minuten fährt ein Zug von Tokyo nach Osaka. Wenn der am Ziel angekommen ist, dann unbedingt mal zuschauen, wie der Reinigungstrupp durch den Zug geht und in Rekordgeschwindigkeit den Müll beseitig, einmal über die Kopfstützen wischt und die Ablagen und Armlehnen reinigt. Das ist so beeindruckend.

Trotz meiner großen Liebe fahre ich allerdings meistens mit den Regionalzügen oder Überlandbussen durchs Land. Zeit ist eben Geld, und meistens hatte ich von erstem viel und von zweitem zu wenig. Pünktlich, sauber und bequem waren auch die. Wie die das mit der Pünktlichkeit immer hinbekommen haben, frage ich mich bis heute und noch mal mehr, seit ich wieder in Deutschland lebe.

Während meiner Zeit als Lehrerin unterrichtete ich im 10 km entfernten Nachbarort, und meistens fuhr ich mit der Bahn. Am Bahnhof hatte ich ein zweites Fahrrad fahrbereit, mit dem ich dann die 2,5 km zu meinem Arbeitsplatz kam. Nun kam es gelegentlich vor, dass ich auf der Rückfahrt die lange gerade Straße vor dem Bahnhof entlangradelte und mein Zug bereits einfuhr. Unmöglich, den zu bekommen, denn ich musste ja auch noch das Rad abstellen und abschließen. Der Bahnhofsvorsteher, dessen Kinder ich natürlich auch in meinen Klassen sitzen hatte, erkannte mich von Weitem, und was machte der dann? Der gab dem Zugführer ein Zeichen, noch kurz zu warten, um mir eine Wartezeit von 20 Minuten auf den nächsten Zug zu ersparen.

Beim ersten Mal hatte ich ein richtig schlechtes Gewissen. War ich jetzt für eine Zugverspätung in Japan verantwortlich? Was soll ich sagen: Trotz der verzögerten Abfahrt fuhren wir planmäßig in den nächsten Bahnhof ein. Ich jubelte innerlich und schaute dann verliebt dem Shinkansen in der Ferne hinterher, der durch die Reisfelder fuhr, und da wurde es mir wieder einmal bestätigt: Japan ist vielleicht nicht das beste Land der Welt, aber Züge sind pünktlich, schnell und sauber und unglaublich zuvorkommend ihren Gästen gegenüber.

58. Grund

Weil einfach alles so schrecklich niedlich ist

Das Lieblingswort der Japaner, da muss ich gar nicht lange überlegen: *Kawaii!!!* Wer durch Japan reist, ohne einmal den Ausruf »Kawaii!« gehört zu haben, der war im falschen Land unterwegs. Das geht gar nicht. Richtig verwirrend wird es dann, wenn Sie merken, dass die Japaner Sie meinen.

Ich selbst habe nun wirklich nichts »Niedliches« oder »Süßes« an mir, denn das ist mit »kawaii« gemeint. Die Bedeutung geht aber noch ein Stück weiter und trifft das, was junge Japanerinnen dazu veranlasst, kichernd vor mir stehend ihr »kawaii« mit hoher Stimme von sich zu geben: Kawaii ist auch charmant, wünschenswert, irgendwie cool und unschuldig (wenn die nur wüssten). Mit meinem kleinen ausländischen Gesicht kann ich also gar nicht anders, als »kawaii« zu sein. Und wenn ich dann noch einen Kimono trage und dabei lustig in die Kamera gucke, sind die niedlichkeitsvernarrten Japanerinnen komplett aus dem Häuschen.

In Japan ist aber auch wirklich alles so schrecklich niedlich, dass ich mich nur schlecht entscheiden kann zwischen »Ernsthaft jetzt? Straßenabsperrung aus rosa Häschen?«, »Warum ist denn jetzt *Hello Kitty* auf meiner japanischen Bankkarte gedruckt?« , »Ach Gott, ist das süß!!! Das fröhliche Lachsgesicht *Kirimichan*! KAWAII!!!«

Mädchen tragen Rüschen, sprechen mit hoher Stimme, kichern verschüchtert hinter ihrer Hand und setzten wie auf Knopfdruck bei jedem Foto ihr »Kawaii-Gesicht« auf. Das haben die bestimmt stundenlang vor dem Spiegel geübt. Diese hilflose Art, kommt die wirklich so gut bei Männern an? »Ja, das finden japanische Männer sexy!«, behauptet mein Mann. »Echt? Du auch?« – »Nee. Mir geht das auf die Nerven. Wären wir sonst zusammen???« Ich nehme es mal als Kompliment so hin.

Später lernte ich noch Japanerinnen kennen, die selbstbewusst und emanzipiert einen riesigen Teddybären an ihrem Smartphone hängen hatten. Immerhin redeten die mit ganz normaler Stimme.

Ich lernte aber weitere Männer kennen, die *kawaii* eher anstrengend fanden und es nicht ertragen konnten, in einer Wohnung zu leben, die aussah wie ein Kinderzimmer. Aber Menschen und Geschmäcker sind nun mal verschieden. So findet jedes Deckelchen am Ende sein Töpfchen, mit rosa Kätzchen bedruckt oder eben nicht.

Mittlerweile hat Japan sich auch im Ausland den »Alles-so-schön-niedlich-Titel« geholt, und der Gegensatz zum schlichten Design, der ebenfalls für Japan steht, könnte nicht größer sein. Doch beides schafft es am Ende irgendwie, nebeneinander zu existieren.

Die kindlich verspielte Seite steckt dann doch in jedem und ist eine angenehme Abwechslung zum manchmal etwas steifen Japan mit Anzugträgern, unterdrückten Gefühlen in der Öffentlichkeit und dem Vermeiden von direkter Kritik. Da kann so ein »KAWAII!« richtig befreiend sein.

59. Grund

Weil Japaner so rücksichtsvoll sind und sich hinter einer Maske verstecken

Ein wenig wundere ich mich schon, als ich die vielen Menschen auf den Straßen und in den Bahnen sehe, die ihr Gesicht hinter einem Mundschutz verstecken, den ich nur von Ärzten, Kranken- und Pflegepersonal und vielleicht noch von meiner Kosmetikerin kenne. Aber auf der Straße habe ich das bisher noch nie gesehen. »Ist gerade eine Epidemie ausgebrochen, von der ich noch nichts weiß, oder ist vielleicht »Tag des Arztes«? (Bei den vielen japanischen Feiertagen kann das durchaus sein.)

Der Mund- und Nasenschutz wird auf Japanisch ganz einfach *Masuku* genannt (aus dem Englischen für »Mask«). Beim ersten Anzeichen einer Erkältung wird die über das Gesicht gezogen. Rücksichtnahme, um die eigenen Krankheitserreger nicht weiter in die Welt zu verbreiten und andere damit nicht anzustecken, ist aber nur einer von vielen Gründen, einen Mundschutz zu tragen.

Die Vorsichtigen tragen ihn, um sich vor den Viren, Bakterien und Krankheitserregern zu schützen, z.B. in vollen Bahnen, wenn man eng an eng steht. Es gibt speziell eingebaute Fotokatalysatoren und Aktivfilter, um wirklich jeden Erreger zu neutralisieren.

Gerade im Frühling, wenn der Pollenflug Hochsaison hat, tragen viele Allergiker einen Mundschutz.

Im Winter hilft so eine Maske vor dem Gesicht gegen die klirrende Kälte und die trockene Luft. Der eigene Atem wärmt so ein wenig das Gesicht und verhindert, dass ständig die kalte Luft eingeatmet werden muss. Auf der Packung finde ich noch einen Hinweis auf UV-Strahlung, vor der man sich schützen kann.

Einen ganz praktischen Grund für das Tragen vom Mundschutz erklärt mir später eine Freundin, deren Gesicht ich nur selten in voller Schönheit zu Gesicht bekam: Wer einen unschönen Pickel hat, Herpes an der Lippe oder unter Akne leidet, der kann sein Hautproblem im Gesicht ganz hervorragend verstecken. Einfach den Mundschutz aufgesetzt und keiner siehts. »Praktisch bei einem Date, wenn ja grundsätzlich ein dicker Eiterpickel im Gesicht seinen Höhepunkt erreicht!«, denke ich sofort. Und das zeitaufwendige Schminken kann ich mir dann auch gleich sparen, mich lediglich auf die Augen konzentrieren. Das machen tatsächlich einige Frauen, die mal keine Lust auf Make-up haben, oder Männer, die es zeitlich nicht schaffen, ihren Haarwuchs im Gesicht wegzurasieren.

Praktisch wäre so ein Mundschutz aber auch nach einem Abendessen beim Griechen mit zu viel Knoblauch oder bei Mundgeruch im Allgemeinen, nicht wahr?

Wer in Japan nicht erkannt werden will, trägt einfach einen Mundschutz. Den Stars und Sternchen kommt das sicher sehr entgegen, können sie so unerkannt zum Supermarkt um die Ecke.

Oft wird behauptet, Japaner zeigen nur selten ihre Gefühle, lassen sich die nicht gerne anmerken und verstecken sie hinter einer Maske. Erst in Japan habe ich das richtig verstanden, wenn ich mit jemandem sprach und die Gefühle des Gegenübers allein an den Augen ablesen sollte.

Am Ende erklären mir meine Schülerinnen, alle im Teenageralter, warum sie eigentlich einen Mundschutz tragen: weil sie damit süß aussehen! Das wird allgemein angenommen. Und um noch ein wenig süßer auszusehen, gibt es nicht nur die einfachen weißen aus Stoff oder Papier, sondern auch farbigen Mundschutz, mit Tiermotiven, Hello Kitty, Herzchen, Blumen oder niedlichen Motiven bedruckt, die ein echter Hingucker sind.

So kommt es, dass Japan schätzungsweise 3 Milliarden Masken pro Jahr verbraucht.

Wenn Japaner erkältet sind, ist das noch lange kein Grund, nicht zur Arbeit gehen zu können. Dann ist eine Maske allerdings Pflicht.

Deshalb trug auch ich von Zeit zu Zeit Nase und Mund bedeckt, gleichzeitig beschlug beim Sprechen immer meine Brille, und das, obwohl ich einen Mundschutz speziell für Brillenträger verwendete (Lag es vielleicht an meiner spitzen Ausländernase?). Auch wenn es meinen Schülern in dieser Zeit schwergefallen sein muss, mein Englisch deutlich zu verstehen, so versicherten mir alle, ich sehe unheimlich süß damit aus. Und das ist am Ende dann doch die Hauptsache, oder nicht?

6. Kapitel

Alltäglicher Wahnsinn

Leben in Japan

Japanisches Zimmer

60. Grund

Weil das Leben in Japan zum Erleben wird

Eine Reise durch Japan ist immer auch eine Reise in eine fremde Welt, die in Erstaunen versetzt und fasziniert, manchmal fassungslos macht, oft überwältigt und vielleicht auch überfordert.

Jeder, den ich bisher getroffen habe, erzählt mir von seiner Reise, mit Begeisterung meistens, selten mit Enttäuschung. Und immer höre ich dann von dem EINEN Erlebnis, das es wert war, weitererzählt zu werden: der erste Abend, orientierungslos durch Tokyo laufend und neugierig alles Neue aufsaugend. Spannende Entdeckungen an jeder Ecke. Der nächtliche Aufstieg auf den Fuji, um dann einen unfassbaren Sonnenaufgang zu erleben. Ein kleiner unspektakulärer Restaurantbesuch, als plötzlich die Erde zu beben begann und sich die gelassenen Japaner ganz sorgsam um das Wohl ihrer ausländischen Gäste kümmerten. Die Begegnung mit einem Mann, der ganz kostenlos eine kleine Tempelführung in Kyoto anbot, nur um ein wenig Englisch sprechen zu dürfen. Die Liste könnte ich seitenweise mit tollen Schilderungen fortsetzen.

Ich liebe diese Geschichten, weil sie mich ein wenig stolz auf meine Wahlheimat machen, mir aber auch den Blick auf das etwas kuriose verschrobene Japan wieder schärfen, das ich mit den Jahren dort verloren habe. Irgendwann hörte ich einfach nicht mehr, dass alle um mich herum ihre Nudelsuppe laut schlürften. Sah nicht mehr, dass alle brav in einer Reihe standen, um in den Zug einzusteigen. Irgendwann nahm ich alles als völlig selbstverständlich hin. Wo sonst sollte man auch warten, wenn nicht in einer Reihe vor der Markierung der zu erwartenden Zugtür. Und selbst wenn die Erde wackelte, stellte sich eine gewisse Gelassenheit ein, ich wartete erst mal ab, ob es abschwächte oder anhielt, bevor ich unter den Tisch kroch.

In Japan lebend, verschieben sich die Sichtweisen auf viele Dinge, Gewohnheit schleicht sich ein, und ich kann an mir selbst beobachten, wie ich mehr und mehr japanisch werde, japanische Denkmuster übernehme, Verhaltensweisen adaptiere, mich anpasse und irgendwann vergesse, dass ich mit einem ausländischen Gesicht durch die Gegend laufe. Doch es gibt sie trotzdem jeden Tag, die kleinen Erlebnisse des Alltags. Die Momente, in denen mir wieder bewusst wird: In Japan zu leben ist ein Geschenk.

Wenn ich morgens auf den Zug wartend schnell noch eine Flasche warmen grünen Tee (ungezuckert) am Automaten kaufen kann, um mir die Hände daran aufzuwärmen.

Wenn mich eine Verkäuferin freundlich anlächelt und mein Japanisch lobt. Ich natürlich abwehrend behaupte, dass es noch lange nicht gut genug sei, insgeheim aber weiß, dass ich recht habe und mich trotzdem über das lieb gemeinte Kompliment freue.

Wenn ich in einem Klub tanzen gehe und ich irgendwann feststelle, dass die mich in meinem individuellen Tanzstil alle kopieren. Finden die mich nun cool oder machen die sich lustig? Ganz egal. Es fühlt sich manchmal gut an, individuell zu sein und aus der Masse herauszustechen.

Der Morgen, wenn die Sonne so unfassbar schön über den mit Schnee bedeckten Bergen aufgeht.

Erdbeeren im Sonderangebot oder die leckeren japanischen Trauben, die so süß und saftig sind, dass mir allein bei der Erinnerung daran das Wasser aus den Mundwinkeln zu tropfen beginnt.

Kinder auf dem Weg zur Schule, die mir kichernd zuwinken und ein »Hello!« zurufen.

Ein kalter Wintertag, an dem ich morgens bei Minusgraden unter meinen fünf Decken warte, bis der Timer unseres Ofens anspringt, damit ich aufstehen kann.

Selbst die heiße Regenzeit im Juni wird zu einem Erlebnis, wenn ich mit dem Fahrrad auf dem Gehweg durch den Regen fahre, einen Schirm in der Hand, wie alle.

Ich beobachte Menschen beim Telefonieren, die sich am Ende verbeugen, obwohl es der Gesprächspartner doch gar nicht sehen kann, und ich weiß, dass sich am anderen Ende der Leitung auch gerade jemand verbeugt.

Und wenn ich mich dann zum ersten Mal selbst bei einem Telefonat beim Herabsenken meines Oberkörpers erwische, frage ich mich:

Ist es jetzt so weit? Bin ich jetzt endgültig Japanerin geworden? Oder einfach nur jemand, der unglaubliches Glück hat, all diese kleinen Dinge des Alltags erleben zu dürfen, und einfach mal mitmacht, damit sich vielleicht ein anderer Ausländer, der gerade durchs Land reist, wundert. Vielleicht erzählt er dann zu Hause die Geschichte von der merkwürdigen Ausländerin, die ihm auf seiner Reise durch Japan begegnet ist.

61. Grund

Weil in Japan Putzen viel schneller geht

Eines der japanischen Vorurteile über Deutsche ist, dass wir echte Meister im Putzen sind. Besonders auf meine (nicht vorhandene) Technik, die Küche sauber zu halten, bin ich so oft angesprochen worden. Am Ende war ich so weit, Workshops zu dem Thema anzubieten, verlor aber relativ schnell die Lust daran, denn man sollte schließlich mit etwas Geld verdienen, was man liebt, und Putzen gehört bei mir nicht unbedingt dazu. Ein Grund mehr, Japan und den japanischen Haushalt zu lieben.

Schnell fand ich heraus, dass ich unseren 12 Tatamimatten »großen« Wohnraum (das sind 19,68 m^2 Wohn- und Schlafzimmer), dazu das Badezimmer, das WC und unsere kleine Küche innerhalb von 30 Minuten putzen und entstauben konnte.

Da Schuhe am Eingang abgestellt werden und man japanische Wohnungen niemals, wirklich NIEMALS, mit Schuhen betritt, erspart man sich den Dreck von draußen in der Wohnung automatisch.

Die *Schuhe-aus-Regel* sollte wirklich jeder Japanbesucher kennen. Ich halte sie für die allerwichtigste, die noch dazu Sinn macht. Nicht schlecht staunte ich, als ich bemerkte, dass selbst Handwerker und Umzugsunternehmen jedes Mal beim Betreten die Schuhe ausziehen. Selbst bemerkte ich schon nach wenigen Monaten bei einem Aufenthalt in Deutschland, wie sich ein ungutes Gefühl bei mir breitmachte, als ich meine Schuhe anbehalten und damit über Teppiche laufen sollte. Ein Gefühl gleich dem, über ein bepflanztes Grab zu trampeln (nicht dass ich das schon mal getan hätte).

Unser japanisches Zimmer hatte, bis auf einen Fernseher, eine kleine Bücherkiste, auf der Blumen standen, einen Kameraschrank, einen niedrigen Tisch auf der Erde und vier Kissen drum herum zum Sitzen, keine weitere Dekoration. Nägel für Bilder durften wir nicht in die Wände schlagen. Daher blieben sie kahl. All unsere persönlichen Dinge sowie unsere Futons und die Decken waren gut verstaut in riesigen Wandschränken, die alleine noch mal zusätzlich eine Fläche von 6,5 m^2 einnahmen (die nicht in die Berechnung der japanischen Wohnraumgröße mit einfließen). Sollte es einmal zu einem schweren Erdbeben kommen, konnte uns eigentlich nur die Hängelampe auf den Kopf fallen oder das Haus im Ganzen über uns zusammenstürzen.

Ein so minimalistisch eingerichteter Raum mag auf den ersten Blick vielleicht langweilig erscheinen, auf mich hatte es eine beruhigende, ja geradezu erfrischende Wirkung. Und ohne Staubfänger und lästige Möbelstücke war das Durchsaugen eine Sache von Minuten. Bei Sonnenschein kamen die Futons und Bettdecken zum Lüften nach draußen über die Stange vor dem Fenster, einmal in der Woche klopfte ich die Kissen aus, und einmal im Monat ging ich mit einem leicht befeuchteten Handtuch über die Reisstrohmatten auf der Erde.

Bei der Reinigung der Küche sah die Sache etwas anders aus, schließlich hatte ich einen Ruf zu verlieren. Durch das tägliche Kochen legte sich schnell ein leichter Fettfilm auf alles rund um den kleinen Gasherd. Eine Spülmaschine besaßen wir nicht. Wie die meisten Japaner reinigten wir unser Geschirr und die Essstäbchen von Hand. Wichtig war meinem Mann und seiner Familie, dass ich den Schaum immer mit klarem Wasser abspülte. Hab ich das früher anders gemacht? Ich kann mich nicht mehr daran erinnern. Aber ich erinnere mich dunkel, dass meine Mutter den Schaum erst beim Abtrocknen beseitigt. Anschließend wischte ich jeden Abend mit einem feuchten Lappen und etwas Spülmittel unsere 3 m^2 Holzboden, damit uns die Essensreste nicht an den Socken kleben geblieben. Der Herd und alles drum herum war schnell gereinigt, und die Schneidebretter wurden auch noch kurz desinfiziert.

Die Toilettenreinigung war eine Sache von fünf Minuten, und das, obwohl wir nicht mit einer selbstreinigenden Hightechtoilette ausgestattet waren. Von einer Toilette, wie wir sie gewohnt sind, kann man eigentlich nicht sprechen. Unsere Wohnung hatte sich etwas für die faule Hausfrau ausgedacht, eine Hocktoilette, erhöht in eine geflieste Stufe eingelassen, mit einem Spritzschutz. Ungewöhnlich in einer Privatwohnung, fanden auch viele Japaner. Wir lebten in einem japanischen Altbau (30 Jahre). Das Entfernen von Bakterien und Pipispritzern war damit allerdings ein Kinderspiel – sorry, dass ich hier so ins Detail gehe, aber ich möchte Ihnen ein möglichst authentisches Bild von meinem Putzalltag vermitteln.

Bleibt nur noch die Nasszelle. Die nahm ich mir morgens schnell vor, reinigte die täglich benutzte Badewanne und den Rest des Bades, der wie eine Großraumdusche daherkam und mit einem Wischer schnell von jeglichen Tropfen befreit werden konnte.

Keine halbe Stunde später saß ich schon mit einem Kaffee auf dem Kissen und freute mich, schon so früh am Morgen so viel geschafft zu haben.

62. Grund

Weil Putzen Erziehungssache und Körperertüchtigung ist

Die wenigen Putzaufgaben einer Putzhilfe zu übertragen ist in Japan eigentlich unnötig. Einer fremden Person Zugang zum privaten Bereich zu gewähren, um den selbst verursachten Schmutz zu entfernen, ist selbst für rund um die Uhr arbeitende Japanerinnen und Japaner keine Alternative.

Sogar in Schulen putzen die Kinder gemeinsam mit den Lehrern. Das Aufräumen und Putzen seiner eigenen Umgebung ist Teil der Erziehung. Warum sollten fünf Putzkräfte eine ganze Schule reinigen, wenn doch 500 Schüler die Arbeit in einer halben Stunde erledigen können.

Ich mag den Gedanken und habe auch nie ein Stöhnen oder ein Wort der Beschwerde von den Kindern gehört. Warum auch? Das tägliche Säubern des eigenen Klassenraumes, der Gänge und Toiletten gehört zum Alltag, genau wie die Tatsache, seine Schuhe im Eingangsbereich auszuziehen.

Vielleicht, weil es alle von mir als Deutsche erwarteten, entwickelte ich eine kleine Obsession fürs tägliche Putzen und Aufräumen, meine Mutter hätte mich damals nicht wiedererkannt. Dabei entdeckte ich Ratgeber, die jedes Hausfrauenherz höherschlagen ließen. Tipps, Tricks und Putzkniffe mit Titeln wie: *Der deutsche Weg zur sauberen Küche* füllen die Regale der japanischen Buchhandlungen. Schnell hatte ich mein Lieblingsbuch zu diesem Thema gefunden: *Dein tägliches Workout beim Putzen.*

Im Grunde ist es ganz einfach, und auch Sie können es beim nächsten Wohnungsputz mal probieren: Immer schön mit beiden Händen und Armen gleichzeitig arbeiten, dabei wahlweise die Bauchmuskeln oder Gesäßmuskeln anspannen, mit dem eigenen Körpergewicht arbeiten und auf eine gute Körperspannung achten. Auch bekannte Yogastellungen, wie der herabschauende Hund, lassen sich mit nassen Wischmopps in den Händen leicht in die Bodenreinigung integrieren. Wenn Sie die Zeit, die Sie für Fitnessstudio und Sportkurse benötigen, nun abrechnen, dann werden Sie sogar feststellen, dass man auf japanischem Weg beim Putzen sogar noch Zeit geschenkt bekommt. Klasse, oder?

63. Grund

Weil die Schule die Erziehung und Verantwortung übernimmt

Im Lehrerzimmer der Junior Highschool klingelt das Telefon, und schon während des Telefonates spürt man, dass etwas passiert sein muss. Die Blicke aller im Raum anwesenden Lehrer sind auf den stellvertretenden Direktor gerichtet, der sich mit dem Hörer in der Hand ständig entschuldigend verbeugt. Ein Name fällt, und sofort eilt der Klassenlehrer des genannten Schülers zum Telefon. Nachdem das Gespräch beendet ist, reden alle durcheinander. Die Polizei hat einen Schüler unserer Schule dabei erwischt, wie er ein Fahrrad am Bahnhof klauen wollte. Nun sitzt der 14-Jährige auf der Polizeistation. Mit seiner Schuluniform ist klar, wohin er gehört und wer jetzt mit zur Verantwortung gezogen wird. Während der stellvertretende Direktor die Eltern informiert, wirft sich der Klassenlehrer schon seine Jacke über und macht sich auf den Weg zur Polizeistation.

»Erziehung ist nicht allein Sache der Eltern, sondern auch der Lehrer. Bei Fehltritten ihrer Schüler werden sie daher auch mit in die Verantwortung genommen. In aller Förmlichkeit und mit tiefen Verbeugungen gegenüber den Polizisten müssen sich stellvertretender Direktor und Klassenlehrer für die Verfehlung ihres Schülers entschuldigen«, so klärt mich meine Kollegin auf.

Wenig später taucht der Junge zusammen mit seinem Lehrer im Klassenzimmer auf. Vor versammeltem Lehrerkollegium wird er mit lauter Stimme zurechtgewiesen. Ihm wird allerdings nicht vorgeworfen, was er falsch gemacht hat, sondern, dass er mit seinem Verhalten gegen die Regel des gesellschaftlichen Zusammenlebens verstoßen hat und damit aus der Rolle fällt, gleichzeitig seine Schule und damit alle Schüler in Verruf gebracht hat. Mit tut der Kleine schrecklich leid. In seiner Haut möchte ich nicht stecken.

Im Anschluss wird er vom Klassenlehrer vor die versammelte Lehrerschaft geschoben, alle Lehrer stehen plötzlich auf und blicken den Jungen mit ernstem Gesichtsausdruck an. Ich würde am liebsten den Raum verlassen, so unangenehm ist mir die ganze Situation.

Nun erklärt der Junge mit leiser Stimme, was er getan hat, und wird gleich aufgefordert, laut und klar zu wiederholen. Es fällt ihm sichtlich schwer, und er kämpft mit den Tränen. Er entschuldigt sich für sein schlechtes Verhalten bei allen mit lauter Stimme und verbeugt sich tief. Das Gleiche muss er noch zwei Mal wiederholen, beim stellvertretenden Direktor und beim Direktor selbst. Wahrscheinlich auch noch mal zu Hause und beim Besitzer des Fahrrads, geht es mir durch den Kopf.

Am darauffolgenden Tag erscheint er noch einmal mit seinen Eltern. Nun wiederholt sich das Ganze vom Vortag, nur dass die Eltern sich nun für den Diebstahlversuch des Sohnes und die nachfolgenden Unannehmlichkeiten bei den Lehrern entschuldigen.

Gibt es eine schlimmere Strafe für einen 13-Jährigen? Zu sehen, wie andere für seine Taten zur Verantwortung gezogen werden und sich entschuldigen müssen? Ich bin mir ziemlich sicher, dass er nie wieder etwas stehlen wird, bei dieser pädagogischen Maßnahme, hoffe gleichzeitig aber auch, dass er keinen psychischen Knacks bekommt. Ob er am Ende sein Verhalten wirklich bereut, kann ich allerdings bis heute nicht genau ausmachen. Sein Gesicht hat es mir nicht verraten.

64. Grund

Weil man auf Fotos aus Automaten immer wunderschön aussieht

Wer sich, wie ich, für nicht sonderlich fotogen hält, der muss Japan allein schon für seine Fotoautomaten lieben. Mittlerweile habe ich ein ganzes Büchlein voller Aufkleber von mir mit Freunden, Kollegen, Ehemann und Familie.

Das Wort *Purikura* kommt aus dem Englischen und setzt sich aus Print (auf Japanisch *Purinto*) und Klub (auf Japanisch *Kurabu*) zusammen. Mit einem herkömmlichen Fotoautomaten, wie er bei uns an Bahnhöfen oder Behörden steht, haben die japanischen Automaten allerdings nicht viel gemeinsam. Purikura macht man zu zweit oder in der Gruppe. Allein macht es nur halb so viel Spaß.

Die Automaten befinden sich in Gamecentern und großen Kaufhäusern und sind seit der Einführung 1995 besonders bei jungen Mädchen liebste Freizeitbeschäftigung. In den angesagtesten Purikura-Hallen gibt es Schminkzimmer mit vielen Spiegeln und Bereiche, in denen nur Frauen zugelassen sind. Selbst in Kostüme kann man hier schlüpfen.

Mein erstes Mal war unbeschreiblich. Der klassische Sonnenaufgang auf dem Fuji ist spektakulär, ohne Frage, aber Purikura ist Japankultur in seiner modernsten Form. Eine ganz neue Welt hat sich mir da eröffnet. Meine sonst so schüchternen Schülerinnen, die mich mitschleppten, waren wie ausgewechselt. Total aufgedreht, selbstbewusst, und selbst beim Englischsprechen wurden sie hemmungslos. An diesem Nachmittag zeigten wir uns in einem geschützten Raum, wie wir waren oder besser, wie wir gerne wären. Und das alles wegen ein paar Sticker mit unseren Gesichtern drauf.

Purikura werden als Aufkleber gedruckt, aber das Ergebnis am Ende ist nicht alles. Das ganze Drumherum, mit Freunden albern sein, lachen und selbst die nervtötende Musik, macht es zu einem echten Erlebnis. Die Wahl des passenden Automaten hätte mich allein schon völlig überfordert. Aber ich bin mit echten Profis unterwegs. Jede Maschine ist ein wenig anders, aber eines können sie alle: uns ganz besonders süß aussehen lassen. Die Augen erscheinen auf den Stickern am Ende immer ein wenig größer und strahlender, die Beine länger und dünner, die Haut glatter und weißer und das Haar glänzend.

Purikura-Automaten bestehen aus zwei Zellen, dem Aufnahmestudio, mit einer Bank und viel Platz für rund zehn Menschen. Die Zeit für süße Posen, verführerische Blicke oder Grimassen ist auf drei bis fünf Minuten beschränkt. Viele Automaten geben Anregungen für die nächste Pose, mein eingespieltes Team braucht die allerdings nicht. In perfektem Englisch heißt es »Peace«, »Kiss«, »Love« oder »Cool«, alles Codes für Posen, die alle verstehen, nur die Englischlehrerin hat jetzt plötzlich keine Ahnung und macht meistens ein blödes Gesicht.

Anschließend geht es ganz schnell in die Zelle nebenan zur Bearbeitung. Ab jetzt läuft die Zeit. Hier beginnt der stressige Teil für den Anfänger mit nur wenig Japanischkenntnissen. In sehr kurzer Zeit werden die Fotos beschriftet, ein Rahmen gewählt, Hintergrundmuster und -farben, Herzchen, Blumen und Effekte platziert und ein paar passende Filter eingebaut. Die Zeit geht irre schnell um, während ein nerviger Song im Hintergrund den Stresspegel in die Höhe treibt.

Am Ende wird noch das Layout der Fotos gewählt und abgestimmt auf die Anzahl der beteiligten Personen. Mittlerweile ist es sogar möglich, seine E-Mail-Adresse anzugeben, um das Ergebnis auch in Digitalform zu bekommen. Während alle ungeduldig auf den Druck warten, sinkt der Adrenalinspiegel auch wieder auf ein normales Level.

Die Spannung steigt, und dann ist es endlich so weit: ein Fotobogen voller kleiner Bilder, oft nur eine Daumenkuppe groß. Der unspektakulärste, aber wichtigste und sehr heikle Teil beim Purikura folgt am Schluss: die Aufteilung der Fotos. Bei so viel Hightech und Style bin ich fast ein wenig enttäuscht, als die Bögen mit einer herkömmlichen Schere zerschnitten werden.

Was das Besondere an den Stickern ist, für die Jugendliche, vor allem Mädchen, ihr gesamtes Taschengeld ausgeben? Sich für einen kurzen Moment wie ein Star fühlen, gut aussehen und Spaß haben. Purikura sind kleine Freundschaftsbeweise und Dokumente einer Zeit. Stundenlang können die Mädchen in ihren Alben blättern, wo Purikura gerne gesammelt werden, und sie erinnern sich so an ganz besondere Momente in ihrem Leben: lustige, spannende, traurige Zeiten, aufregende Momente oder an einen Nachmittag mit der Englischlehrerin aus Deutschland. Doch egal, wie wir uns damals fühlten, wir sahen immer wunderschön dabei aus.

65. Grund

Weil Singen Freizeitbeschäftigung ist

Bevor ich nach Japan kam, hatte ich ein kleines Karaoke-Trauma. Vor fremden Leuten in einem Klub auf die Bühne gehen, um mich vor allen zum Deppen zu machen, gehört einfach nicht zu meinen liebsten Freizeitbeschäftigungen, und allein beim Gedanken daran bilden sich schon die ersten Schweißperlen auf meiner Stirn.

Beim Karaoke gibt es eine Auswahl an Songs, die ohne Gesang abgespielt werden. Das bleibt Aufgabe der Teilnehmer, und darin besteht die Herausforderung (einige nennen es Spaß).

Dass Karaoke aus Japan kommt, wusste ich damals schon. Auch dass *Kara* »leer« bedeutet und *oke* vom Wort »Orchestra« stammt.

Den Stellenwert von Karaoke in Japan lernte ich aber erst dort kennen, wo er mir einen ganz besonderen Teil der japanischen Kultur offenbarte: Singen als Spiel, Singen als Freizeitbeschäftigung, Singen, um aus sich herauszugehen, alles hinter sich zu lassen und einfach Spaß zu haben.

Singen macht definitiv glücklich und befreit. In Japan zählt da weniger die Qualität meiner Stimme oder das Treffen des richtigen Tons, hier werde ich bejubelt und beklatscht, einfach nur, weil ich den Mut habe, *»Moskau Moskau, wirf die Gläser an die Wand, Russland ist ein schönes Land. Ho ho ho ho ho hey!«* ins Mikrofon zu schmettern. Die Auswahl an deutschen Songs in Japan hält sich in Grenzen. Neben Nenas *99 Luftballons* gibt es noch Rammstein und eben den bekannten Dschingis-Khan-Schlager. Der Text läuft allerdings nicht nur auf Deutsch über den Monitor, sondern immer auch auf Japanisch (mit Katakana), damit auch Japaner sich darin versuchen können und es nicht an der Aussprache hapert, auch wenn die bisweilen etwas merkwürdig klingt. So verhält es sich übrigens auch bei der großen Auswahl an englischsprachigen Songs.

Verbreitet ist in Japan weniger das öffentliche Singen, wie wir es kennen. Japaner mieten sich kleine schallisolierte Räume, ausgestattet mit Sitzgelegenheiten, einem großen Monitor, Touchpanel für die Auswahl der Songs und ein bis zwei Mikrofonen. Zusätzlich werden auch begleitende Instrumente wie Tamburine oder Rasseln angeboten, um den Singenden im Rhythmus zu unterstützen. Über ein Telefon können Getränke und kleine Snacks geordert werden, oft im Preis inbegriffen, aber da gibt es verschiedene Modelle.

Bei einem Karaoke-Abend mit Freunden wird immer reichlich getrunken, nicht um Hemmungen zu verlieren (oder doch?), sondern, weil abends mit Freunden in der Regel Alkohol getrunken wird.

Dabei geht es auch anders. Einmal die Woche traf ich mich morgens mit meinen philippinischen Freundinnen zum Singen. Um 11 Uhr war es besonders günstig, Alkohol gab es nicht, dafür zwei Stunden Musik, Tanz, Gesang und jede Menge Spaß.

Wir sangen ausnahmslos japanische Lieder, denn wir kamen her, um Japanisch zu lernen. Ein tolles Kanji-Training, wenn man den japanischen Text mitsingen muss, aber eigentlich sangen wir jede Woche dieselben Lieder. Die Nummern hatten wir vorsorglich schon vorbereitet, damit die Eingabe am japanischen Touchpanel problemlos und schnell ging und wir keine wertvolle Zeit verloren. Wir lernten so aber nicht nur Japanisch, sondern trainierten auch für die »großen Auftritte« mit unseren japanischen Freunden, Ehemännern und Kollegen am Abend. Karaoke ist Übungssache. Das wurde mir schnell klar.

Beim ersten Mal mit meinen japanischen Freunden beim Karaoke war ich begeistert, wie gut jeder singen konnte und wie viel Punkte meine Freunde erreichten. Ja, Punkte. Karaoke ist ein Spiel, bei dem der Singende am Ende einer Performance vom System eine Bewertung erhält. Am Ende des Abends gewann der mit den meisten Punkten. Allerdings wurde dem Ergebnis nie besonders viel Aufmerksamkeit geschenkt.

Warum nur sind Japaner alles so gute Sänger? Sie haben das jahrelang geübt. Immer die gleichen Songs einstudiert, mit dem besten Freund nach der Schule am Nachmittag oder am Wochenende sind sie zum Karaoke gegangen, so wie andere zum Sport oder Musikunterricht gehen. Viele Japaner haben so ihr eigenes Repertoire, in dem sie sich sicher fühlen. Die spontane Songauswahl aktueller ungeübter Titel gibt es aber trotzdem reichlich, gehen auch mal in die Hose, wird weitergeskippt, weil »unsingbar« oder einfach zu schwer.

Und dann holte mich mein Trauma doch eines Tages in Japan ein, als ich mit Kollegen am Ende eines langen Abends in einer kleinen Kneipe landete. Auch hier gab es Karaoke, wenn auch ohne Bühne. An der Theke saß ein etwa 80-jähriger Mann mit dem Mikrofon in der Hand und sang Enka-Lieder, alte volkstümliche japanische Schlager. Irgendwann kam er zu mir, drückte mir das Mikro in die Hand und rief schon reichlich alkoholisiert: »Die Ausländerin soll jetzt aber auch mal singen!« Hier gab es leider keine Hightech-Anlage mit einer großen Auswahl oder einem deutschen Lied. Dann fand ich einen Song, der eigentlich immer funktioniert. Zunächst sang ich noch etwas schüchtern ganz alleine, während alle Blicke auf mich gerichtet waren, aber spätestens bei Refrain grölten alle zusammen mit mir den großen

Queen-Hit *We are the Champions*. Und genau das bedeutet Karaoke am Ende: mutig sein, einfach singen, egal was die Menschen von dir denken, andere unterhalten, mitreißen und sich am Ende fühlen wie ein großer Champion.

66. Grund

Weil ohne 24-Stunden-Supermarkt etwas im Leben fehlt

Würde dieses Buch den Titel *11 Gründe, Japan zu lieben* tragen, dann wäre dieser Grund ganz klar auch mit dabei. Denn jeder, der einmal in Japan war, ist begeistert, hingerissen, süchtig, und ganz verliebt in den *Konbini*, wird sehnsüchtig im Flieger nach Hause sitzen, mit schwerem Herzen. »Ach, den praktischen Supermarkt, der rund um die Uhr geöffnet hat, werde ich wirklich vermissen! Wie kann ich bloß jemals wieder ohne leben?«

Mehr als 50.000 Konbinis soll es in Japan geben, und wahrscheinlich wird gerade in diesem Moment wieder ein neuer eröffnet. Dabei kommt der *Convenience Store*, wie der Name vermuten lässt, ursprünglich aus den Vereinigten Staaten. 1974 wurde der erste zweckmäßige Supermarkt nach amerikanischem Vorbild in Japan als Franchise-Filiale in Tokyo eröffnet, zunächst mit Öffnungszeiten von 7 Uhr morgens bis 11 Uhr am Abend. Schnell stellte sich aber heraus, dass es noch weitaus bequemer für den Kunden wäre, wenn die Läden 24 Stunden 365 Tage im Jahr geöffnet hätten.

Japan ohne seine Konbinis wäre nicht Japan. Einen großen Supermarkt mit Sonderangeboten ersetzt der Konbini nicht, alles ist hier ein klein wenig teurer. Dafür muss man nicht ewig durch die langen Gänge der Lebensmittelabteilungen laufen, und zusätzlich gibt es im Konbini viele Produkte, die nur hier verkauft werden. Zeitlich limitierte Snacks, Getränke, Süßigkeiten oder Milchprodukte üben eine unglaubliche Anziehungskraft aus und ziehen Kunden an. Das haben die Konbinis auch bitter nötig, denn der Konkurrenzkampf ist groß. Auf

500 Meter finden sich nicht selten mehr als drei Konbinis, manchmal sogar direkt nebeneinander. Kundenanalyse, cleveres Marketing, spezielle Eigenprodukte und guter Service sind daher überlebenswichtig für die 24-Stunden-Läden. Neben den Grundnahrungsmitteln werden Alkohol und Getränke, Kosmetik, Drogerieartikel, Regenschirme, Aufladekabel, Batterien, Zeitschriften und Bücher, Snacks und Süßigkeiten, Milchprodukte und Nachtische angeboten. Den größten Absatz finden aber die vielen Speisen und Fertiggerichte, Reisbällchen, Lunchboxen, Sandwiches, warme Eintöpfe, Salate und Frittiertes. Hier kann man direkt sein Essen in der Mikrowelle aufwärmen lassen, und kochendes Wasser gibt es ebenfalls für die Zubereitung von Fertigsuppen. Toilettenbenutzung ist gratis, allerdings gehört es sich, dann auch etwas zu kaufen, und wenn's nur Kaugummis sind.

Die Strom- und Telefonrechnungen habe ich immer im Konbini gezahlt, Briefmarken gekauft, Pakete verschickt und empfangen, Kopien gemacht, Faxe verschickt (ja, das Hightechland Japan setzt noch immer auf das gute alte Faxgerät), Fotos ausgedruckt, Bus- und Konzerttickets gekauft und Eintrittskarten für Veranstaltungen und Freizeitparks. Meine Onlinebestellungen habe ich im Konbini gezahlt, dort häufiger nach dem Weg gefragt oder, auch wenn es diesen Service offiziell nicht gibt, auch schon mal lieb gefragt, ob ich meinen Koffer vielleicht für einige Stunden abstellen darf, um mir eine Stadt anzusehen.

Eigentlich ist es ein echtes Luxusproblem, nicht rund um die Uhr einkaufen zu können. Geht auch ganz gut ohne, wie mir mein Leben in einem kleinen Dorf in Deutschland gezeigt hat. Was ich aber wirklich vermisse: vor dem Regal mit den Reisbällchen in einem Konbini zu stehen und jedes Mal wieder beeindruckt zu sein von der Auswahl und der Kreativität der Japaner.

»Ach, du unglaublicher Konbini, du fehlst mir so sehr! Komm doch mal rüber. Wir könnten dich hier so gut gebrauchen!«

67. Grund

Weil man einfach überall schlafen kann, wenn man kann

Sanft gleitet der Kopf meiner Sitznachbarin an meine Schulter. »Was mach ich denn jetzt bloß? Noch zwei Stationen und ich muss raus. Kann ich die Gute neben mir einfach aus ihrem Schlaf reißen?« Während ich überlege, wie ich am besten vorgehen soll, und bei der Gelegenheit auch mal unauffällig an meiner Achsel rieche, ob sich von dort vielleicht ein unangenehmer Geruch im schwül-heißen Juli ausbreitet, schrickt die Frau schon aus dem Schlaf, murmelt etwas, was sicher *Entschuldigung!* bedeuten soll, und schon ist sie wieder eingeschlafen. Dieses Mal wankt sie zur anderen Seite, wacht aber kurz vor dem Ablegen des Kopfes auf der Schulter des jungen Mannes neben ihr auf.

In keinem Land habe ich so viele Menschen schlafend gesehen wie in Japan. Wer über eine Stunde Fahrtweg zur Arbeit hat, dem sei ein kleines Nickerchen im Zug gegönnt. Aber wenn ich mich umschaue, dann scheinen auch alle stehenden Personen um mich herum mit geschlossenen Augen, einer Hand am Haltegriff und die kleine Aktentasche fest unter dem Arm geklemmt zu schlafen. Ich bilde mir sogar ein, leise Schnarchgeräusche um mich herum wahrzunehmen.

Mittags auf den Parkplätzen der Konbinis, der kleinen 24-Stunden-Supermärkte, ein Bild, wie aus einer anderen Welt: Ich schaue durch die Scheiben der parkenden Fahrzeuge und sehe anzugtragende Männer, schlafend. Der eine mit dem Kopf auf dem Lenkrad, der andere mit zurückgestelltem Sitz gemütlich in Liegeposition. Ein Bild der Ruhe, wären da nicht die Motorengeräusche im Hintergrund, denn die laufen – wegen der Klimaanlage, vermute ich.

In einem kleinen Truck schlafen gleich drei in Overalls gekleidete Japaner. Zwei Schüler entdecke ich im Schatten des Gebäudes. Sie hocken, und hätten sie nicht ihre Hosen an, würde ich denken, die sch… da doch nicht hin? Die Augen sind geschlossen. Die machen ein kleines Nickerchen.

Powernapping soll ja sehr gesund sein. Aber in einer beliebten Kaffeekette, mit dem Kopf auf dem Tisch über den Büchern? Ist das denn wirklich bequem?

Nein. Bequem ist es nicht, aber ein 2-3-Minuten-Schlaf zwischendurch erfrischt den Geist. Ich muss es wissen. Nach ein paar Monaten schon gehörte ich dazu. Hatte ich mich angepasst oder anstecken lassen? Ich schlief in der Bücherei, im Café und in der Bahn. Nach dem Mittagessen bei der Arbeit legte ich meinen Kopf auf meinen Schreibtisch im Lehrerzimmer, so wie alle anderen Lehrerkollegen.

Es handelt sich bei dem Nickerchen nicht um einen tiefen Schlaf, sondern schlafen und anwesend sein. Das Wort *Inemuri* drückt genau das aus und ist auch der Grund, warum Japaner niemals ihre Bahnstation zum Aussteigen verpassen, obwohl sie eingeschlafen sind. Niemals stimmt allerdings nicht immer. Ich habe auch schon Japaner erlebt, die ganz offensichtlich zu lange im Träumchenland verweilten, ihre Umgebung nicht mehr wahrnahmen und dann panikartig den Zug verließen.

Was mir aber nie gelingen wollte: schlafen in einem Klub bei lauter Musik und Zigarettenqualm um mich herum. Ob die alle noch bei Bewusstsein schliefen oder einfach nur betrunken waren, konnte ich dabei nicht sagen.

Gewundert habe ich mich deshalb nicht, als ich zum ersten Mal ein Kapselhotel entdeckte, in dem man in einem winzigen schubladenähnlichen 120 cm hohen Fach liegt. Besonders beliebt bei Businessleuten, die die letzte Bahn nach Hause verpasst haben und für wenig Geld ein bisschen Schlaf brauchen, bevor es am nächsten Tag wieder ins Büro geht. Nicht die angenehmste Art zu schlafen, aber in einem Land, in dem jeder immer und überall schlafen kann, ist eine kleine enge Kapsel dann doch eine sehr passende Erfindung.

68. Grund

Weil japanische Angestellte für ihre Firma heiraten würden

Ursprünglich sollte dieses Kapitel lauten: »Weil japanische Angestellte für ihre Firma sterben würden!« Ein Grund, Japan zu lieben, ist das allerdings nicht. Unternehmen mag die japanische Arbeitseinstellung vielleicht gefallen, dass Japaner so hingebungsvoll arbeiten, sich für ihre Firma aufopfern, täglich mehrere Überstunden schieben und, wenn sie krank sind und wirklich mal nicht imstande sind zu arbeiten, einfach ein paar Tage Urlaub nehmen. Aber bis zum Tod sollte die Hingabe nicht führen.

Trotzdem passiert es in Japan immer wieder, dass Angestellte aufgrund von Überarbeitung an einem Herzinfarkt oder Schlaganfall sterben. Japaner, die den Stress und hohen Druck nicht mehr ertragen, an Depressionen erkranken und sich im schlimmsten Fall das Leben nehmen, sind schon lange keine Randerscheinung mehr.

In der westlichen Presse werden viele dieser Geschichten über *Karoshi* (dem offiziellen Begriff für Tod durch Überarbeitung) gerne aufgegriffen, mal ungläubig auf die japanische Arbeitsmoral hingewiesen und kritisch auf die japanischen Unternehmen geschaut. Von moderner Sklaverei ist da die Rede. Und nicht selten wird auf die eigene wandelnde Arbeitswelt in den letzten Jahren geschielt, mit dem Gefühl, »so weit entfernt sind wir davon auch nicht mehr.« Die Zahlen an Burn-out-Erkrankungen und Depressionen scheint diese Annahme zu bestätigen.

Aber warum arbeiten Japaner so viel? Warum steht Arbeit bei ihnen an erster Stelle? Eine wissenschaftlich fundierte Antwort werde ich hier nicht geben können. Schon gar nicht, ohne zu pauschalisieren.

Mein Mann hat als angestellter Fotograf in einem kleinen Fotostudio gearbeitet und war bereits in der Hierarchie so weit aufgestiegen, dass er nur noch darauf warten musste, bis sein Chef sich zur Ruhe setzte, um dessen Position dann einzunehmen. Wann? In ca. 20 Jahren. Ob er es allerdings jemals bis dahin durchgehalten hätte?

Täglich 12 Stunden, auch am Wochenende. In seiner härtesten Zeit hat er 42 Tage am Stück gearbeitet, bevor er mal zwei Tage freinehmen konnte. Feiertage gab es für ihn nicht. Im Gegenteil war das oft die Zeit, in der besonders viele Fotografen benötigt wurden.

Offiziell gab es frei verfügbare Urlaubstage. Wie viele? Ganz egal. Sich einen Tag Ruhe zu gönnen ging ohnehin nur, wenn keine Aufträge oder Veranstaltungen anstanden. Meinem Mann wurde das Gefühl vermittelt: »Ohne dich läuft hier nichts. Du wirst gebraucht!« Eigentlich ein schönes Gefühl, das aber schnell dazu verleitet, zum Workaholic zu werden. Dazu kam sein schlechtes Gewissen. Eine Woche Urlaub bedeutete, dass ein Kollege all seine Aufgaben mit übernehmen musste. Das konnte er unmöglich jemandem antun, der ohnehin schon viel zu viel arbeitete.

Nun ist das nur ein Einzelfall, aber ähnliche Geschichten haben mir auch andere Japaner erzählt.

Das gute Gefühl, ein wichtiger Teil im Unternehmen, in der Gruppe zu sein, kennen sicherlich nicht nur Japaner. Das geht vielen so. Viele Männer kommen sich zu Hause bei der Familie überflüssig vor, hat die Frau hier doch eigentlich alles im Griff. Da läuft es gut ohne ihn, wenn nicht sogar besser, solange er genug Geld nach Hause bringt. Seiner Familie ein gutes Leben zu ermöglichen, gutes Essen, Bildung für die Kinder, ein schönes Haus oder eine moderne Wohnung und ein Auto, darin sehen viele japanische Männer bis heute ihre Aufgabe im Leben.

Verheiratete Männer arbeiten härter, was auch die Unternehmen begriffen haben und ihren Single-Angestellten irgendwann nahelegen, sich um eine Frau und um die Familienplanung zu kümmern. Da wird schon mal im Unternehmen geschaut, wenn man zusammenbringen könnte, ein Date arrangiert, gekuppelt und vermittelt, und das mit großem Erfolg. Eine Hochzeit wird dann sogar mit Bonus-Urlaub belohnt. Und den darf man dann auch endlich mal ohne schlechtes Gewissen nehmen und sich erholen. Denn jetzt geht es erst richtig los, das Leben als Angestellter und Ehemann.

69. Grund

Weil man sich einfach sicher fühlt

Grundsätzlich glaube ich an das Gute im Menschen. Ich bin immer schon unbesorgt durch die Welt gelaufen und erwarte nicht hinter jeder Ecke die Gefahr. Angst habe ich trotzdem, wenn ich nachts allein durch einen Park laufe. Wenn ich mich in einer großen Menschenmenge bewege, greife ich instinktiv nach meinem Portemonnaie, und wenn mich jemand anspricht, antworte ich freundlich, bleibe aber vorsichtig. Ich habe da mit den Jahren meine Erfahrungen gemacht.

Die einen nennen es den Urinstinkt des Menschen, der unser Überleben sichert, andere sprechen vom Bauchgefühl, das wir während unseres Lebens entwickeln. Beeinflusst von meiner Umwelt und Geschichten, die mir erzählt wurden, hätte ich niemals meine Tasche unbeaufsichtigt für mehrere Stunden in Indien abgestellt oder mein Smartphone einfach auf dem Tisch eines Berliner Cafés abgelegt, um dann kurz auf die Toilette zu gehen.

Auch in Japan habe ich das anfangs instinktiv nicht gemacht. Erst mit der Zeit stellten sich Veränderungen bei mir ein, die mich zu dem Schluss haben kommen lassen, dass die Umgebung starken Einfluss auf die sogenannten Instinkte des Menschen oder auf das Bauchgefühl nehmen kann. Denn in keinem anderen Land dieser Welt, in dem ich war, habe ich mich so sicher und aufgehoben gefühlt wie in Japan. Nachts allein als Frau durch einen einsamen Park oder eine dunkle Straße zu laufen, ohne ein Gefühl von Angst zu verspüren, hat meinem Leben eine ganz neue Qualität gegeben.

Immer wieder beobachtete ich Japanerinnen, die in einem Café mit ihrer Handtasche zur Toilette gingen, zuvor aber ihr Portemonnaie oder ihr Smartphone für alle sichtbar auf den Tisch legten. Als ich das zum ersten Mal sah, sprang ich auf und teilte der Dame, die sich gerade von ihrem Platz entfernen wollte, hilfsbereit mit: »Entschuldigung. Sie haben Ihr Handy vergessen!« – »Nein, nein. Ich habe das extra dahin gelegt. Ich geht mich nur kurz frisch machen und möchte nicht, dass mein Tisch belegt ist, wenn ich zurückkomme!«

Dieses Vertrauen in die Mitmenschen musste ich erst einmal verinnerlichen.

Aber es ging schneller, als ich dachte. Nach wenigen Monaten hatte ich begriffen: Der Respekt vor anderen Menschen und deren Eigentum steht in Japan an höchster Stelle. Darauf konnte ich mich hier sehr oft verlassen und baute das auch schnell in meinen Alltag ein.

Unsere Wohnungstür war, wenn jemand zu Hause war, nie verschlossen, wie es allgemein auf dem Land üblich ist. Jeder konnte eintreten.

Mein billiges Einkaufsrad habe ich selten abgeschlossen, weil mich die Suche nach dem Schlüssel nervte.

Ich hatte mir im kalten Winter angewöhnt, meine Zeit zwischen zwei Jobs sinnvoll zu nutzen, um einzukaufen. Die Einkäufe ließ ich einfach für drei Stunden auf meinem Fahrrad. Schön gekühlt bei Temperaturen um die 5 Grad konnte auch dem Fisch nicht viel passieren. Das habe ich gut drei Jahre jeden Winter so gemacht, und nur einmal hat es nicht geklappt.

»Was man nicht will, das man dir tu, das füg' auch keinem anderen zu!« Was vor vielen Tausend Jahren mal in der Bibel geschrieben wurde, hat sich tief in der japanischen, nicht sonderlich bibelfesten Gesellschaft verwurzelt. Immer auf Harmonie bedacht und darauf, das Zusammenleben auf engem Raum möglichst angenehm zu gestalten, für alle Beteiligten.

Als ich das wirklich verstanden hatte, entwickelte ich ein Vertrauen in die Menschen, das mir bei meiner Rückkehr nach Deutschland und auch auf Reisen in anderen Ländern schnell zum Verhängnis werden sollte. So wie viele Japaner, die in anderen Ländern der Welt als »leichte Beute« gelten, beim Feilschen, bei Betrug oder Diebstahl. Sowohl mir als auch meinem Mann sind in den ersten drei Monaten in Berlin insgesamt drei Geldbörsen, eine Tasche, zwei Jacken und zwei Fahrräder »abhandengekommen«. Japan hatte uns nachlässig werden lassen.

Auch wenn wir mittlerweile wieder vorsichtiger geworden sind und uns auf die neue Umgebung eingestellt haben, das Gefühl von Sicherheit weiß ich dank Japan nun umso mehr zu schätzen. Daran gewöhnt man sich nicht nur schnell, sondern auch sehr gerne.

70. Grund

Weil man selbst von Straftaten noch überrascht werden kann

Dass die Kriminalitätsrate in Japan so niedrig ist, heißt nicht, dass es dort keinen Diebstahl, keine Kriminalität, keine Vergewaltigungen, Morde oder Betrügereien gibt. Nur wesentlich weniger als in anderen Ländern. Dabei sind die japanischen Nachrichten voll davon.

Warum? Weil es jeder noch so kleine Fall in die Presse schafft, inklusive detaillierte Fallbeschreibungen mit Namen und Foto des Täters. Wer eine Straftat begeht, der muss sich dafür auch voll und ganz verantworten, und jeder soll davon erfahren. Man mag von der Vorgehensweise denken, was man will. Der Täter tut mir nicht leid, seine Familie schon. Will man das mit der öffentlichen Bloßstellung erreichen? Die Scham eines potenziellen Straftäters ansprechen? Der nicht nur sein eigenes Leben, sondern das seiner ganzen Familie mit einer einzigen falschen Tat zerstört.

Diesen Umgang mit Verbrechern in der Presse halte ich nach wie vor für bedenklich. Gar nicht auszudenken, was passiert, wenn jemand zu Unrecht beschuldigt wird. Aber in Japan erzielt man damit sehr gute Ergebnisse, die Statistiken zeigen es jedes Jahr.

Selbst bei Naturkatastrophen wie beispielsweise dem schweren Erdbeben und Tsunami 2011 in Tohoku, wo Menschen fliehen mussten, kam es zu keinen Plündereien und mutwilligen Zerstörungen im Nachhinein.

Bei Mordfällen laufen im Fernsehen oft Sondersendungen, die mich immer ein wenig an *Aktenzeichen XY* erinnern. Die Situation wird nachgestellt und auf detaillierten Karten gezeigt, um den Hergang ganz genau zu rekonstruieren. Vor allem, wenn die Täter noch auf freiem Fuß sind.

In Bahnhöfen und an öffentlichen Gebäuden gibt es ein Brett, an dem Poster mit Bildern und Namen von gesuchten Verbrechern bekannt gegeben werden. Während meiner Zeit wurde da landesweit ein junger Mann gesucht, der auf dem Bild ganz sympathisch aussah.

Allerdings hatte er es auf ausländische Frauen abgesehen, die er zu Hause aufsuchte und vergewaltigte. Das Gesicht des Mannes hat sich wirklich tief bei mir eingebrannt, und viele mögen aufgeatmet haben, als er endlich gefasst wurde. Sein Fall ging um die Welt.

Gut erinnere ich mich auch noch an die vielen Betrugsfälle, bei denen ältere Menschen um große Geldsummen gebracht wurden, weil sich Männer als Enkel ausgaben, die für die Uni unbedingt Geld benötigten.

Kleinere Diebstähle und Ordnungswidrigkeiten fand man immer mal wieder in den regionalen Zeitungen oder im Regionalfernsehen. Woher die Presse die Fotos nimmt, kann ich Ihnen auch verraten. Die stammen von den Fotostudios, die jährlich die Porträts für Schulalben erstellen. Diese sind verpflichtet, die Fotos rauszugeben. Da mein Mann selbst Schulfotograf war, konnte er also nie wissen, ob eines seiner Fotos es mal in die nationale Presse schaffen würde oder nicht.

Meine persönlichen Erfahrungen mit Kriminalität in Japan halten sich Gott sei Dank in Grenzen. In den sechs Jahren meiner Japan-Zeit wurden mir zwei Dinge geklaut: eine Tasche und ein Fahrrad.

Ein Mal wurde mir meine Tasche vor einem Supermarkt geklaut, in der ich teures Rindfleisch hatte. Das wollte ich ungern mit in den Supermarkt nehmen, und so vertraute ich einfach darauf wie immer. »Wird schon nicht geklaut! Klappt ja eigentlich immer!« In dem Fall war die Tasche mit dem Fleisch und meinen geliebten Handschuhen bei meiner Rückkehr weg. Schade, aber eigentlich war ich da nicht ganz unschuldig.

Ein anderes Mal wurde mir mein Fahrrad entwendet. Das hatte ich allerdings nicht abgeschlossen und über Nacht am Bahnhof vergessen. Damals war ich schon voll im japanischen Vertrau-deinen-Mitmenschen-Modus. Zwei Jugendliche hatten es sich »ausgeborgt«, weil sie den Bus abends verpasst hatten und zu faul waren, die knapp 5 km zu Fuß zu laufen.

Warum ich das weiß? Die Polizei hat es mir erzählt. Das schlechte Gewissen hatte die Jungs geplagt, und sie waren am nächsten Tag zur Polizei gegangen, hatten sich entschuldigt und gebeten, den Besitzer des Fahrrads ausfindig zu machen (Fahrräder werden beim Kauf mit einer Nummer registriert). So erhielt ich mein Fahrrad problemlos zurück. Die Polizei nannte mir ebenfalls die Namen der Diebe, die bereit waren, sich offiziell für die Unannehmlichkeiten zu entschuldigen. Ich lehnte ab, weil mir meine Nachlässigkeit etwas unangenehm war. Ich hätte das Rad einfach abschließen sollen. Und ganz ehrlich: Das mit dem gestohlenen Fahrrad wäre mir fast nicht aufgefallen.

71. Grund

Weil Japaner das Warten neu definieren

Mein erster Besuch in der Immermannstraße in Düsseldorf, dem *»Japanmekka Deutschlands«*, ist mir noch gut in Erinnerung. Damals lebte ich ein halbes Jahr in Japan. Um das Working-Holiday-Visum zu bekommen, stand ein Besuch beim japanischen Konsulat in Düsseldorf an. Und weil hier die größte japanische Community außerhalb Japans lebt, nahm ich meine Mutter mit, um ihr ein wenig von dem Land zu zeigen, in das es mich in Zukunft verschlagen sollte.

Zwischen japanischen Buchläden, Supermärkten, Reisebüros und japanischen Firmenzentralen lagen diverse Restaurants. Mein Ziel war die Empfehlung einer Japanerin, die einige Jahre in Düsseldorf gelebt hatte. Vor dem Restaurant eine lange Schlange. »Komm, wir gehen einfach über die Straße. Wir warten doch jetzt nicht hier!«, schlug meine Mutter vor. Aber so viel hatte ich schon in meinem ersten halben Jahr in Japan gelernt: geduldig in der Schlange eines Restaurants warten. Denn lange Schlangen bedeuten hervorragendes Essen, und das wollte ich meiner Mutter ungern vorenthalten.

Während wir mit knurrenden Mägen auf dem Bürgersteig standen, klärte ich meine Mutter über die wartenden Japaner auf. Vor einer Bar oder einem Restaurant zu warten ist in Japan nicht unüblich und ein gutes Zeichen. Es gibt in vielen Restaurants extra dazu eingerichtete Wartebereiche, mit Zeitschriften, Manga und manchmal sogar mit einem Fernseher, auf dem eine Sportübertragung oder ein Musikvideo läuft. Hier kann man auch schon mal einen Blick in die Speisekarte werfen, dann geht es später beim Bestellen schneller. Gleich zu Beginn des Wartens erscheint in Japan die Bedienung und fragt nach der Anzahl der Personen und einem Namen, der dann aufgerufen wird, sobald ein passender Tisch frei wird. Das System funktioniert erstaunlich gut, und wir haben selten länger als 30 Minuten auf einen Tisch warten müssen. Japaner bleiben im Restaurant aber auch nicht unnötig lang sitzen und quatschen noch stundenlang bei leeren Gläsern. Die Gäste sind sich bewusst, dass vor der Tür viele Leute auf einen Tisch warten. Vielleicht geht es deshalb auch in Restaurants immer so schnell. Anders sieht es da schon beim Isakaya aus, einer japanischen Bar, die zum Trinken ausgelegt ist, aber selbstverständlich auch kleine Gerichte serviert.

Japaner warten aber nicht nur vor Restaurants. Beeindruckend finde ich bis heute die Wartenden auf dem Bahnsteig. Schön in einer Reihe stehen sie vor den Markierungen, die auf dem Boden anzeigen, wo sich die Tür des haltenden Zuges befinden wird, wenn er zu stehen kommt. Und das passt immer millimetergenau. An den Türmarkierungen bilden sich links und rechts Reihen, und sobald der Zug seine Türen öffnet, strömen die aussteigenden Passagiere durch die Gasse in der Mitte. Ein paar Menschen steigen aus, stellen sich dann aber vor die gebildeten Schlangen. Um den anderen den Ausstieg zu erleichtern und nicht im Weg zu stehen, verlassen sie kurzzeitig den Zug. Sind alle raus, geht es einer nach dem anderen ganz gesittet rein. Ich find's großartig, so einfach, effizient und mitgedacht.

Als ich das bei einer überfüllten S-Bahn in Berlin machte, hieß es doch glatt: »Eyh, nu mach ma hinne. Willse rin oda wat?« Lächeln, kurzes Kopfnicken, ein leises »sumimasen« entschuldigend Richtung Grölkopp murmelnd, habe ich dann einfach so getan, als hätte ich ihn nicht verstanden. In dem Moment wünschte ich mich wieder mal nach Japan zurück.

72. Grund

Weil man es mit dem Geburtstag nicht so genau nimmt

»Happi Baaasdee«, meine Schwiegermutter trägt die kleine Geburtstagstorte in den Raum. Der Tisch ist bereits reichlich gedeckt. Sashimi, Salate, kleine Wiener Würstchen mit Kartoffelsalat, Reis und eingelegtes Gemüse.

Es ist Samstag, und die ganze Familie ist zusammengekommen zu »meiner Geburtstagsparty«. Dabei war das jetzt gar nicht meine Idee. Vor ein paar Tagen schlug meine Schwiegermutter vor, wir könnten am Samstagabend mal wieder zusammen zu Abend essen. Ob ich mir etwas Spezielles wünschen würde, wollte sie noch wissen. Von Geburtstagsfeier war da keine Rede. Warum auch, mein Geburtstag war erst in vier Tagen am Mittwoch.

Bei uns bringt das ja Unglück, wenn man zu früh gratuliert, aber in Japan scheinbar nicht. Dass man mir absichtlich Leid zufügen wollte, konnte ich ausschließen, denn wo wir schon mal wieder bei gutem Essen zusammensaßen, wurde gleich noch auf den Geburtstag meiner Schwiegermutter angestoßen. Die hatte zwar erst im kommenden Monat, aber bis dahin waren es keine drei Wochen mehr. »Das ist jetzt aber doof. Ich habe doch noch gar kein Geschenk für deine Mutter!«, flüsterte ich meinem Mann zu, nachdem Schwiegermama und ich gemeinsam die Kerzen ausgepustet hatten. »Kein Problem, wir haben ja noch ein bisschen Zeit!«

Das Geschenk für mich hatte mir meine Schwiegermutter übrigens schon ein paar Tage zuvor überreicht, als wir unterwegs zum Shoppen bei ihrer Schwägerin im Laden waren. Kaum hatte meine Schwiegermutter den Schal gezahlt und das alles hübsch einpacken lassen, übergab sie mir das Geschenk mit einem *Happi Baaasdee* Für einen »herzlichen Glückwunsch« war es wirklich noch etwas früh, wahrscheinlich hatte sie sich um eine Woche vertan, und so wehrte ich ab: »Ne ne. Noch nicht. Erst nächste Woche!«

Am Ende musst ich das Geschenk annehmen, traute mich aber bis zu meinem Geburtstag nicht, den Schal umzulegen.

Geburtstage spielen in Japan keine große Rolle, da nimmt man es mit dem Tag auch nicht so genau. Im Mittelpunkt stehen und sich feiern lassen, das mögen viele Japaner nicht sonderlich. Bei Kindern sieht es etwas anders aus, die erhalten eine kleine Überraschung. Die klassische Kindergeburtstagsparty kennt man nicht. Junge Leute finden es hingegen chic, die amerikanischen Bräuche zu übernehmen, genau wie den Geburtstagswunsch »Happy Birthday«. Eine Party mit Freunden gibt es dann meistens in einem Restaurant, ausgerichtet von Freunden.

Bei Älteren gerät der Geburtstag dann komplett in den Hintergrund. Ein gemeinsames Essen, wenn es gerade passt, da wird der Geburtstag dann aber doch gern zum Anlass genommen. Wenn es ums Essen geht, nimmt man die Feste, wie sie fallen und wie man Zeit hat.

Und den Geburtstag meiner Schwiegermutter nahmen wir dann auch die kommenden zwei Wochenenden noch mal zum Anlass: Einmal ging es gemeinsam zum Sushi-Essen, und ein weiteres Mal gab es Sukiyaki, einen heißen Eintopf mit dünn geschnittenem Rindfleisch, welches man besonders gerne im Kreis der Familie an kalten Wintertagen isst.

Eine Torte mit Kerzen gab es dann nicht mehr, aber wir ließen es uns nicht nehmen, anzustoßen mit »Happi Baaasdee«. Aber wenn ich es mir recht überlege, ist nach dem Geburtstag ja auch immer vor dem Geburtstag.

73. Grund

Weil die Post hier wirklich funktioniert

Den allerschönsten Kulturschock in Japan erlebte ich mit der japanischen Post. Noch heute schwärme ich in den höchsten Tönen von dem dienstleistenden Serviceunternehmen der Briefe- und Paketzusteller, vielleicht weil ich in dieser Hinsicht in Berlin nicht gerade verwöhnt werde. Da lag eines Tages eine Mitteilung der japanischen Post in meinem Briefkasten, dass ein Paket leider nicht zugestellt werden konnte.

»Oh nein! Was jetzt?«

»Du kannst da einfach anrufen und dir einen Liefertermin wünschen!«

»Wie? Ich kann selbst den Tag und die Uhrzeit bestimmen?«

»Den Tag ja. Bei der Uhrzeit gibst du ein Zeitfenster an!«

Beim Wort »Zeitfenster« stellte ich mich innerlich schon auf einen Tag zu Hause ein. Aufgeatmet habe ich dann aber, als ich die japanische Definition von »Zeitfenster« sah. Die betrug lediglich zwei Stunden. Ob das wirklich funktionierte?

»Du musst nur bei der Servicehotline anrufen und denen Bescheid geben!«

»Auf Japanisch?«

»Wenn du willst! Es gibt aber auch eine englische Hotline.«

Gespannt wartete ich also, welche Warteschleifenmusik mir bei der *Japan Post* der englischen Hotline begegnen würde, und machte es mir mit einem Heißgetränk gemütlich, wie ich das aus Gewohnheit halt mache, wenn ich die Servicehotline eines Dienstleisters anrufen muss.

Keine Warteschleife. Ich kam sofort durch, nannte meinen Namen, gab die Paketnummer und meinen Wunschtermin durch. Tatsächlich wurde das Paket noch am gleichen Abend zwischen 18 und 20 Uhr geliefert, und ich war schwer begeistert.

Pakete innerhalb Japans zu verschicken bedeutet aber nicht immer, *Pakete* zu verschicken. Als meine japanische Freundin aus Tokyo uns in Fukushima besuchen kam, war ich erstaunt, dass sie für vier Tage nur eine kleine Handtasche bei sich trug.

»Mein Koffer kommt später! Den hab ich heute morgen verschickt, damit ich den nicht durch den Bahnhof schleppen muss!«

»Wie??? Du hast deinen Koffer in einen Karton gepackt, zur Post gebracht und Geld dafür bezahlt, damit du den nicht schleppen musst? Und der kommt wirklich heute an? Mit der Post? Innerhalb eines Tages?«

»Ich hab den Koffer, so wie er ist, bei einem Kurierdienst in der Nachbarschaft abgegeben. Natürlich kommt der heute an. Schließlich habe ich 1.500 Yen dafür gezahlt.« Tatsächlich kam der Koffer an. Schließlich hatte sie dafür gezahlt.

Seit ich das weiß, ist mein Gang nach einem Flug aus Deutschland direkt zu einem der Kurierdienste, wo ich mein schweres Gepäck schon mal vorschicke zu meinen Schwiegereltern.

Da ist sie dann wieder, die kleine Frage, die ich mir ein ums andere Mal in Japan stelle: »Warum funktioniert das hier und bei uns nicht?« Doch halt! Koffer verschicken kann man auch in Deutschland. Nicht mit der Post, aber mit dem Gepäckservice der Deutschen Bahn (Stand 2018). Ob das funktioniert? Weiß ich noch nicht. Ich hänge gerade noch in der Warteschleife …

74. Grund

Weil Adressen-Suchen das neue Sudoku ist

Ein Land, in dem die meisten Straßen keine Namen haben, kann zu einer echten Herausforderung werden. Wer das Rätsellösen mag wie ich, der wird in Japan voll auf seine Kosten kommen. Die Regeln: Stadtplan und Navigationssystem dürfen dabei nicht verwendet werden.

Um gar nicht in die Versuchung des Schummelns zu kommen, habe ich mir die Adresse auf ein Blatt Papier schreiben lassen.

Wenn man weiß, wie japanische Adressen aufgebaut sind, ist es gar nicht so schwer: Es beginnt mit einer siebenstelligen Postleitzahl, gefolgt von der Präfektur mit der Endung -ken, in der sich das Ziel befindet. Klar gibt es hier ein paar Ausnahmen, wie bei Tokyo, Osaka, Kyoto oder Hokkaido. Es folgt darauf im Allgemeinen die Stadt, dann der Stadtteil, der Block, die Hausnummer und manchmal auch der Name des Gebäudes oder das Stockwerk, in dem sich das Ziel befindet.

Das sieht dann in etwa so aus:

〒983-8622 宮城県仙台市宮城野区榴岡4丁目1-1

Postcode 983-8622, Miyaki-ken, Sendai-shi, Miyagino-ku, Tsutsujigaoka 4-1-1 (hier befindet sich das deutsche Konsulat in Sendai).

Den Stadtteil Miyagi-ku gefunden, geht es auf die Suche nach dem Viertel Tsutsujigao-ka. Häuser sind leider nicht immer durchnummeriert, sondern erhalten ihre Hausnummer, nachdem sie erbaut wurden. Ganz ohne Stadtplan oder ohne jemanden zu fragen, wird es jetzt richtig schwierig. In welchem Viertel man sich befindet, erkennt man an den angebrachten Schildern an Straßenlaternen. Da erfährt man dann auch gleich, in welchem Block man sich befindet. Mittlerweile sind in größeren Städten diese Schilder schon mal auf Englisch ergänzt, also mit Buchstaben, die auch Ausländer lesen können, sodass auch Menschen ohne Japanischkenntnisse eine Chance haben.

Um sich eine Orientierung im Viertel zu verschaffen, gibt es in Japan eigentlich überall Straßenkarten. Und die haben für mich wirklich etwas von Rätselraten. Alles auf Japanisch und sehr detailliert, denn hier ist jedes Grundstück eingetragen. Viele Gebäude haben in Japan Namen und tragen dann natürlich noch zusätzlich eine Hausnummer. All das wird in der Karte am Straßenrand untergebracht. Hier das gesuchte Ziel zu finden, kann zu einer echten Herausforderung werden. Da ist es einfacher, die nächste *Koban*, die japanische Polizeistation, ausfindig zu machen und aufzusuchen. Eine kleine Polizeistation gibt es in jedem Bezirk. Es gehört unter anderem zu ihren Aufgaben, Menschen bei der Adresssuche zu helfen (das bilde ich mir zumindest ein). Sie haben mir schon so manches Mal einen tollen Stadtplan gezeichnet oder mich kurz zu meinem Ziel begleitet. In diesem Fall wäre das Rätsel um die Adresssuche zwar gelöst, das Spiel aber leider verloren.

Aber halb so schlimm. Wer wirklich gerne Rätsel löst, der kann sich auch einfach ein Rätselbuch kaufen, am besten natürlich mit japanischen Denksportaufgaben, wie Sudoku.

75. Grund

Weil der Ökogedanke noch mal neu definiert wird

Japan hatte mal ein Müllproblem. Hat es immer noch, aber man arbeitet stetig an Lösungen. Nicht nur entwickelt man immer neue umweltschonende Verpackungen und Materialien, das Problem sind in erster Linie die Menschen. Japan als Insel hat nur begrenzte Kapazitäten, um Müll zu lagern. Wohin damit? Am besten gar nicht erst Müll machen! Leichter gesagt als getan in einem Land, in dem alles mehrfach verpackt ist, in dem Bananen in zusätzlichem Plastik stecken oder Plätzchen immer noch mal einzeln eingepackt sind. Das ist besonders praktisch für alle, die nur ein paar Plätzchen in die Tasche stecken und nicht gleich die ganze Packung durch die Gegend schleppen wollen. Und alles, was praktisch ist, wird so schnell nicht verändert. Japan möchte seine Menschen zwar belehren und zum Umdenken bewegen, aber nicht gleich bestrafen.

Ein interessanter Gedanke, der mir dann auch gleich im Alltag auffiel, zur Einführung der »My Bag«-Kampagne. Ich selbst trug auch davor schon immer meine eigenen Jute-Beutel und Einkaufstaschen, um auf die Einkaufstüten zu verzichten. Da gab es viele verständnislose Blicke, und ich musste immer umständlich erklären, dass ich wirklich keine Tüten bräuchte. Bis ich eines Tages das kleine Schild an der Kasse im Supermarkt fand, das ich einfach auf meinen Einkauf legen konnte und damit signalisierte: »Ich habe meine eigene Tasche, bitte keine Tüten für mich!« Mein vorbildlicher Umweltgedanke sollte mit einem Stempel auf einer Karte belohnt werden. Wenn die Karte voll war, erhielt ich 100 Yen als kleine Belohnung oder wahlweise eine wiederverwendbare Einkaufstasche. Und weil Japaner gerne sparen, funktionierte das System hervorragend.

Weitere Kampagnen folgten: Refuse, Reduce, Recycle. Die *3-R-Regel* wurde sogar irgendwann zur *5-R-Regel* erweitert und durch Reuse und Repair ergänzt.

Besonders das japanische Recycle-System hat es mir angetan, ist aber auch eine vormittagfüllende Beschäftigung für jede Hausfrau: Styroporverpackungen von Fleisch und Fisch müssen gereinigt werden. Die können dann beim Supermarkt abgegeben werden. Bei Getränkedosen gilt es, den kleinen Schniepel des Öffners extra zu sammeln. Daraus werden dann besondere Teile für Rollstühle gefertigt, wie ich einer Broschüre unserer Müllabfuhr entnahm.

Bei Plastikflaschen wandert das Etikett in den einfachen Plastikmüll, der Deckel und die Flasche selbst werden noch mal getrennt gesammelt und die Flaschen selbst später im Recyclinghof zu Flakes geschreddert, um daraus neue Flaschen herzustellen. Aus zehn Flaschen gewinnt man am Ende acht neue Plastikflaschen.

Milchtüten haben eine ganz besondere Anleitung auf der Packung, wie die zu recyceln sind: gewaschen und dann so geschnitten, dass die Tüten platt und platzsparend übereinandergelegt werden können. Der Plastikverschluss kann mit dieser besonderen Schneidetechnik herausgeschnitten werden. Alle zwei Wochen werden die von der Müllabfuhr abgeholt, oder ich gebe sie einfach beim Supermarkt ab. So kam es, dass ich immer mit vollen Händen zum Einkaufen ging.

Der Plan für die Müllabfuhr ist wirklich eine kleine Wissenschaft für sich. Dazu die kleine erschwerende Auflage, den Müll erst eine Stunde vor Abholung an die Straße stellen zu dürfen. Bei uns hieß das zwischen 7 und 8. Da war ich morgens immer gut beschäftigt und habe mich gefragt, wie Frauen das machen, die ihre Kinder zum Kindergarten bringen müssen oder morgens arbeiten.

Größere elektronische Geräte, die wir nicht mehr benötigten, kamen nicht auf den Müll. Die brachten wir zu einem der vielen Secondhandläden in der Stadt und erhielten dafür sogar noch ein paar Yen. Bei defekten Geräten ging es zu einem günstigen Reparaturservice, oder wir überließen dem Mann den kaputten Staubsauger einfach. Der Reparaturgedanke ist in Japan kein neuer. Kaputte Papierschirme wurden seit jeher nicht einfach weggeschmissen, sondern neu bespannt, genau wie die Papierschiebetüren in vielen alten Häusern. Auch der Einpackwahnsinn der Japaner war in früheren Zeiten mal eine durchaus umweltschonende Sache. Geschenke wurden in Tüchern verpackt. Furoshiki werden diese Tücher genannt und können problemlos mehrfach verwendet werden. Im letzten Schritt dienen sie einfach als Putzlappen.

Wer sich genauer in Japan umsieht, wird noch einige interessante Ideen zum Thema Müllvermeidung entdecken, auch wenn dem Land noch einige Schritte fehlen, sind sie doch auf einem guten Weg.

76. Grund

Weil Japan das glücklichste Land sein könnte

Gemessen an den vielen Glücksbringern, die Japaner täglich bei sich tragen und in ihren Wohnungen und Häusern aufstellen, müsste Japan ein Land voller Menschen sein, denen immer etwas Gutes widerfährt.

Meine Schwiegermutter verneint die Frage, ob sie abergläubisch sei, vehement, aber Glücksbringer hat sie trotzdem: einen Talisman in ihrer Handtasche, einen in ihrem Portemonnaie. Im Flur des Hauses steht ein Wünsche-Erfüller aus Pappmaschee mit einem ausgemalten Auge, an ihrem Arbeitsplatz eine Winkekatze, am Rückspiegel des Autos hängt ein weiteres Schutzzeichen für Reisende, und ein kleines Holztäfelchen steht auf dem Hausaltar. Als wir unseren finalen Hochzeitstag verkündeten, schaute meine so gar nicht abergläubische Schwiegermutter als Erstes im Kalender nach, ob der Tag auch wirklich zum Heiraten geeignet ist.

»Glaubst du an die ganzen Glücksbringer und an die Glückstage?«

»Die gehören einfach zum Alltag in Japan dazu. Wenn ich mir etwas wünsche, dann hilft es mir, dafür einen kleinen Talisman zu kaufen, der mich daran erinnert.«

Daruma aus Pappmaschee, die kleinen roten Stehaufmännchen sind genau solche »Motivierer im Alltag«. Die Erklärung hört sich einleuchtend an, also will ich es auch mal versuchen. Während ich das erste Auge ausmale, wünsche ich mir, dass sich mein Japanisch verbessert.

Ich setze mir ein konkretes Ziel und stelle das bein- und armlose Männchen auf ein Regal, an dem ich täglich mehrmals vorbeilaufe. Die einäugige Kugel erinnert mich also ständig daran, dass ich endlich meine Vokabeln wiederholen sollte.

Denn Daruma erfüllen nicht Wünsche aus heiterem Himmel. Sie helfen einem lediglich, sich aufs Ziel zu fokussieren. Das hilft dem Unterbewusstsein am Ende, dranzubleiben bei dem, was man sich vorgenommen hat.

Ist das Ziel erreicht, darf ich das zweite Auge ausmalen. Am Ende trage ich meinen Daruma zum Tempel, wo er verbrannt wird. Und schon stelle ich meinen nächsten auf, denn ich habe noch viele Ziele.

Die kleine Winkekatze, die sich mittlerweile auch viele in Deutschland in ihre Läden stellen, funktioniert ganz ähnlich. Maneki-neko heißt dieser Glückbinger, und es handelt sich weniger um ein Winken, sondern vielmehr um eine bittende Geste einer sitzenden Katze. Sie soll Wohlstand bringen und Unheil abwenden.

Die vielen kleine Talismane in Form von kleinen bestickten Täschchen stammen aus Scheinen und Tempeln. *Omamori* gibt es wirklich im ganzen Land. Zu jedem Anlass gibt es ein spezielles Beutelchen, in dem sich ein heiliger Spruch befinden soll. Genau weiß ich es nicht, denn der Beutel darf in keinem Fall geöffnet werden. Das bringt Unglück. Schwangere tragen ein Omamori für eine sichere Geburt bei sich. Singles eines, um endlich einen geeigneten Partner zum Heiraten zu finden. Es gibt welche, die bei der Jobsuche Glück bringen sollen. Führerscheinneulinge tragen gerne einen für sicheren Autoverkehr. Auch zum Bestehen von Prüfungen, zur Genesung bei Krankheiten oder ganz allgemein für mehr Glück werden Omamori in dafür vorgesehenen Tempeln und Schreinen gekauft. Ein gutes Geschäft mit dem Aberglauben, mögen Sie vielleicht denken. Japaner finden nichts dabei, ein paar Hundert Yen für einen kleinen Talisman auszugeben, der ihnen ein wenig Sicherheit bietet und einer langen Tradition folgt.

Am liebsten mag ich die kleinen Wettergeister, die selbst gebastelt werden und dann bei anstehender Reise abends ins Fenster gehängt werden. Wenn am nächsten Tag die Sonne scheint, hat *Teru Teru Bozu* seinen Job gut gemacht. Gerade zur Regenzeit im Sommer sieht man die weißen aus einfachen Papiertaschentüchern hergestellten Gespenster in den Fenstern hängen. Einfach ein zweites Taschentuch zusammenknüllen, mit einem Faden umwickeln, und Augen und Mund auf das runde Gesicht malen. Die weiße Puppe stellt einen Mönch dar. Scheint am nächsten Tag tatsächlich die Sonne, sollte man das Püppchen als Dankeschöne mit Reiswein überschütten. Wenn es weiterhin regnet, gibt es laut Kinderlied nur eine böse Konsequenz für

Sakefässer am Itsukushima-Schrein auf der Insel Miyajima.

Oben: So wird der Tee in einem Ryokan serviert.
Unten: Typischer Onsen eines Hotels.

Oben: Onsen-Ort Ginzan Onsen im Winter.
Unten: Kapselhotel in Tokyo. Ein ganz besonderes Japan-Erlebnis.

Oben: Fotowand in Onomachi, dem Ort, an dem das Miyazaki-Anime »Ponyo« spielt.
Unten: Doraemon begegnet einem immer und überall in Japan.

Mehr als 1000 Origami-Kraniche, gefaltet für den Frieden in der Welt.

Shinjuku, Tokyo – Leuchtreklame bei Nacht. Die vielen japanischen Schilder und Anzeigetafeln sind ein beliebtes Fotomotiv bei allen Japanbesuchern.

東京
チカラめし
焼き牛丼
24H営業
麻雀 2F
カラオケ
7F
3F
まんが喫茶
無料案内所
つけ
麺
KABUKI
東京
チカラめし
B1

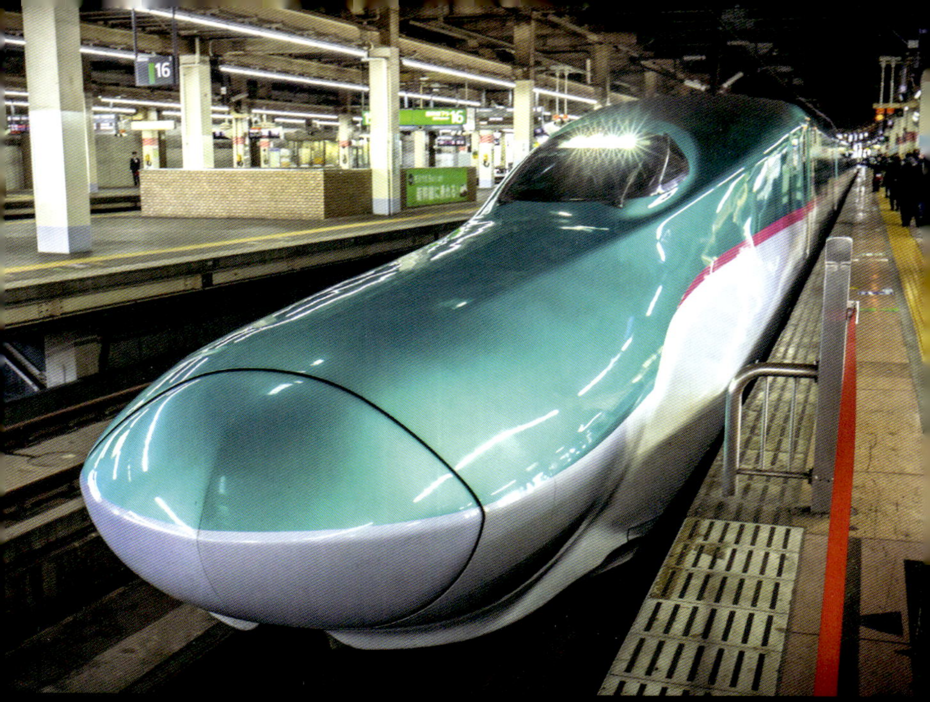

Oben: Shinkansen, der japanische Schnellzug – ein guter Grund, Japan zu lieben.
Unten: Lokaler Zug in Japan. Hier ist alles auf Japanisch ausgeschildert.

Oben: Getränkeautomaten an jeder Ecke in Japan.
Unten: Omikuji, Lose für das Glück. Beten auf Japanisch.

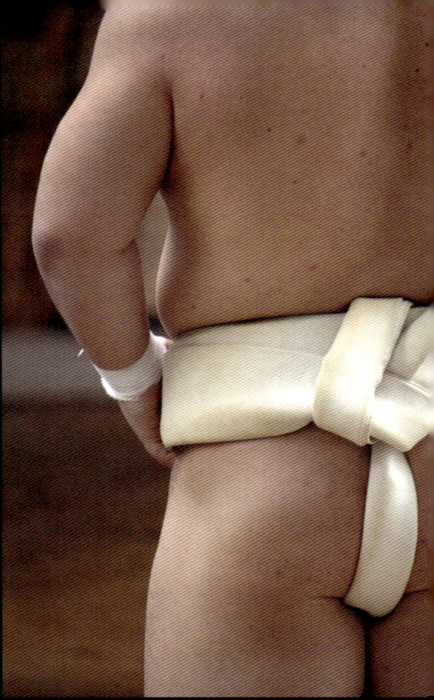

Oben links: Im Vergleich zu einem Sumo-Ringer wirke ich echt winzig. Aber der steht auch auf einer Stufe.
Oben rechts: Unverkennbar japanisch. Unverkennbar ein Sumo-Ringer.
Unten: Männer in einheitlichem Anzug-Look sieht man überall, die sogenannten Salaryman.

Zori, traditionelles japanisches Schuhwerk zum Kimono.

Sushi bei uns zu Hause mit Lieferservice. Dazu gibt es Sashimi – rohen Fisch.

Oben: Sukiyaki, japanischer Eintopf mit Gemüse und Rindfleisch. Am besten mit dem hochwertigen Fleisch aus Japan. **Unten links:** Die japanische Bento Box, die Lunchbox. Die Umeboshi, eine saure Pflaume, auf Reis, symbolisiert dabei die japanische Flagge. **Unten rechts:** Natto – fermentierte Sojabohnen auf Reis mit Frühlingszwiebeln, das typische japanische Frühstück.

Oben: Kaffee und Süßes. **Unten:** Takoyaki-Stand. Die Bällchen mit Oktopus gefüllt findet man im ganzen Land an kleinen Straßenständen, auf Festivals, in Kaufhäusern oder Bahnhöfen.

Oben: Okonomiyaki – beliebtes Gericht, oft als japanische Pizza bezeichnet. Alles, was man mag, wird zusammen mit Kohl, Wasser und Mehl flach gebraten. **Unten:** Soba-Nudeln mit Tempura.

Oben: Japanisches Essen ist für jeden Gourmet einer der Höhepunkte des Landes. Hier ein Alltagsgericht: Muschelsuppe mit Reis und gegrilltem Lachs. **Unten:** Ema, japanische Glücksbringer auf Holztafeln.

die Puppe: Kopf ab! Mit dem Kopf nach unten aufgehängt, soll Teru Teru Bozu übrigens für Regen sorgen.

Am Ende helfen all die Glücksbringer vielleicht nicht, um aus Japan das glücklichste Land der Welt zu machen. Aber schaden tun sie auch niemandem.

7. Kapitel

Japanische Schrift & Sprache

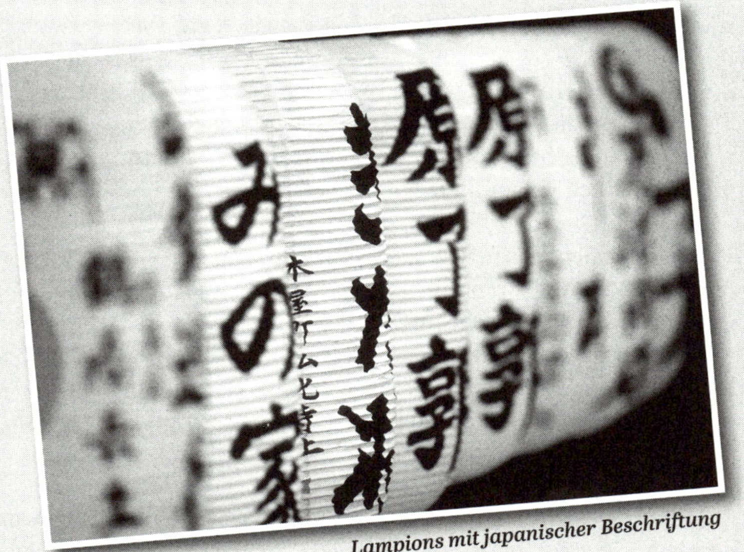

Lampions mit japanischer Beschriftung

77. Grund

Weil Japanern Rechtschreibung egal ist

Vielleicht haben Sie es schon bemerkt und die Nase gerümpft. »Sind das hier Druckfehler? *Tokyo* wird doch nicht so geschrieben!« Muss das nicht *Tokio* heißen oder vielleicht *Tōkyō*? Da haben Sie natürlich recht. In gewisser Weise. Richtig müsste es aber 東京 heißen. Die zwei Schriftzeichen jetzt in Deutsch zu schreiben ist leicht gesagt. Tatsächlich gibt es keine eindeutige Schreibweise für die japanische Hauptstadt in Deutschland. Laut Duden hat man sich auf *Tokio* (Haupteintrag) und *Tokyo* (Nebeneintrag) festgelegt. Ich habe mich in diesem Buch konsequent für die Dudenvariante entschieden, und weil ich *Tokio* grauenhaft finde, verwende ich halt den Nebeneintrag: Tokyo.

Tatsächlich gibt es so viele unterschiedliche Schreibweisen, wie es unterschiedliche Meinungen gibt.

1. Meinung: Schreiben, wie man es spricht. So wie es auch der Duden macht: Tokio und Kioto. Aber da machen nicht alle Ortsnamen mit: Osaka sprich der Deutsche für gewöhnlich mit einem weichen s, dabei müssen wir es genau genommen *Ossaka* mit stimmhaftem s schreiben. Was ist aber mit *Sushi* oder *Matcha*? Müsste es dann nicht genau genommen *Suschi* (mit stimmhaftem s am Anfang) und *Matscha* heißen? Nein! Die zählt man einfach zu neudeutschen Begriffen.

2. Meinung: Schreiben, wie man es tippt. Wer sich bisher gewundert hat, wie man überhaupt die vielen Schriftzeichen auf eine kleine Computertastatur unterbringen kann, den möchte ich gerne aufklären. Man tippt Buchstaben. *Tokio* wird demnach *Toukyou* getippt. Der Strich über dem o bedeutet: Langes *o* und wird auf der Tastatur zu *ou*. Das muss man aber erst einmal wissen. Daraufhin erscheint eine Auswahl an Schriftzeichen, die infrage kommen, und aus der nun das richtige Zeichen für ein Wort gewählt werden kann. Wenn es nicht auftaucht, hat man wohl was falsch gemacht. Die oben genannten Wörter würden dementsprechend folgendermaßen getippt: Kyouto,

Oosaka, Japann, Sushi, Macha. Natürlich muss man als Tastatursprache Japanisch auf seinem Rechner hinzugefügt haben, sonst passiert gar nichts.

3. Meinung: Man verwendet das in Japan übliche Hepburn-System (modifiziert). Dabei geht man nicht auf die Aussprache in einem bestimmten Land ein, sondern verwendet statt des langen *ou* ein *ō*. Danach schreibt man: Tōkyō, Kyōto, Ōsaka, Sushi oder Macha. Neben dem Hepburn-System gibt es auch noch das Kunrei-System und das Nihon-System nach ISO 3602. Ganz schön kompliziert, sich da zu einigen.

Den Japanern ist das alles ziemlich egal. Das sind Probleme, die sich die Ausländer selbst gemacht haben, als sie es klüger fanden, lateinische Buchstaben zu benutzen.

Dass wir viele japanische Ortsnamen falsch aussprechen, ist doch nur gerecht, und die Japaner machen das mit unseren Städtenamen gar nicht anders. Sie können Wörter nur mit Silben bilden, die aus zwei bis drei Buchstaben bestehen, wobei einer der Buchstaben zwingend ein Vokal sein muss. Einzige Ausnahmen sind die Vokale selbst, die alleine stehen können, und das *N*.

So wird aus BERLIN halt BE-RU-RI-N aus KÖLN wird KE-RU-N aus HAMBURG wird HA-N-BU-RU-KU und aus MÜNCHEN machen die Japaner ein exotisches MYU-N-HE-N. Und Deutschland wird nur in Deutschland selbst Deutschland genannt. Die Japaner sagen schlicht und einfach DO-I-TSU. Für mich bringt das immer einen Hauch von Rätsellösen mit sich.

Einen großen Vorteil hat die japanische Silbenlautschrift auf jeden Fall: Die japanische Aussprache ist sehr einfach.

Für den Japaner hingegen ist das mit der deutschen Sprache nicht ganz so einfach. Bei so ungewohnten Lauten wie unserem »ch«, unseren Umlauten »ü« oder »ö« stößt der Japaner schnell an seine Grenzen. Am allermeisten bereiten ihm zwei kleine Buchstaben Probleme. Die Unterscheidung zwischen »R« und »L«. Oh Mann, da könnte ich Geschichten erzählen über Instrumente, die man sich zwischen die

Rippen hält, eine Käse-Rauch-Suppe oder unseren Besuch beim Zollamt, wo wir erklären mussten, warum das Paket aus Japan 20 kg Läuse, enthält, zumindest laut englischer Waren-Deklaration über *20 kg Lice*.

Die Unterscheidung zwischen L und R fällt dem Japaner eigentlich nur so schwer, weil das japanische *ra, ri, ru, re, ro* genauso gut ein *la, li, lu, le, lo* sein könnte. Die Zunge macht bei diesem Laut etwas so Ungewöhnliches, dass daraus eine Mischung aus L und R wird. Mit meinem Namen *Daniela* ist, dank der vielen Vokale, eigentlich alles gut, wenn er in japanischer Silbenlautschrift Katakana geschrieben wird. Sobald ein Japaner aber meinen Namen in Buchstaben schreibt, hat er ein Problem: Daniela oder Daniera? Die wenigsten, die meinen Namen nach Gehör schreiben mussten, wählten die erste und richtige Variante. Bei der 15-jährigen Lisa hab ich mich gewundert. »Die hätte es doch wissen können«, dachte ich zuerst, bis ich auf ihre Unterschrift sah. »… Rots of Love Risa.«

78. Grund

Weil ich mich wieder wie ein Kind fühlen kann

Können Sie sich noch daran erinnern, als Sie Kind waren und weder schreiben noch lesen konnten? Das war nicht weiter schlimm, denn meistens waren Erwachsene in der Nähe, die Sie zur Toilette begleitet haben. Zugtickets mussten Sie nie selbst kaufen, und im Restaurant wurde Ihnen die Speisekarte vorgelesen oder einfach entschieden, was Sie essen. Bücher hat man Ihnen vorgelesen, und von Filmen in ausländischer Sprache mit deutschen Untertiteln wurden Sie hoffentlich verschont. Verständlich machen konnten Sie sich einfach, denn Sie konnten ja irgendwann sprechen.

Sie trauen sich ohne Japanischkenntnisse nach Japan? Keine Angst, das hört sich schlimmer an, als es tatsächlich ist. Sehen Sie es einfach als eine Herausforderung und genießen Sie es, sich wieder wie ein Kind zu fühlen, das weder Schrift noch Sprache beherrscht. Damals haben Sie das doch auch gelernt. Wenn auch nur langsam, aber jeden

Tag ein kleines bisschen mehr. Nach Ihrer Japanreise werden Sie ein paar Worte Japanisch und die einfachsten Schriftzeichen in ihrer Bedeutung wiedererkennen können.

Ich weiß hier genau, wovon ich rede. Schließlich bin ich selbst ohne jegliche Japanischkenntnisse nach Japan gekommen. Allerdings mit meinem japanischen Freund an der Seite. Ständig musste er mir die einfachsten Dinge vorlesen, mir alles übersetzen und mir tausend Wer-Wie-Was-Wieso-Weshalb-Warum-Fragen geduldig beantworten. Wie ein kleines Kind, das zu viel Sesamstraße geguckt hat, kam ich mir dabei vor, aber es half ja alles nichts. Da mussten wir durch.

Klar hab ich mich auch mal alleine auf die Straße getraut, bin durch die Gegend gelaufen, habe alles neugierig aufgesaugt, gestaunt und mich gewundert. Manchmal der Verzweiflung nah, hätte ich am liebsten laut geschrien oder geweint. Mich auf den Boden geworfen oder mich einfach wieder zurückgesehnt an die Hand meiner Mutter, wie ich es als Kind getan hatte, als ich nicht mehr weiterwusste.

Als erwachsene Frau hab ich mich zusammengerissen, die Verzweiflungstränchen heimlich abgewischt, meinen Mut zusammengenommen und einfach jemanden um Hilfe gebeten.

Japaner sind unglaublich hilfsbereit und emphatisch. Das habe ich schnell gelernt. Selbst in Situationen, in denen sie mir nicht weiterhelfen konnten, ließen sie mich freundlich und mit einem schuldbewussten Achselzucken stehen. Meistens bemühten sie sich aber darum, jemanden zu finden, der mir weiterhelfen konnte. Also jemanden zu finden, der englisch sprach.

Ich erinnere mich noch sehr gut an eine Situation auf dem Bahnhof. Ein Freund hatte mir eine genaue Wegbeschreibung zu unserem Treffpunkt aufgeschrieben: Stationsname, Nordausgang und dann immer geradeaus, bis zum Restaurant Denny's auf der linken Seite.

Aus dem Zug gestiegen, war ich irritiert. Nordausgang? Zwar fand ich Schilder, aber keine mir bekannten Buchstaben. Also blieb mir nichts anderes übrig als zu fragen. Eine Frau war so lieb und zeigte mir den Weg. Ich bat sie schnell noch, mir das Zeichen für NORTH und für EXIT in mein Notizbuch zu schreiben. Für das nächste Mal. Sie schien Gefallen an der kleinen Japanischstunde gefunden zu haben und war beeindruckt, dass ich mich für die japanische Schrift interessierte. »Japanese is very difficult!«, behauptete sie, während sie zwei auf der Seite liegende E's übereinander zeichnete und dahinter ein Quadrat, das Zeichen für Ausgang. 出口 war das erste japanische Zeichen, das ich mir merkte. Sie zeigte auf ihre kleine Designer-Handtasche und meinte »you pronounce like my Gucci-Bag: *De-Gucci*. And entrance is *Iri-Gucci*« und schnell kritzelte sie mir die Zeichen für Eingang auch noch in mein Büchlein 入口. Die beiden Wörter habe ich seither nicht mehr vergessen. Das Zeichen für Norden ist übrigens genauso leicht zu merken: Wieder zwei E's, dieses Mal Rücken an Rücken, bei denen der obere Strich jeweils fehlt: 北.

So ging das jeden Tag. Wie ein Kind plapperte ich Wörter nach und versuchte mir die einfachsten Schriftzeichen fürs tägliche Überleben zu merken.

Nicht lesen und schreiben zu können bedeutet in der heutigen Welt, nicht am gesellschaftlichen, wirtschaftlichen, politischen und kulturellen Leben teilnehmen zu können. Am Anfang ging es mir auch nicht so sehr darum. Ich begnügte mich mit dem Blick von außen und dem Bewältigen einfachster Alltagssituationen. Kleine Erfolge motivierten mich, und ständiges Wiederholen und Nachplappern halfen, mir einfache Sachen schneller einzuprägen. Genau wie früher als Kleinkind.

Heute allerdings begegnen mir in Japan kaum noch Bahnhöfe oder wichtige Hinweisschilder ohne englische Übersetzung. Vielleicht ein ganz beruhigender Gedanke, sich nicht ganz so verloren fühlen zu müssen. Situationen, in denen Sie denken: »Ich wünschte, ich könnte das jetzt lesen!«, werden aber weiterhin zu einer Japanreise gehören. Versprochen!

79. Grund

Weil uns Japan in Sachen Lernen noch was beibringen kann

»Ein Land mit drei verschiedenen Schriften und Tausenden von Schriftzeichen, die haben das mit dem Lernen bestimmt richtig raus!« Ich war bereit, von den Japanern zu lernen, wie man lernt. Meine erste Stunde in einer japanischen Anfängerklasse der örtlichen Volkshochschule war allerdings etwas ernüchternd.

Wir lernten auf Japanisch Zählen. Der Lehrer zählte vor, und in der Gruppe wiederholten wir: ichi-ICHI-ni-NI-san-SAN-yon-YON-go-GO … Bei 30 angekommen, dachte ich kurz: »So jetzt haben wir uns aufgewärmt, jetzt kann der Unterricht aber langsam mal anfangen.« Bei 60 wurde ich langsam unruhig »Wahrscheinlich machen wir die 100 voll und beginnen dann mit dem Unterricht!«

Wir machten die 100 voll, und alle atmeten auf. »Bery gutto! Mo ikai«, lobte die Lehrerin und setzte bei 1 ein: ichi-ICHI-ni-NI-san-SAN-yon-YON-go-GO … Ob die Zahlen 1–100 in fünf Durchgängen bei mir hängen geblieben sind, kann ich nicht mal sagen, denn zählen konnte ich schon vorher. Trotzdem hab ich natürlich etwas gelernt: »Mo ikai« bedeutet »noch einmal«. Das hab ich mir dann auf dem Rückweg 100-mal vorgesagt: moikai-moikai-moikai …

Als ich dann selbst Englischlehrerin wurde, wollte ich auf Drill und Chorgesänge verzichten und es natürlich besser machen. Als ALT (Assistant Language Teacher) war ich Assistentin einer japanischen Englischlehrerin. Andere ALT bezeichnen sich auch gerne als »lebender Kassettenrekorder«. Ich durfte Texte vorlesen und musste dann einzelne Wörter herauspicken, die die Klasse im Chor nachsprechen durfte. Die Lehrerin an meiner Seite warf dann gerne das Wort auf Japanisch ein. Auf diese Weise lernte ich am Ende wohl wesentlich mehr als meine Schüler und definitiv mehr als in meiner Volkshochschulklasse.

»Okay. Da geht's jetzt auch nicht ums Schreibenlernen, sondern ums Sprechen«, mögen Sie vielleicht denken. Für ihre sonderlich gute englische Aussprache sind die Japaner ja nicht bekannt. Aber das mit den Schriftzeichen, wie machen die das? Die einfachen werden noch sehr spielerisch bereits im Kindergarten vermittelt, und zwar mit Bildern: 木, da braucht man nicht viel Fantasie, um darin einen Baum zu erkennen, oder? In der Schule werden aus den einfachen Zeichen immer komplexere, oft aber nur aus vielen einfachen Zeichen zusammengesetzt. 森 drei Bäume werden zum Wald. Das ist noch einfach. Aber klar wird, Japaner lernen sehr visuell und mit viel Wiederholung. Sie schreiben ein Schriftzeichen nicht selten bis zu hundertmal, um sich die Strichfolge einzuprägen. Kurioserweise übertragen sie das auch auf englische Vokabeln. Da wird das Wort TREE so lange geschrieben, bis sie die Bedeutung am Aussehen des Wortes visualisiert werden können, während ich einfach ein T, ein R und zwei E lese. Aber die Buchstaben mussten Japaner ja auch erst mal lernen. Was wie stumpfsinniger Drill beim Lernen aussieht, braucht nicht nur Geduld und Ausdauer, sondern visuelle Fähigkeiten.

Sind die bei Japanern ausgeprägter? Zumindest werden sie sehr viel häufiger angewendet und trainiert. Und so habe ich dann selbst angefangen, immer das gleiche Schriftzeichen zu wiederholen, seitenweise, bis meine Hand fast automatisch das Kanji malte und am Ende schmerzte. Gelangweilt begann ich, mir Geschichten zu den Zeichen auszudenken, die manchmal so verrückt waren, denn die einzelnen Elemente bei komplexen Schriftzeichen hatte ich mittlerweile ganz gut drauf. Da ist es ja fast schwieriger, mir meine Geschichten zu merken, als das Schriftzeichen an sich. Aber komischerweise konnte ich mir die Zeichen so auch nach langer Zeit noch gut ableiten. Diese Form des Lernens nennt sich »Heisig-Methode«, wie ich später herausfand.

Visualisierung durch Drill und Wiederholung, so hat mein Mann seine Kanji gelernt. Rund 3.500 Kanji in 12 Schuljahren. Die Aussprache und Bedeutung lernte er ganz normal wie jeder Muttersprachler im Alltag.

Wie habe ich gelernt, dass »Maschine« Maschine bedeutet? Gehört, nachgeplappert und später in Sätze eingebaut. Ich weiß heute auf Anhieb, wenn ich »Maschiene« lese, dass das falsch geschrieben ist. Die Bedeutung ist mir trotzdem klar. Ich habe also auch mal visualisiert. Irgendwann in meinem Leben.

Vielleicht kennen Sie das? Sie sind sich nicht ganz sicher, wie man ein Wort schreibt. Dann schreiben Sie es auf unterschiedliche Weise und finden so am Ende ganz selbstverständlich die richtige Schreibweise. Rytmus, Rythmus, Rhytmus, Rhythmus. Zack, da ist es! Beim Englisch-Unterrichten im Team hatte ich später noch Glück und bekam eine japanische Kollegin an die Seite, die nicht viel vom Drill und ewigen Wiederholungen im Englischunterricht hielt. Was haben wir gemacht? Wir haben viel gespielt. Wir haben z.B. mit bekannten englischen Song- und Filmtiteln gearbeitet und kleine Sketche aufgeführt. Den Film *Mission Impossible* kannte damals jeder Schüler. Das Wort »impossible« kann man in einer kleinen Szene wunderbar darstellen. Am Ende mussten die Schüler ran und selbst das Wort in einer Situation verwenden. Das war ein Riesenspaß. Und ganz nebenbei hatten sie das Wort in einer Situation vor Augen, also visualisiert. Als Hausaufgabe mussten sie dann aber doch 50 Mal »impossible« schreiben, weil es der Lehrplan so vorschrieb.

Was können wir also daraus lernen? Lernen besteht aus Spaß, Wiederholung, Anwendung, Visualisierung und Nachahmung in Kombination. Eine Sache allein funktioniert nicht. Und jetzt Sie: Aus was besteht Lernen? Spaß, Wiederholung, Anwendung, Visualisierung, Nachahmung. Mo ikai …

80. Grund

Weil die japanische Schrift gar nicht so schwer ist

Das mit den vielen Schriftzeichen habe ich ja schon mal angedeutet. Im Japanischen gibt es nicht nur eine Schrift. Da sind zunächst die Kanji, die ursprünglich der chinesischen Schrift entnommen wurden. Zusätzlich gibt es noch zwei weitere Schriften.

Das musste ich als Japanischlernende erst mal verkraften.

Während Kanji, als ein geschlossenes Zeichen, ein Wort bilden, meistens einen Wortstamm, der in der Regel auf mehrere Arten gelesen werden kann, handelt es sich bei den zwei anderen Schriften um einfache Silbenschriften: Hiragana und Katakana. Richtigerweise werden die Schriften als Morenschriften bezeichnet. Ich bleibe aber lieber bei dem mir geläufigeren Begriff »Silbe« statt »More«.

Hiragana, das sind 46 runde Zeichen, die für grammatikalische Formen und Partikel stehen oder verwendet werden, wenn das Kanji zu kompliziert ist, sodass es sich im Laufe der Zeit eingebürgert hat, statt Kanji Hiragana zu verwenden. Bestes Beispiel sind die Zeichen für Hiragana selbst. Die Kanji dazu wären 平仮名. Aber üblich ist die Schreibweise mit Hiragana, die dann so aussieht: ひらがな.

Katakana, das sind 46 eher eckige Zeichen und entsprechen in den Silben und Lauten denen des Hiragana. Katakana wird für Lehnwörter, entnommene Wörter aus anderen Sprachen, verwendet, manchmal auch aus grafischen Gründen eingesetzt, denn das kantige Katakana kommt cooler rüber. Auch ausländische Namen werden in Katakana geschrieben. Mein Name sieht dann so aus: ダニエラ. Das Wort »Party« aus dem Englischen ist z.B. ein Lehnwort und wird daher auf Japanisch パーティー geschrieben und sieht nach einer coolen Veranstaltung aus.

So wie unser Alphabet aus 26 Buchstaben besteht, haben Hiragana und Katakana jeweils 46 Kana (so nennen die Japaner ihre Buchstaben). Es bedarf ein wenig Übung, bis man die insgesamt 92 Zeichen draufhat. Dann ist man leider noch nicht ganz am Ende. Einige Kana können mit zwei kleinen Strichen oben rechts ihren Laut verändern, andere mit einem kleinen Kreis, auch oben rechts. Nicht so ungewöhnlich für uns Deutsche mit unseren Umlauten, oder?

Und noch eine weitere Gemeinsamkeit ist mir beim ersten Lernen der Kana aufgefallen. Wir im Deutschen haben Kombinationslaute, wie *sch, ch, ei, au, eu, sp und st.* So was Ähnliches gibt es bei Hiragana und Katakana auch. Allerdings nur in Zweierkombi, und das zweite Kana wird dann einfach etwas kleiner geschrieben. Groß- und Kleinschreibung gibt es im Japanischen nämlich nicht. Was für eine Erleichterung, oder? Am Ende kommt man da auf 107 unterschiedliche Laute.

Ich habe damals etwa einen Monat gebraucht, bis ich die richtig draufhatte. Und hätte jetzt eigentlich mit dem Lesen loslegen können. Ja, wenn da nicht noch die Kanji wären. Wie viele es insgesamt gibt, kann niemand so richtig sagen. Die geschätzte Zahl liegt bei rund 50.000, mein Mann spricht von rund 20.000, zum Zeitunglesen genügt es aber schon, 1.500 bis 2.500 Zeichen zu kennen. Im digitalen Zeitalter heute kann man sich die Bedeutung und Lesung der Zeichen ganz einfach am Rechner oder auf dem Smartphone anzeigen lassen.

Das hätte ich mir damals auch gern gewünscht. 2003 war die Technik allerdings noch nicht so weit. Ich musste mich also fleißig daransetzen und lernte im ersten Monat die einfachsten 100 Kanji des Alltags, die mir ständig begegneten und die jeder Grundschüler kennt. Danach lernte ich täglich 2–5 neue Zeichen, wiederholte die ständig, vergaß ein paar wieder und lernte dann wieder neu. Das hört sich nach wenig an, aber rechnen Sie es doch einfach mal durch. Nach einem Jahr beherrschte ich rund 1000 Kanji, wenn ich sie auch nicht alle selbst schreiben und richtig lesen konnte, so kannte ich zumindest ihre Bedeutung und war so in der Lage, einfache Texte in Magazinen, Zeitschriften und Untertitel in Filmen in ihrer Bedeutung zu erfassen.

In den weiteren Jahren kamen einige dazu, andere, die ich gelernt, aber nicht verwendet hatte, gingen verloren, und mit der Zeit klappte es auch mit der Lesung. Hier in Deutschland fehlt mir der tägliche Umgang mit den Zeichen. Und so schnell ich sie gelernt hatte, so schnell gaben sie den Speicherplatz in meinem Kopf dann auch wieder frei. Große Sorgen mache ich mir da nicht. Schließlich weiß ich ja, dass es gar nicht so schwer war, und mit etwas Zeit und Fleiß kann ich das locker wieder lernen.

81. Grund

Weil Namen so schön verwirrend sein können

So kurios Japan manchmal auf uns Ausländer wirken mag, mit Namen halten sie es wie im Rest der Welt: Vorname und Nachname. Der

Vorname steht für das Individuum, der Nachname drückt die Zugehörigkeit zur Familie aus. Wie bei uns. Nun ist es aber so, dass dem Individuum in Japan eine wesentlich geringere Bedeutung zusteht als dem Zugehörigkeits- und dem Gemeinschaftsgefühl. Deshalb steht in Japan der Familienname auch immer an erster Stelle.

Als ich mit einer japanischen Freundin über Bücher sprach und den bekannten japanischen Schriftsteller Haruki Murakami erwähnte, stutzte sie kurz und meinte dann: »Ah, MURAKAMI Haruki meinst du? Ja, der ist toll!«

Es brauchte etwas Zeit, um mich an die neue Reihenfolge zu gewöhnen. Wenn im Fernsehen von ONO Yoko, KITANO Takeshi, MIYAZAKI Hayao oder TESUKA Osamu die Rede war, benötigte ich einen Moment, bis ich verstand, über wen hier gesprochen wurde.

Weil sich Japaner dieses Umstandes durchaus bewusst sind, haben sich viele angewöhnt, den Vornamen vor den Nachnamen zu stellen, wenn sie sich einem Ausländer vorstellen. Zumindest ist das manchmal der Fall, wenn auf Englisch geredet wird. Leider nicht immer. Und der unwissende Ausländer steht dann vor dem unlösbaren Problem, wissen zu können, welches nun der Vorname ist und welches der Nachname. Schließlich hat er gelernt, dass man Japaner immer mit dem Nachnamen und einem angehängten *-San* anspricht.

Es gibt einen verlässlichen Hinweis auf einen Nachnamen. Die Endungen *-hashi / -yashi, -moto, -mura und -t*o sind ganz typisch bei japanischen Nachnamen, nicht nur bei den besonders häufigen, wie Sato, Ito, Kato, Takahashi, Kobayashi, Yamamoto, Hashimoto oder Nakamura.

Aber was tun, wenn es nicht so eindeutig ist? Wer Glück hat, tauscht Visitenkarten aus und kann die studieren. Ist da der Name in Großbuchstaben? Dann handelt es sich um den Nachnamen.

Aber ohne Visitenkarten? In einer Gruppe habe ich mich in den folgenden Minuten darauf konzentriert, den anderen gut zuzuhören. Vielleicht ist jemand anderes etwas schlauer und verwendet den richtigen Nachnamen, an den immer ein -San angehängt wird. Als letzte Möglichkeit bleibt natürlich auch noch, einfach kurz nachzufragen. Das ist gar nicht so unüblich.

Mir selbst wurde die Frage schließlich auch schon oft gestellt. Wobei in 90% aller Fälle Japaner am Ende doch meinen Vornamen verwenden, inklusive -San, so viel Anstand besitzen sie dann doch. Die einen mögen darin eine Benachteiligung sehen und einen durchaus ausländerfeindlichen Akt, nicht so behandelt zu werden wie ein Japaner. Andere empfinden es als persönlicher, mit dem Vornamen angesprochen zu werden. Ich fand es in erster Linie mit meinem Vornamen unkompliziert, denn mein deutscher Nachname wird ohnehin falsch ausgesprochen. Den Gedanken, als Individuum betrachtet zu werden, mag ich ebenfalls. Vielleicht hätte ich der ganzen Verwirrung einfach ein Ende setzen sollen und nach der Heirat den japanischen Nachnamen meines Mannes annehmen sollen? Stattdessen verteile ich einfach fleißig meine Visitenkarten und füge hinzu, dass mir mein Vorname am liebsten ist. Und den erleichtert schauenden Japanern auch.

82. Grund

Weil die Wahl des Vornamens mit viel Bedacht erfolgt

Mein Schwiegervater ist Direktor eines Kindergartens. Keine sonderlich schwere Tätigkeit. Er sitzt in seinem kleinen Büro und organisiert die Arbeitspläne der Mitarbeiter, sorgt für den Nachschub an Material und studiert das Mittagsmenü, um sich seelisch und mental darauf vorzubereiten.

Kontakt zu den Kindern hat er nur selten. Trotzdem gehört es zu seinen Aufgaben, alle Namen der Kinder zu kennen und ihrem Gesicht zuordnen zu können. Seine größte Herausforderung, die sich von Jahr zu Jahr schwieriger gestaltet, ist allerdings eine andere: die Lesung der Vornamen anhand der Schriftzeichen.

Schuld daran ist die Kreativität der jungen Eltern, die sich immer originellere Namen für ihre Kinder einfallen lassen, mit exotischen Schriftzeichen, deren Lesung nicht alltäglich ist.

Wenn Eltern einen Namen für ihr Kind suchen, gibt es mehrere Wege, dieses zu tun. Die einen wählen besonders gängige Schriftzeichen oder Kanji mit einer positiven Bedeutung, schauen dann in einer Liste, welche Lesungen es für das Zeichen gibt, und kreieren danach einen neuen Namen. Beispielsweise für Mädchen beliebte Bedeutungen sind Blume, Schönheit, Glück, Harmonie oder Liebe. Bei Jungs werden gerne Bedeutungen wie Größe, Mut, Kraft oder Stärke gewählt. Der Vorname sollte nicht nur klanglich zum Nachnamen passen, sondern in der Gesamtanzahl der Striche möglichst eine Glückszahl ergeben. Sind alle Voraussetzungen erfüllt, gibt es manchmal nur das kleine Problem, dass niemand mehr die ungewöhnliche Kombination der Zeichen lesen kann, so wie mein Schwiegervater. Die Lesung schreibt er dann halt mit dazu und lernt sie fleißig auswendig.

Ein anderer gängigerer Weg der Namensfindung ist, sich einen Namen zu überlegen und in der Liste nach passenden Zeichen zu suchen. Immer moderner werden ausländisch anmutende Namen: So nannte unser Freund seinen Sohn Maik, mit Kanjis, die es jedem Japaner unmöglich machen, die auf Anhieb zu schreiben.

Anhand der Liste können also auch für die meisten ausländischen Namen passende Schriftzeichen gesucht werden. Ich war eigentlich mit meinem Namen in Katakana immer ganz zufrieden. Der war einfach und sah ganz cool aus: 猫の目. Bis mir mein Mann erklärte, dass die Zecke oder Milbe auf Japanisch *Dani* ist und manchmal auch in Katakana geschrieben wird. Also machten wir uns auf die Suche nach Kanji für meinen Namen. Aber entweder gefiel mir die Bedeutung nicht, sie war einfach nicht zutreffend, die Kanji waren nicht schön oder viel zu kompliziert. Am Ende blieb ich bei der Zecken-Variante. Die passt ja auf eine gewisse Art zu mir, beiße ich mich nur zu gerne fest. Und damit blieb mir auch die umständliche Erklärung der Zeichen erspart, keine lästigen Fragen, wie mein Name geschrieben oder gesprochen wird, keine ewige Übung meinerseits, meinen eigenen Namen fehlerfrei zu Papier zu bringen. Und das Problem mit der glücksbringenden Anzahl der Striche im Namen? Hat sich erledigt, denn Katakana ist so einfach, da wird nichts gezählt.

Die Namensliste für die Neuzugänge im Kindergarten wurde bis heute für meinen Schwiegervater leider nicht einfacher, ganz im

Gegenteil. Neben ungewöhnlichen Lesungen und Zeichen tauchen da auch Namen auf, die in Japan kein Problem darstellen mögen. Kommt der kleine Yuudai aber irgendwann mal in den angloamerikanischen Raum und wird nach seinem Namen gefragt, könnte das durchaus für Verwirrung sorgen.

83. Grund

Weil sich Japanisch ein bisschen anhört, als könnte man es verstehen

Das ist Japanisch? Hab ich da nicht gerade irgendwas mit Eiscreme gehört? Und warum spricht mein Arzt eigentlich immer von »Karte«, wenn er auf meine Krankenakte zeigt.

Japaner haben mittlerweile so viele englische und auch ein paar deutsche Wörter in ihre Alltagssprache übernommen, dass ich mich da wirklich frage, warum es vielen Japanern eigentlich so schwerfällt, englisch zu sprechen.

Während meiner Zeit als Englischlehrerin habe ich mit meinen Schülern mal eine Liste zusammengestellt mit allen englischen Wörtern, die sie täglich so verwenden. Da kam ganz schön was zusammen. Leider sind viele Ausdrücke der japanischen Aussprache angepasst worden, dass man als Ausländer überlegen muss, um auf das Originalwort zu kommen.

Geiraigo nennt man diese japanischen Wörter, die auf fremden Sprachen basieren.

Ein paar Beispiele? Das kraftvolle Wort *enerugi*, was könnten die damit wohl meinen? Klar, oder? Energie! Was verbirgt sich hinter *arubaito*? So nennen Japaner Teilzeitarbeit. Das Wort hat man sich vom deutschen »Arbeit« abgeguckt. Wörter aus dem Ausland haben Japaner schon seit Ewigkeiten ausgeliehen. Vor allem aus dem Chinesischen, oft bedingt durch die Zeichen. Mittlerweile ist Englisch cooler, und viele Begriffe haben das japanische Wort verdrängt: Da wird »Soccer« zu *sakka* und aus »cup« hat man *kappu* gemacht, dabei ist das japanische Wort für Tasse eigentlich *chawan* und wird nur noch im Zusammenhang mit Reisschale verwendet, obwohl es mal eine Teeschale war. »couple« wird zu *kappuru* und »double« zu *daburu.* »single« heißt im japanischen *shinguru* und »violin« wird einfach zu *baiorin* (zwischen »v« und »b« wird im Japanischen kein Unterschied gemacht, genau so wie beim »r« und »l«).

Das sind aber nur Beispiele für die sehr einfachen Wörter. Schwieriger für den Ausländer wird es dann, wenn ein ausländisches Wort entliehen wurde, es dann im Nachhinein aber abgekürzt wird. Da muss man schon mal ein wenig um die Ecke denken. Aber hat man es erst einmal raus, ist es gar nicht mehr so schwer: *sumaho* ist das Smartphone. Was steckt wohl hinter dem Wort *passokon*? Richtig, Personal Computer. *Puroresu* wird das professionelle Wrestling in Japan genannt. *Rimokon* ist der Remote Controller oder wie einige in Deutschland auch noch altertümlich sagen »Fernbedienung«. Aber was ist *Rorikon*? Einfacher wird es mit der Verwendung von »L's« leider nicht. In »Loli-con« steckt der Lolita-Komplex, wenn sich Männer zu jungen Mädchen sexuell hingezogen fühlen. Kurioserweise wurde das japanische *rorikon* gleich mal von der restlichen Welt ausgeliehen, um einen Mangastil zu benennen, der von kindlich aussehenden Figuren mit erotischer Note handelt.

Am kuriosesten verhält es sich aber mit *Pokémon.* Aus dem englischen »Pocketmonster« zusammengesetzt, abgekürzt, mit einem französischen Accent Aigu versehen und dann zurück in die westliche Welt geschickt, haben Pokémon-Videospiel,-Fernsehserie, -Spielkarten und die Pokémon-Go-App die ganze Welt erobert.

Wenn es auch manchmal schwer ist, den Ursprung zu erkennen, es gibt da einen Ausdruck, der ist weder kopiert noch gekürzt. Der klappt einfach so. Als ich zum ersten Mal hörte, wie ein Japaner »Ah so!« zu mir sagte und sogar in einer passenden Situation, war ich begeistert. Das hörte sich nicht nur an wie ein »Ach so!«, sondern bedeutete genau das, was ich verstanden hatte. Wenn es nur immer so einfach wäre.

Weil es für alle Lebenslagen ein Sprichwort gibt

Ich bin den japanischen Sprichwörtern total verfallen. Sie machen mich nachdenklich, inspirieren, und es steckt so viel von der japanischen Denkweise und Lebensphilosophie in *kotowaza*, japanischen Redensarten und Weisheiten.

Die Rolle der Frau in der japanischen Gesellschaft wird in einigen japanischen Sprichwörtern sehr deutlich: *Nyobo to tatami wa atarashii ho ga yoi* (女房と畳は新しいほうがよい), »Ehefrauen und Tatami (Reisstrohmatten) sind besser, wenn sie neu sind«, heißt es so schön. Gut, dass hier nicht die Rede von »jung« ist, sonst wäre ich als Frau gleich ein wenig verunsichert.

Frauen mit ihren Stimmungen und ewigen Gefühlsschwankungen werden in Japan mit den Augen einer Katze verglichen. Denn »das Herz einer Frau ist wie die Augen einer Katze« heißt es im Japanischen: *Onna no kokoro wa neko no me* (女の心は猫の眼).

Aber was weiß der Mann im Grunde schon über Frauen? Gerne kontere ich bei Aussagen, die völlig aus der Luft gegriffen sind, oder antworte Menschen, die etwas beurteilen, von dem sie keine Ahnung haben, mit dem japanischen Sprichwort *i no naka no kawazu, taikai o shirazu* (井の中の蛙、大海を知らず). »Der Frosch im Teich kennt den Ozean nicht!« Besserwisser werden jetzt anmerken, dass ein Frosch ins stille Gewässer gehört und nicht ins salzige Meerwasser.

Aber ist es nicht immer so? 1000 Menschen, die loben, 10.000 Menschen, die lästern (oder was zu meckern haben). Japaner sagen dann: *Homete sennin warukuchi mannin* (誉人千人悪口万人).

In solchen Momenten hilft nur eins: Lachen! Denn »das Glück kommt zu denen, die lachen«. *Warau kado niwa fuku kitaru* (笑う門には福来たる) ist eines meiner Lieblingssprichwörter im Japanischen und vielleicht einer der Gründe, warum Japaner immer freundlich lächeln, sogar, wenn ihnen vielleicht gar nicht zum Lachen zumute ist.

Saru mo ki kara ochiru (猿も木から落ちる) sagen die Japaner, wenn mal etwas schiefgeht, was für gewöhnlich klappt. »Selbst ein Affe fällt mal vom Baum.« Das kann halt jedem Mal passieren.

Dann heißt es: *Nana korobi, ya oki* (七転八起) oder übersetzt: »Siebenmal hinfallen, achtmal aufstehen.« Siebenmal aufstehen würde nach meinen Berechnungen ja eigentlich schon reichen, aber Japaner gehen wohl davon aus, dass man am Anfang einmal aufstehen muss, um überhaupt fallen zu können.

Dass Hinfallen, Fehler machen oder Scheitern nicht schlimm sein muss, drückt eine andere japanische Weisheit aus: *Shippai wa seiko no moto* (失敗は成功のもと). Es bedeutet übersetzt nichts anderes als »Scheitern ist Erfolgsgrundlage!«.

Laut eines anderen japanischen Sprichworts führt nicht nur Scheitern zum Erfolg. »Dranbleiben ist Stärke« und mindestens genauso wichtig: *Keizoku wa chikara nari* (継続は力なり). Es zeugt in der Tat von charakterlicher Stärke, wenn man nicht gleich aufgibt, sondern sein Ding kontinuierlich durchzieht. Bei vielen Japanern habe ich bemerkt, wie sie zielstrebig eine Sache verfolgen, an die sie glauben, jeden Tag üben oder trainieren, egal wie hart es auch manchmal ist. Selbst bei Rückschlägen wird einfach weitergemacht.

Daiji no mae no shōji (大事の前の小事) drückt es nicht treffender aus: »Große Dinge haben ihren Anfang im Kleinen!« Manche Dinge brauchen halt ihre Zeit, manchmal sieht man kaum Erfolge und fast scheint es unmöglich.

Aber wie heißt es so schön in einem japanischen Sprichwort (oder war es der Werbeslogan eines bekannten japanischen Autoherstellers???): »Nichts ist unmöglich!«

85. Grund

Weil es Dinge gibt, für die nur Japaner ein Wort haben

Oft werde ich gefragt, in welcher Sprache ich mich mit meinem Mann eigentlich unterhalte. Kennengelernt haben wir uns damals auf Englisch, in Japan sprachen wir überwiegend japanisch miteinander, und nur, wenn es um wirklich wichtige Dinge (wie Streitgespräche) ging, verfielen wir zurück ins Englische. Seit wir in Deutschland leben, finden die meisten Gespräche im Alltag auf Deutsch statt. Allerdings gibt es da ein paar Wörter, die so nur im Japanischen existieren. Ohne die geht es bei uns nicht. Auch haben wir uns angewöhnt, auf Japanisch zu telefonieren, einfach, damit nicht jeder unser Gespräch verfolgen kann (und weil es sich viel cooler anhört!).

Am Telefon melden wir uns daher automatisch mit *moshi moshi,* was zu irritierenden Blicken führen kann, wenn Menschen zuhören, die kein Japanisch verstehen.

Beim Verlassen der Wohnung könnten wir natürlich auch »Bis später!« rufen, aber das *ittekimasu* (ich gehe jetzt) lassen wir uns genauso wenig nehmen wie ein *itterashai* (ich bin zurück). Und ein *kyotsukete* (Pass auf dich auf!) sitzt einfach ganz tief drin, dass es mir auch manchmal bei deutschen Freunden rausrutscht.

Ein weiterer Ausdruck, den wir täglich benutzen, ist *otsukare sama deshita.* Das lässt sich nun wirklich nur schwer übersetzen. Immer dann, wenn eine Aufgabe endlich geschafft ist, muntern wir uns damit auf oder umgangssprachlich auch in der Kurzform *otsukare sama* oder ein ganz kurzes *otsukare.* In dem Ausdruck schwingt allerdings noch sehr viel mehr mit, als man ihm auf den ersten Blick ansieht: »Danke für deine Mühe und deine Anstrengungen. Das hast du wirklich toll gemacht. Entspann dich jetzt erst mal, du hast ja wirklich hart gearbeitet.« Hier schwingt schon viel Arbeitsmoral und -kultur der Japaner mit.

Richtig spannend sind aber die weniger alltäglichen Ausdrücke, bei denen man gar nicht auf die Idee kommen würde, ein eigenes Wort dafür zu erfinden: *bakku shan* ist so ein Wort, das eine Frau beschreibt, die von hinten viel besser aussieht als von vorne. Hört sich gar nicht so freundlich an und sollte der betreffenden Frau auch nicht ins Gesicht gesagt werden. Das Wort ist eines dieser schönen Erfindungen, bei denen die Japaner so richtig kreativ wurden. *bakku* aus dem Englischen für »back« und *shan* aus dem Deutschen für »schön«.

Auch für das Wort *ageotori* (上げ劣り) fällt mir auf Anhieb kein deutsches Wort ein, dabei kommt das gar nicht so selten vor, dass man nach einem Gang zum Friseur mit einem neuen Haarschnitt einfach schrecklich aussieht (»ungewohnt« sagen andere, die es lieb meinen).

Besonders gut gefällt mir *ikigai* (生き甲斐), das man im weiten Sinne vielleicht mit »Lebenssinn« übersetzen könnte. Dabei beschreibt das Wort das wertvolle Gefühl, etwas zu haben, für das es sich lohnt, morgens aufzustehen. In Japan ist die Suche nach der Leidenschaft eine wichtige Voraussetzung, um glücklich und zufrieden zu sein. Dabei bedeutet *ikigai* für jeden etwas anderes: Ein Hobby, ein Beruf oder die Suche nach einem Rezept für die perfekte Nudelsuppe sind nur einige Beispiele.

Gibt es etwas Schöneres als den Anblick von Sonnenstrahlen in einem Wald? Wenn das Licht auf den Waldweg scheint und man innehalten muss, weil es wunderschön aussieht? Für ebendieses Sonnenlicht, das gebündelt durch die Baumkronen strahlt, haben die nach Wald verrückten Japaner ebenfalls ein eigenes Wort: *komorebi* (木漏れ日).

Viele dieser Wörter sind entstanden, indem einfach die Schriftzeichen zusammengesetzt nach Bedeutung zu einem neuen Wort wurden.

So geschehen auch bei *irusu* (居留守). »zu Hause+abwesend«, nichts anderes bedeuten die Zeichen und beschreiben eine Situation, in der man so tut, als sei man nicht zu Hause.

Dass es für das japanische Wort *tsundoku* (積ん読) nichts Vergleichbares in der deutschen Sprache gibt, verwundert mich, denn wer kennt das nicht, wenn Bücher angehäuft werden, ungelesen auf einem Stapel oder im Regal verschwinden. Das wünscht man keinem Buch, und ich freue mich, wenn es diesem Buch nicht auch so ergeht.

86. Grund

Weil Japan das Gehirn trainiert

Als wäre es nicht schon schwierig genug, eine Sprache mit mehr als 50.000 Schriftzeichen zu benutzen, suchen die Japaner immer wieder nach neuen Herausforderungen.

Lange wurden Preise in den Geschäften als Nettopreise ausgezeichnet, sodass man die 5% Mehrwertsteuer im Kopf hinzurechnen musste, wenn man wissen wollte, was man am Ende tatsächlich zu zahlen hatte. So etwas hält das Gehirn fit.

Bei einem Preis von 100 Yen mag das noch gehen, aber bei einem Preis von 957 Yen sieht es schon ganz anders aus.

Seit April 2004 müssen alle Preise inklusive der Mehrwertsteuer ausgezeichnet werden. Ich kann mich noch gut an die Umstellung erinnern, alles erschien plötzlich gefühlt sehr viel teurer geworden zu sein.

Momentan liegt die japanische Mehrwertsteuer bei 8% (Stand 2017). Deshalb kostet im 100-Yen-Shop auch alles 108 Yen. Eine Erhöhung auf 10% ist für die Zukunft geplant.

Eine weitere geistige Herausforderung des Alltags in Japan ist die bereits erwähnte Müllentsorgung. Es gilt nicht nur, seinen Müll fein säuberlich zu trennen, der muss auch noch zum richtigen Tag in der richtigen Woche morgens an die Straße gestellt werden. Und irgendein Mülltag ist eigentlich immer, so beginnt der Tag gleich mal mit einer aktiven Denksportaufgabe: Welcher Tag ist heute? Welche Müllsorte ist heute dran? Ist heute »alle zwei Wochen? …« Wer sein Hirn zu so früher Stunde noch nicht belasten will, der schaut auf den Müllkalender oder verwendet eine App.

Gehirnjogging, wenn nicht sogar ein echter Gehirn-Marathon, ist das japanische Schachspiel *Shogi*. Schach ist kein einfaches Spiel. Aber das japanische Schach setzt dem Ganzen noch ein Krönchen auf. Aufwendig geschnitzte Spielfiguren, wie wir sie kennen, gibt es nicht. Alle Spielsteine sehen gleich aus: fünfeckige Plättchen. Sie unterscheiden sich lediglich in der Größe und in den sinojapanischen Schriftzeichen, die die jeweilige Funktion des Steines beschreiben. Das ist für mich als Ausländerin schon mal eine echte Herausforderung. Der Japaner tut sich da wesentlich leichter. Es gibt auch keine unterschiedlichen Farben für den Gegner. Die Steine haben eine Pfeilspitze, die angibt, in welche Richtung der Stein bewegt wird. Das hat einen sehr praktischen Hintergrund. Denn beim *Shogi*, wo das Ziel des Spiels ist, den König zu erobern bzw. mattzusetzen, dürfen eroberte Steine des Gegners wieder ins Spiel gebracht werden. Jetzt kämpfen die Eroberten aber auf der anderen Seite des Feldes. Damit wird jede Strategie, die man sich für das Schachspiel im Leben mal überlegt haben sollte, hinfällig. So sind sie, die Japaner. Gefangene werden nicht getötet, sondern eingesetzt für die eigene Sache. Hat man das begriffen und sich alle sinojapanischen Zeichen auf den Steinen gemerkt, gibt es eine weitere Herausforderung, die es zu meistern gilt. Denn wer mit seinem Stein die gegnerische Spielzone erreicht (das sind die letzten 3 Reihen), darf ihn umdrehen und erhält erweiterte Zugmöglichkeiten, die auf der Rückseite beschrieben sind. Natürlich wieder mit Schriftzeichen. Die ursprüngliche Zugmöglichkeit bleibt aber erhalten. Nur dass man die jetzt nicht mehr so einfach erkennen kann. Muss man sich halt merken, oder wie ich ständig nachschauen. *Shogi* gehört für mich zur Königsklasse aller Spiele und trainiert meine grauen Zellen bis zur Erschöpfung.

Geradezu harmlos kommt das Zahlenrätsel *Sudoku* daher. Mittlerweile ein Freizeitspaß für jeden Rentner und Gelangweilten. Beim *Sudoku* werden, wörtlich genommen, Zahlen isoliert. Dabei müssen die Zahlen 1–9 sowohl in den waagerechten als auch in den senkrechten Reihen so untergebracht werden, dass sie sich kein zweites Mal in einer Reihe wiederholen. Aber Sie kennen das sicher. Ursprünglich kommt das Rätsel zwar aus Amerika, aber die Japaner waren die Ersten, die das 81-Felder-Gitter in einer Zeitschrift veröffentlichten und so populär machten. 1986 haben sie den Namen eingeführt und auch gleich als Marke registriert. So haben sie das kopierte Rätsel zu ihrem eigenen Produkt gemacht.

Ein echtes japanisches Rätsel hingegen ist das *Nonogramm*, das 1989 von der Designerin Non Ishida erfunden wurde. Und die Entstehung war ganz simpel: 1986 gewann sie einen Preis für ihre Fenstergestaltung von Wolkenkratzern. Es ging darum, bestimmte Fenster eines Hochhauses durch Anschalten der Zimmerbeleuchtung zu erleuchten, damit von außen betrachtet ein ganz besonderes Gesamtbild erschien. Dabei kam sie auf die Idee, daraus ein Rätsel zu machen. Mittlerweile hat der japanische Spielekonsole-Hersteller Nintendo das Nonogramm mit in sein Spieleprogramm aufgenommen, um Konzentration und logisches Denken zu trainieren.

Meine liebste Gehirnaufgabe ist und bleibt am Ende aber das Japanischlernen. Schriftzeichen gibt es ja genug.

8. Kapitel

Kulinarisches in Japan

Tiefgefrorene Fischköpfe

87. Grund

Weil es beim Essen allein 111 Gründe gibt, Japan zu lieben

»Du schreibst eine Liebeserklärung an Japan? Du schreibst ein Buch über japanisches Essen???« Das war der erste Gedanke meines Mannes, als er hörte, dass ich dieses Buch schreiben würde. Für ihn als Japaner bedeutet Essen einfach alles. 111 Gründe, Japan zu lieben – das sind für ihn 111 Gerichte, die typisch für Japan sind und für meinen in Berlin lebenden Mann die besten Gründe, mal wieder nach Hause zu fliegen.

Telefoniert mein Mann mit seinen Eltern in Japan, hört sich das in etwa so an (natürlich sprechen sie dabei japanisch):

»Und? Wie geht's?«

»Mir geht's gut. Und wie geht es dir, Vater?«

»Auch gut! Wir sind gerade beim Abendessen! Heute gibt es Mutters Eintopf, dazu eingelegte Auberginen, Reis, Sashimi, …!«

Und ich kann schon an den Mundwinkeln meines Mannes, dem leicht feuchten Film in seinen Mandelaugen und dem verträumten Blick erkennen, worüber die zwei jetzt sprechen. Schwiegerpapa listet dann auf, was er in den letzten 72 Stunden noch so alles zwischen seinen Stäbchen hielt, bevor es den Weg in seinen Mund fand. Schwiegermama ergänzt die Ausführungen mit Highlights in Restaurants, die sie in den letzten Tagen besucht haben.

Manchmal glaube ich, die schreiben das extra auf und legen sich die Listen ans Telefon, als kleine versteckte Komm-doch-zurück-nach-Japan-Argumente, die eigentlich nur eines bedeuten sollen: »Wir vermissen dich!« So direkt würden sie ihm das aber niemals sagen. Die Antwort meines Mannes: »Ach, ich möchte so gerne mal wieder deinen leckeren Eintopf essen, Mutter!« – zu Deutsch: »Ich vermisse dich auch.«

Treffen sich Japaner im Ausland, dann geht es früher oder später immer um das eine – um die Nahrungsaufnahme: Sie gleichen kurz ab, welche regionalen Köstlichkeiten sie bereits probiert haben, und geben Empfehlungen, wo es den besten Fisch zu kaufen gibt. Aber immer zählen sie sich irgendwann gegenseitig all die Dinge auf, die sie so gerne mal wieder essen würde, träumen von *Onigiri* und gutem Sake und geraten dann ins Schwärmen:

Onigiri, die einfachen Reisbällchen, umwickelt mit *Nori* (getrockneten Seetang-Blättern), mit unterschiedlichsten Füllungen (und der 90. Grund, Japan zu lieben).

Ramen, eine Nudelsuppe, die ursprünglich aus China kommt und von Japan übernommen und angepasst wurde an die regionale Küche (der 88. Grund, Japan zu lieben) .

Sukiyaki, ein Eintopf mit Gemüse, Tofu und Rindfleisch.

Unagi, gegarter Aal, der in süßlicher Sojasoße auf Reis serviert wird.

Tempura, Gemüse, Pilze, Fisch und vor allem Garnelen in einem einfach frittierten Teigmantel.

Tsukemono, eingelegtes Gemüse, das eigentlich immer als kleine Beilage gereicht wird.

Natto, fermentierte Sojabohnen, die mit einem Schälchen Reis gerne zum Frühstück verspeist werden.

Roher Fisch, ob als Sushi auf gesäuertem Reis oder pur als Sashimi (der 89. Grund, Japan zu lieben).

Reis. Eine ganz einfache Schale mit durftendem Reis aus Japan!!! Legt man darauf eine *Umeboshi*, eine rote, saure Pflaume, dann sieht man vor sich die japanische Flagge. Roter Kreis auf weißem Grund! Japanischer geht es nicht, oder?

Die Liste könnte jetzt noch ein paar Seiten lang werden.

So viele japanische Gerichte? Die meisten denken doch zunächst mal bei Japan an Sushi und Fisch. Natürlich Fisch. Der ist in keinem Land der Welt so gut wie in Japan. Sie denken, ich übertreibe jetzt aber maßlos? Nein, keineswegs. Die Beschaffenheit des Landes, das Klima und die Leidenschaft für gutes Essen machen aus dem japanischen Fisch etwas so Unvergleichliches. Zweidrittel des Landes bestehen aus Bergen. Viele davon sind den ganzen Winter über mit Schnee bedeckt. Im Frühling nun gelangt das Schmelzwasser in die Flüsse und wird ins Meer geleitet. Das Besondere an dem Schmelzwasser aus den Bergen ist das Plankton, das entsteht und von den im Meer lebenden Fischen aufgenommen wird. Die leckersten Fische werden direkt an den Küsten gefangen und landen auf schnellstem Weg auf den Fischmärkten des Landes. Ist es da verwunderlich, dass sich der größte und wahrscheinlich auch bekannteste Fischmarkt der Welt in Tokyo befindet? Den *Tsukiji* mit über 600 Händlern müssen Sie sich auf Ihrer Japanreise unbedingt einmal anschauen. Da gibt es Dinge, für die wir auf Deutsch nicht mal einen Namen haben.

Als ich meiner Schwiegermutter von diesem Buch erzählte, war sie erstaunt. »111 Gründe? So viele? Wenn du noch Rezepte brauchst, dann sag Bescheid!«

88. Grund

Weil japanisches Essen einem das Leben erklärt

Warum ist den Japanern, und hier darf ich endlich gerne mal bedenkenlos generalisieren, gutes Essen so wichtig? Verständnislose Blicke der Japaner bei dieser Frage. »Ist doch normal, oder? Essen ist doch das Wichtigste! Gutes Essen macht Spaß, hält gesund und macht das Leben lebenswert. Das lernen wir doch schon in der Schule!«

Tatsächlich gibt es in Japan Ernährungsunterricht. Wie eine ausgewogene Mahlzeit aussieht, warum Gemüse wichtig für den Menschen ist und wo welche Nährstoffe zu finden sind. Solche Dinge stehen im Lehrplan.

Als ich den Lehrer dieser Unterrichtseinheit nach dem Grund für die japanische Liebe zum Essen fragte, hatte er eine ganz einfache Antwort für mich: »Wer die japanische Kultur verstehen möchte, der kann Bücher lesen oder sich Tempel anschauen, aber wer die japanische Kultur erleben möchte, der isst japanisch. Japanisches Essen, das ist unsere Kultur und unser Leben. Da steckt alles drin: Ästhetik, Liebe zur Natur, zum Detail, Geduld, Gemeinschaft und Respekt. Wir schätzen die Schönheit der Natur und lieben sie für das, was sie uns schenkt. Daraus etwas Köstliches zuzubereiten ist unsere Wertschätzung an die Pflanzen und an die Tiere.«

Um diese Wertschätzung zu erfahren, müssen Sie nur einmal ein *Ramen-ya* besuchen, ein einfaches Nudelsuppen-Restaurant. Alle schlürfen um Sie herum. Das gehört zum guten Ton beim Nudelsuppen-Essen und ist der 104. Grund, Japan zu lieben.

Sieht so die Wertschätzung aus? In Japan schon. Man muss auch hören können, dass es schmeckt. (Außerdem bekommt man beim Einsaugen der Nudeln auch genau die richtige Menge an Suppe mitgeliefert.) Wenn plötzlich der Mann im Anzug neben Ihnen seinen Kopf hebt, zufrieden die Stäbchen an die Seite legt und zu sich selbst ein »Ah. Oishikatta!« murmelt, »Ah, das war lecker!«, dann können Sie einen wichtigen Teil der japanischen Kultur beobachten: Dankbarkeit.

Eine Schüssel Ramen ist mehr als eine schnelle Mahlzeit. Da steckt viel Herz drin, und das schmeckt man. Ramen macht einfach glücklich. Ramen ist für jedermann, egal ob reich oder arm. Beim Ramenessen sind alle gleich. Na ja. Als Ausländerin hab ich mich anfangs schon schwergetan, eine Nudelsuppe mit Stäbchen zu essen und dabei laut zu schlürfen. Da musste ich ein bisschen üben. Japan ist manchmal auch einfach nur Übungssache. Aber wenn man den Dreh raus hat, dann stellt sich ein Gefühl ein, dazuzugehören. Dann ist man nicht mehr DIE Ausländerin, sondern die Nudelsuppenschlürfende in Japan. Das ist man plötzlich ein Teil geworden.

Dabei ist Ramen gar kein japanisches Gericht. Ursprünglich kommt die Nudelsuppe aus China. Aber Japan übernimmt gern mal Gutes aus anderen Kulturen, um daraus etwas Eigenes, ganz Einzigartiges zu machen. Ist Ihnen bestimmt schon aufgefallen, oder? Auch so kann Kultur entstehen.

Ich erinnere mich noch gut an eine Nacht in Hakata, der Ramenhochburg. Die alte Hafenstadt ist ein Stadtbezirk von Fukuoka auf der Insel Kyushu im Süden. Tagsüber ist es ein Stadtteil wie jeder andere, aber abends, wenn die Lichter angehen, wird daraus eine Aneinanderreihung von kleinen mobilen Essensständen entlang des Flusses *Naka-gawa*. Sie verkaufen alle eines: Ramen. Solche kleinen rollenden Wagen mit Essen findet man im ganzen Land. *Yatai* werden sie genannt und gehören zur japanischen Kultur wie der Döner zu Kreuzberg.

Da saß ich nun auf meinem kleinen Hocker zwischen Japanern: einem Anzugträger mit Krawatte, zwei jungen Mädchen in Highschool-Uniform, einem Arbeiter im Overall und einer Frau in Kostüm, die sich die engen Stöckelschuhe von den Füßen geschoben hatte. Ich bestellte Ramen, was sonst? Und ein kühles Bier, von dem ich gleich einen Schluck nehmen wollte, als plötzlich alle um mich herum ihr Glas zu einem *Kampai* erhoben und mir zuprosteten. Keine fünf Minuten später stand die heiß dampfende Nudelsuppe vor mir. Da kannte ich schon sämtliche Namen, Berufe und Familienstände meiner Tischnachbarn. Wir haben uns köstlich amüsiert, im wahren Sinne dieser Worte, und zwischendurch ernst philosophiert.

Die größte Weisheit in dieser Nacht stammte vom Ramenkoch selbst: »Eine Schüssel Ramen ist wie das Leben eines Menschen. Es sieht nach einem einfachen Gericht aus, mit vier Bestandteilen: Soße, Suppe, Nudeln und Toppings. Aber jeder dieser Bestandteile ist eine Herausforderung, und langes Üben und Ausprobieren ist erforderlich, um daraus eine einzigartige Suppe zu kreieren. Genau wie in unserem Leben: Unsere Familie, die Umgebung in der wir leben, unsere Berufung und unsere Träume, daraus ergibt sich am Ende unsere Suppe des Lebens.«

Japanische Kultur ist eben auch, wenn einem das Leben anhand einer einfachen Nudelsuppe erklärt wird.

89. Grund

Weil Sushi in Japan einfach anders schmeckt

Sushi – muss ich das hier noch weiter erklären?

»Roher Fisch in Reis gerollt und mit Seetang umwickelt.« Lange Zeit hielt ich die kleinen Sushiröllchen, manchmal auch gefüllt mit Gurke, Frittiertem oder Avocado, für Sushi.

Sushi in Japan war ursprünglich eine Konservierungsmethode für Fisch, der in Reis gelegt und so fermentiert wurde. Heute ist Sushi ein Oberbegriff für alles, was auf oder zwischen gesäuertem Reis liegt, auf Fermentierung wird da gerne verzichtet.

Bei meiner ersten Japanreise wurde ich gleich in die hohe Kunst des modernen Sushi eingeführt und war ein wenig überrascht. Das hatte alles wenig mit dem zu tun, was ich bisher kannte.

Ein Freund lud mich in ein ganz besonderes Sushi-Restaurant ein. »Die Reservierung habe ich vor vier Monaten gemacht. An dem Tag, als du mir deine Flugdaten genannt hast«, erklärte er stolz, als wir an der Bar des etwas schummrigen Restaurants saßen. Ich war mir plötzlich nicht mehr sicher, ob er sich mehr über meinen Besuch in Japan freute oder über unseren Besuch in dieser Bar. Aber ich sah die Vorfreude in seinen Augen und fand es plötzlich irre spannend, in einer echten Sushibar zu sitzen, an der Bar, in Tokyo.

Sushi in Japan zu essen gehört unbedingt zum Pflichtprogramm einer Japanreise. Auch wenn ich mir selbst wahrscheinlich ein weniger nobles Ambiente fürs erste Mal gewünscht hätte. Ein günstiges Restaurant hätte mir gereicht, bei dem die Auswahl auf einem Fließband an mir vorbeizieht und ich nur zugreifen muss, wonach mir ist. *Kaiten-Zushi* nennt man diese Art Restaurants, von denen mir schon andere Japanfans erzählt hatten. Das System dort ist recht einfach: Die Teller haben unterschiedliche Farben und damit unterschiedliche Preise. Da kann man beim Essen schön im Kopf mitrechnen und erwartet keine bösen Überraschungen.

Nun saß ich aber an einer Sushibar, ein Menü konnte ich nicht entdecken, nur ein paar japanische Schriftzeichen auf Holztäfelchen an einer Wand. Mein größtes Problem war aber ein ganz anderes: Ich war kein Sushi-Fan. So richtig überzeugt hatten mich die Reisstückchen mit rohem Fisch bisher nie. Aber das wollte ich mir hier auf keinen Fall anmerken lassen.

Weil ich ohnehin keine Ahnung hatte, was ich hier bestellen sollte, überließ ich es meinem japanischen Gastgeber, aber der winkte nur ab: »Ich habe *Omakase* gewählt. Ein Menü. Dabei überlasse ich dem Chef hier die Wahl und die Reihenfolge.« Und schon lag der erste Happen auf der Holztheke. Einfach so, ohne Vorwarnung und vor allem ohne Teller! Es sah schon toll aus. Ein heller Fisch auf glänzendem Reis. Während ich mich nach den Stäbchen umsah, schob sich mein Begleiter das Nigiri bereits mit der Hand in den Mund. *Nigiri*, so die richtige Bezeichnung für die Sushistücke, bei denen Fisch auf gesäuertem Reis liegt, isst man hier mit der Hand. »Und Sojasoße?« Ob der Fisch Soße benötigt, entscheidet der Chef. In dem Fall pinselt er einen Hauch von einer feinen Soße drüber. Er entscheidet auch, wann der geriebene Wasabi (der japanische grüne Meerrettich) unter den Fisch gehört und wann nicht.

»Das muss ich unbedingt in Deutschland erzählen«, ging es mir durch den Kopf. Da mischt man die Wasabipaste lustig in einem Schälchen in die Sojasoße und gönnt seinem kleinen Röllchen, *Maki* genannt, oder dem Reis erst mal ein schönes Bad darin.

Also schob ich mir den etwas zu großen Happen komplett in den Mund und war erst mal eine Weile beschäftigt. Der Reis war nicht gekühlt, und auch der Fisch hatte eine angenehme Temperatur und es schmeckte weder nach Sojasoße noch nach Fisch. Süß-säuerlich und … unbeschreiblich gut. Mit nichts vergleichbar, was ich bisher gegessen hatte.

Während uns nach und nach immer neue Köstlichkeiten serviert wurden, dachte ich jedes Mal: »Das ist mein absoluter Favorit!« Es folgte ein »Geschmacksreset« mit eingelegtem Ingwer, auf Japanisch *Gari* genannt. Am Ende des Abends hatte ich zehn Favoriten. Sogar die Reihenfolge des Chefs machte am Ende für mich vollkommen Sinn. Es begann mit Leichtem, etwas Unscheinbarem, gipfelte in einem Stück *Toro*, Thunfisch von höchster Qualität, und endet mit einem fettigen *Unagi*, Aal mit einer süß-würzigen Soße. Dazwischen gab es Muschel, Garnele und allerlei aus dem Meer, deren Namen ich noch nie zuvor gehört hatte. Kleine gefüllte Reisrollen mit Gurke waren übrigens nicht dabei. Und einfache Sojasoße wurde hier auch nicht verwendet. Es handelte sich bei der Soße um eine Mischung aus typisch japanischen Komponenten, die eingekocht werden (Sojasoße, Mirin, Sake), bis der Alkohol verkocht ist.

Jedes Sushirestaurant hat da seine eigene Rezeptur, und mit der Auswahl der Zutaten und der Zubereitung des Reises ist jedes Sushirestaurant einzigartig. Das beste Sushirestaurant gibt es daher nicht. Die Qualität muss stimmen, keine Frage, der Rest ist Geschmackssache.

Aber was ist nun das Besondere an Sushi? Ein Stück kurzlebige Kunst, die unglaublich lecker ist und ein überzeugender Grund, Japan zu lieben.

90. Grund

Weil Reis der aufregendste Snack der Welt sein kann

Reis, zu einem Dreieck geformt und originell verpackt. So lernt jeder Japanbesucher früher oder später den beliebtesten Snack der Japaner (wahrscheinlich auch der Ausländer) kennen: *Onigiri*.

Gerne als »das japanische Butterbrot, nur ohne Butter und ohne Brot« bezeichnet, erfüllt es tatsächlich eine ähnliche Aufgabe wie die Stulle bei uns. Morgens den heißen Reis zu einem Bällchen mit gesalzenen Händen geformt, mit Nori (getrocknetem Seetang-Papier) umwickelt und dann in Folie gepackt, und fertig ist der Snack für unterwegs, das Reisbällchen für die Pause, der kleine Magenfüller für zwischendurch.

Onigiri sind so kultig, dass sie auf Smartphones sogar zwei eigene Emojis haben, einen eigenen Gedenktag und zwei weitere Bezeichnungen: *Omusubi* oder *Nigirimeshi* (allerdings nur noch von der älteren Generation so genannt).

Früher waren die Reisbällchen tatsächlich noch rund. Erst mit der maschinellen Herstellung wurden es Dreiecke.

Die beste Auswahl an Onigiri finden Sie in kleinen traditionellen Onigiri-Shops, wo sie noch handgemacht sind, oder in einem der vielen Konbini, den 24-Stunden-Supermärkten (und der 66. Grund, Japan zu lieben). Hier gibt es immer neue Füllungen und spannende Kreationen. Wer das Japanische auf der Verpackung nicht lesen kann, für den wird es ganz besonders spannend.

Aber der Spaß geht schon beim Öffnen der originellen Verpackung los. Eine durchnummerierte Schritt-für-Schritt-Anleitung hilft beim Auspacken. Das besonders Pfiffige an der Verpackung ist, dass das Noriblatt nicht mit dem Reis in Berührung kommt, bis es vom Plastik befreit wird. Damit bleibt das dünne Seetang-Blatt schön knusprig und knackt so herrlich schön beim ersten Bissen. Schon wird die Füllung sichtbar, und so manches Mal hatte ich zwar keine Ahnung, was ich da aß, aber lecker war es trotzdem.

Der Klassiker unter den Onigiri-Füllungen ist *Umeboshi*, eine salzige Pflaume, die eine antibakterielle Wirkung hat und daher an warmen Tagen bei hausgemachten Reisbällen gern verwendet sind. Besonders beliebt ist *Tuna Mayo Onigiri*, Thunfisch mit Mayonnaise, welches übrigens eine Erfindung vom 7 Eleven Konbini ist.

Zum Standardsortiment gehörten auch gebratener Lachs, Konbu (Seetang), Ikura (Kaviar vom Lachs, mariniert), Hähnchen mit Mayonnaise, Garnele mit Mayonnaise, Takana (eingelegtes Gemüse) oder Okaka (Bonito-Fischflocken mit Soyasoße). Aber tatsächlich gibt es noch so viele weitere Füllungen, und immer wieder kommen neue hinzu, dass diese Liste niemals aktuell sein könnte.

An mein erstes Onigiri kann ich mich gar nicht mehr erinnern, aber es muss mich so umgehauen haben, dass ich den Reisbällchen und -dreiecken seitdem total verfallen bin und es kaum erwarten kann, beim nächsten Japanbesucher wieder von einer neuen Füllung überrascht zu werden.

91. Grund

Weil selbst aus Reis Alkohol gemacht wird

»Dass ein Getränk allein aus Reis und Wasser so geschmackvoll sein kann?«

Sake wird auch *Nihonshu* genannt, da machen die Japaner keinen Unterschied. Mit Sake bezeichnen Japaner aber auch jede andere Form von Alkohol.

Sake enthält, anders als Wein, keine Sulfite. Man spricht von Sake-Brauereien, deshalb ist die gängige Übersetzung *Reiswein* für Sake etwas irreführend. Ähnlich wie bei der Traube, die allein für die Weinherstellung angebaut wird und nicht zum Verzehr, wurde auch für die Sakeherstellung eine ganz besondere Reissorte kultiviert. Das Reiskorn ist dabei wesentlich größer als der Reis, der im Reiskocher landet, und hat keinen Geschmack. Dafür enthält das Korn einen stärkehaltigen Kern, der essenziell ist für das Getränk, das ein wenig schmeckt wie Wasser mit Alkohol, allerdings rund 15% Alkohol enthält. Das Besondere ist die feine Nuance, die sich verändert, je nach Temperatur, mit der Sake getrunken wird. Dazu empfiehlt sich ein Blick auf die Flasche und die Empfehlung des Herstellers.

Es gibt mittlerweile um die 1.800 Sake-Brauereien in Japan, die besten in den Präfekturen Hyoko, Fukui, Aichi, Nagano, Niigata, Yamagata, Fukushima, Miyagi und Aomori. So einzigartig wie die landschaftlichen Begebenheiten sind auch die Geschmäcker. Und Geschmäcker sind verschieden. Da heißt es: durchprobieren!

Am Ende ist es alles eine Frage des Reises und des Quellwassers. Und damit bleibt Japan der einzige Ort auf der ganzen Welt, in dem herausragender Sake gebraut werden kann. Deshalb ist Japan unangefochten das Land des Sake, und mit einem Schluck davon schmeckt man die Seele Japans, so erklärte man mir das jedenfalls oft.

Vielleicht denken Sie jetzt an Ihren letzten Besuch beim Asiaten und fragen sich: »Die übertreiben jetzt aber maßlos. So lecker schmeckt Sake nun auch wieder nicht!« Das was Sie im Ausland als Sake serviert bekommen, hat nichts mit dem Getränk zu tun, das ich in Japan kennengelernt habe. Günstigem Sake wird Ethanol zugefügt und nennt sich *Futsushu*, gewöhnlicher Sake, und den gibt es selbstverständlich auch in Japan. Man erkennt ihn am einfachsten am Preis und an den Kopfschmerzen am nächsten Tag. Ich rede hier aber von etwas anderem, dem Premium-Sake, der wiederum in verschiedenen Qualitätsstufen unterschieden wird. Nur rund 25% des in Japan produzierten Sake erhalten die Premiumsiegel und erfüllen damit den hohen Standard.

Ich möchte Ihnen kurz die komplexe Sakeherstellung erklären. Vier Bestandteile sind notwendig: Reis, *Koji* (fermentierter Reis), Hefe und Wasser. Der Reis wird geschält, bis nur noch der stärkehaltige Kern übrig bleibt. Je mehr geschält wird, desto hochwertiger wird der Sake am Ende. Das sind beim *Daiginjo,* der höchsten Stufe des Premium-sake, immer 50% und mehr, sonst darf er sich nicht Daiginjo nennen. Anschließend wird der Reis gedämpft. Ein Teil davon wird mit Schimmelenzymen zu Koji verarbeitet, der wichtigsten Zutat von Sake. Ein sehr komplexer Vorgang, der auch heute noch in den meisten Brauereien Handarbeit bedeutet. Anschließend wird Reis mit Koji, Wasser und Hefe vermischt. Dabei wird aus dem Reis Glukose, nach einer Weile wird die Glukose zu Alkohol, jetzt mal vereinfacht gesagt. Man kann dem Prozess regelrecht dabei zusehen, wie die Masse beginnt, zu schäumen und zu blubbern, als sei sie lebendig. Am Ende wird die Flüssigkeit noch gefiltert und in Flaschen abgefüllt. Bei milchig weißem Sake handelt es sich um ungefilterten Sake. Anders als bei Wein muss Sake nicht jahrelang lagern, sondern sollte innerhalb eines Jahres getrunken werden. Die Flaschen sollten kühl und dunkel aufbewahrt werden. Deshalb finden Sie Sake oft in dunkelbraunen Flaschen, immer mit einem Karton drum herum. Das Herstellungsdatum steht auf jeder Flasche, allerdings auf Japanisch, was zu Verwirrungen führen kann, da Japan einen eigenen Jahreszahlenkalender besitzt. Eine geöffnete Flasche hält sich im Kühlschrank länger als Wein, weil es keine Sulfite enthält, sollte aber innerhalb eines Monats getrunken werden. Der Geschmack verändert sich mit der Zeit, wird aber nicht schlechter.

Sake hat 20 verschiedene Aminosäuren, die für das unvergleichliche Aroma und den Geschmack verantwortlich sind. Um das feine Aroma zu genießen, wird Sake heute bei Verkostungen und in guten Sakebars in bauchigen Weingläsern serviert. Oft sieht man die kleinen Karaffen und Becher aus Keramik, *Choku* genannt, die bei uns unweigerlich mit Sake verbunden werden und auch in Japan lange Tradition haben. Ein wahrer Sakeliebhaber wählt aber ein Glas für den echten Genuss mit allen Sinnen. Aus einem quadratischen Holzgefäß zu trinken, dem Masu, mag zwar unheimlich japanisch aussehen und findet man in vielen alten Kneipen auch heute noch, aber Sakebrauer weisen gerne darauf hin, dass der wahre Geschmack verfälscht wird. Nebenbei ist es auch unglaublich schwer, aus dem quadratischen Gefäß zu trinken, ohne dass einem die kostbare Flüssigkeit aus den Mundwinkeln läuft. Diese Gefäße waren früher ursprünglich zum Abmessen von Reis gedacht. Weil Keramikbecher unterschiedliche Größen haben, fühlten sich einige Kunden benachteiligt und wollten sicherstellen, dass sie auch die Menge bekommen, für die sie bezahlt hatten. So kam man auf die Idee, Sake in den hölzernen Messbechern zu verkaufen.

Auch Sie können Sake herstellen auf ganz ursprüngliche Weise: Sie kauen gedämpften Reis für eine lange Zeit, in Verbindung mit den Enzymen im Mund wird die Stärke mit der Zeit zu Glukose. Anschließend spucken Sie die Reismasse in ein Gefäß. Und die Fermentierung beginnt mit den natürlichen Hefestoffen aus der Luft. Es wird gesagt, dass so die ursprünglichste Art der Sakeherstellung vor mehr als 2000 Jahren begann, als man noch nichts von Hefe und Schimmelenzymen wusste. Ich empfehle Ihnen trotzdem, Ihren Gästen einen *Junmai, Junmai Ginjo* oder *Daiginjo* zu servieren.

92. Grund

Weil japanische Küche auf der UNESCO-Liste steht

Das Essen in Japan gehört zu den Highlights auf jeder Japanreise. Die japanische Küche ist unglaublich vielfältig, mit einer eigenen Philosophie und ganz eigenen Regeln. *Washoku* nennt man die traditionell japanische Küche, die seit 2013 sogar auf der UNESCO-Liste für immaterielle Kulturgüter steht. Das Schriftzeichen *wa* 和 steht für die Harmonie und das Zeichen *shoku* 食 für Essen. Dabei stehen einfache Produkte wie Soja, Fisch, Reis und Gemüse der Saison im Vordergrund. Alles sorgsam zubereitet und von höchster Qualität. Die Aufgabe des Koches hört sich einfach an, ist aber eine wahre Kunst: Genuss für Gaumen und Auge. Denn es muss nicht nur schmecken, sondern auch harmonisch und ansprechend präsentiert sein.

Gewürzt wird nur so viel, dass der Geschmack der Zutat erhalten bleibt, und aus Respekt vor der Natur wird nur das verwendet, was die Jahreszeit gerade hergibt. Das sind Grundregeln der traditionell japanischen Küche, die unbedingt eingehalten werden müssen.

Washoku, das sind fünf Farben, fünf Geschmacksrichtungen und fünf Zubereitungsarten, die unsere fünf Sinne ansprechen sollen:

Fünf Farben stehen für eine abwechslungsreiche Auswahl an Lebensmitteln: Schwarz, Weiß, Rot, Grün und Gelb. Mit den Farben verbindet man die Nährstoffe, und je mehr Nährstoffe ein Gericht hat, desto gesünder ist es. Das Essen soll den Körper stärken und ihm die lebenswichtigen Nährstoffe geben, Vitamine, Mineralstoffe und Pflanzenstoffe.

Fünf Geschmacksrichtungen braucht ein japanisches Gericht, wenn es als *Washoku* bezeichnet werden soll: Wir kennen die üblichen Geschmacksrichtungen Süß, Sauer, Salzig und Bitter. Die fünfte Geschmacksrichtung ist *Umami*. Mit schmackhaft-würzig lässt sich das am besten beschreiben. Ein Geschmack, der durch Salze der Glutaminsäure entsteht. Glutamat hat in unserer Küche einen schlechten Ruf. Geschmacksverstärker schimpfen es einige. Das ist nicht ganz richtig, denn Umami verstärkt nicht nur den Geschmack, es hat sein ganz eigenes Aroma. Umami wird in der japanischen Küche mit natürlichen Lebensmitteln erzeugt. Proteinhaltige Produkte wie Tomaten, Fleisch, Pilze, Käse, Seetang oder auch die menschliche Muttermilch enthalten von Natur aus Glutamat. Vor allem der blattartige Seetang, im japanischen *Konbu* genannt, gehört zur Basis der japanischen Küche, und die daraus erstellte Flüssigkeit, *Konbu-Dash*i, macht ein Gericht *umami* – einfach köstlich! Enthält ein Gericht nun alle fünf Geschmacksrichtungen, wird es zu einer wahren Gaumenexplosion.

Fünf Methoden der Zubereitung müssen mindestens in einem Gericht vereint sein: Dämpfen, Kochen, Braten, Schmoren, Einlegen, Grillen, Rösten, Braten, Frittieren oder roh verarbeitete Zutaten.

Unsere fünf Sinne soll das Essen ansprechen: den Gaumen mit vorzüglichem Geschmack, das Auge mit einer harmonischen und ästhetischen Präsentation, die Nase mit einem angenehmen Duft, die Ohren mit dem Klang und zuletzt den Tastsinn mit einer unvergleichlichen Textur. Ob weich oder kross gebraten, bissfest oder cremig, hier entstehen beim Kauen unterschiedliche Geräusche im Mund und fühlen sich ganz unterschiedlich an.

Washoku wird Ihnen früher oder später in Japan begegnen, spätestens bei einem Besuch in einem traditionellen Hotel, einem *Ryokan* (der 12. Grund, Japan zu lieben). Hier werden Ihnen mehrgängige Menüs serviert oder ein Tablett mit vielen kleinen Schüsseln und Tellern. Die Wahl des Geschirrs erfolgt dabei mit viel Sorgfalt passend zum Gericht und zur Jahreszeit.

»Das ist aber ganz schön durcheinander!«, war damals mein erster Gedanke, der meinem bisherigen Sinn für Ästhetik widersprach. Mein zweiter Gedanke war eher praktischer Natur: »Ganz schön viel zu spülen haben die da aber am Ende!« Dass Farbe und Muster des Tellers mit dem jeweiligen Gericht harmonierten, fiel mir gar nicht auf. Viel zu beeindruckt war ich von der Fülle unterschiedlicher Gerichte, die ich noch nie in meinem Leben gesehen hatte. Ich hatte nicht mal eine Ahnung, was ich da genau aß. Aber der Geschmack von kurz blanchiertem Spinat mit einem Hauch Sojasoße und geröstetem Sesam war so fein und … spinatig. Die frittierte Garnele knusprig und süß-cremig und die dunkelroten Scheiben rohen Thunfischs, die mit kleinen Blumen verziert waren, erfrischten meinen Gaumen und schmeckten alles andere als nach Fisch. *Washoku* ist japanische Esskultur in höchster Perfektion und für den Japanreisenden eine Entdeckungsreise ohnegleichen in eine Kultur, die es auf die UNESCO-Liste geschafft hat, worauf die Japaner unheimlich stolz sind.

93. Grund

Weil japanisches Rindfleisch so wunderschön ist

Nicht nur sieht es wunderschön aus, es schmeckt auch einfach ganz vorzüglich. Das beste Fleisch, das ich jemals in meinem Leben gegessen habe, kommt aus Japan. Es war gleichzeitig auch das teuerste Fleisch, das ich je gegessen habe, aber es war jeden Yen wert.

Die Viehzucht hat in Japan vielleicht weniger Tradition als die Fischzucht, denn Japaner begannen erst im späten 19. Jahrhundert mit der Verwestlichung, Rindfleisch zu essen. Da sind sie auf den Geschmack gekommen und haben seitdem die Rinderzucht zu ihrer Passion erklärt.

Sicher haben Sie schon mal den Begriff *Wagyu* gehört. Das ist Rindfleisch der Premiumklasse aus Japan. 2,7 Millionen Rinder gibt es geschätzt in Japan, und ⅔ davon erfüllen den Wagyu-Standard. Bekannte Sorten kommen aus Matsusaka, Kobe oder Omi, allerdings gibt es mittlerweile mehr als 200 regionale Wagyu Sorten, verteilt über das ganze Land und alle haben ihre ganz eigenen Charakteristiken.

Was ist nun aber das Besondere an japanischem Rindfleisch?

Anders als das Rindfleisch, das ich bisher gegessen habe, ist Wagyu marmoriertes Fleisch, das mit dünnem Fett gleichmäßig durchzogen ist. Insgesamt gibt es 12 unterschiedliche Marmorierungsstufen, in denen das Fleisch noch mal klassifiziert wird. Das Fett sorgt für einen unglaublich vollen Geschmack, und fast hat man das Gefühl, es schmelze im Mund. Wann kann man das schon von Fleisch sagen?

Japanische Rinderzüchter haben dabei immer neue Ideen, um ihren Tieren mit viel Geduld und Hingabe ein möglichst stressfreies, wenngleich auch eintöniges Leben zu bieten.

Die Hauptrolle spielt das Futter. Hier hat jeder Landwirt seine ganz eigene Mischung, und immer wieder ist von DER »Geheimzutat« die Rede, die den Unterschied macht. Es wird viel probiert und experimentiert. Nicht nur beim Futter, sondern auch bei allem, was den Tieren helfen könnte, möglichst wenig Stress ausgesetzt zu sein. So werden die Tiere z.B. mit Musik »verwöhnt«. Bestimmte Lieder sollen sich nachweislich auf den Geschmack auswirken, so wird behauptet. Eine regelmäßige Massage soll ebenfalls helfen.

Die wird den Tieren eine willkommene Abwechslung sein, denn viel ist bei denen am Tag nicht los. Um den Muskelaufbau zu verhindern, sollten sich die Rinder möglichst nicht zu viel bewegen. Das hört sich vielleicht grausam an, aber die Japaner haben sich das sehr gut überlegt. Sie sprechen mit den Tieren, geben ihnen Namen und loben sie regelmäßig, welch wertvolle Aufgabe sie in ihrem Leben erfüllen: dem Menschen etwas wirklich Gutes und Einzigartiges zu geben – das leckerste Rindfleisch der Welt.

Anders als in den meisten Ländern, wo Rinder oft bereits nach einem Jahr zur Schlachtung geführt werden, lebt das Rind in Japan 2 bis 2,5 Jahre, bevor es endlich seinen Sinn im Leben erfüllen darf.

Als saftiges Stück Fleisch auf der heißen Platte medium gebraten oder als hauchdünne Scheibe im japanischen Rindfleischeintopf *Sukiyaki*, wenn das Wagyu kurz in einem süßlichen Sud gekocht, im heißen Zustand durch ein roh aufgeschlagenes Ei gezogen und genüsslich verspeist wird. Es hört sich vielleicht ungewöhnlich an, aber auch die Eier hatten ihren Sinn in ihrem noch viel kürzeren Leben und sind von feinster Qualität. Urteilen Sie da erst, nachdem Sie es probiert haben. Es schmeckt wirklich köstlich.

Neben Futter und einem langen stressfreien Leben spielt die Zucht selbst eine große Rolle, um am Ende für 100 g Wagyu einen Preis von 40 € rechtfertigen zu können. Die Gene des Rindes müssen stimmen. Die Zucht geht so weit, dass von den edelsten Rasserindern das Sperma eingefroren wird, um ein Aussterben zu verhindern.

Und wenn Sie jetzt denken, was diesen ganzen Rinder-Wahnsinn noch toppen könnte, da haben sich die Japaner selbstverständlich was überlegt. Alle fünf Jahre finden die Wagyu Olympics statt. Hier stellen Züchter aus ganz Japan ihre schönsten Kühe und Rinder vor. Der nächste sechstägige Schönheitswettbewerb wird voraussichtlich 2022 in Kagoshima stattfinden.

Wenn ich die große Sorgfalt und Mühe der Rinderzüchter mit dem Preis vergleiche, dann erscheinen mir 100 € für 250 g feinstes Rindersteak plötzlich gar nicht mehr so unglaublich teuer.

Ich hatte mich allerdings schon in ein Stück Wagyu von mittelmäßiger Qualität verliebt, das schon für unter 60 € pro Kilo erhältlich ist. Allein schon, weil das marmorierte rote Fleisch noch besser schmeckte, als es aussah.

94. Grund

Weil Japaner kein »igitt« kennen

»Kannst du Natto essen?« Keine Frage wurde mir so häufig gestellt wie diese. Nicht etwa: »Magst du Natto?« Oder: »Wie schmecken dir die fermentierten Sojabohnen?«

Meine klugscheißerische Antwort auf diese komische Frage lautete dann jedes Mal: »Klar KANN ich das essen. Aber es schmeckt mir nicht sonderlich.« Womit ich dann meistens fragende Gesichter zurückließ. Bis ich mich endlich mal auf diese Frage einließ, wie man es von mir erwartete, und mit einem angewiderten Gesichtsausdruck »Nein, Natto kann ich nicht essen!« antwortete, hat es ein paar Jahre gedauert.

In der Zwischenzeit hatte ich gelernt, dass Japaner ihre Küche für die exotischste der Welt hielten und glaubten, Ausländer würden sie nicht sonderlich gerne mögen oder für total abgefahren halten. Dabei stimmt das gar nicht, denn ich kenne viele Ausländer, die Natto lieben und mir erklärten, ein Grund für sie, Japan zu lieben, seien eben genau diese schleimigen Sojabohnen. In einer Styroporpackung werden die ordentlich mit den Stäbchen verrührt, manchmal noch mit beigelegter Soße oder Senf verfeinert und dann auf eine Schale mit dampfend heißem Reis gegeben. Beim Essen zieht Natto lange Schleimfäden nach sich. Der Geschmack ist dann nicht so extrem, wie es aussieht oder riecht, aber sehr ungewöhnlich, wie man sich fermentierte Sojabohnen eben vorstellt, nur nussiger.

Als ich Natto im Beisein von Japanern zum ersten Mal probierte, war ein Knistern in der Luft zu spüren, als alle gebannt zu mir starrten, mit angehaltener Luft, woraus übergangslos ein Lacher wurde, weil sich die Schleimfäden über mein Kinn verteilten. Und als sie meinen gequälten Gesichtsausdruck beim Herunterschlucken bemerkten, hieß es gleich »Du musst nicht aufessen!«. Dass ich es wenigstens mal probiert hatte, wurde mir hoch angerechnet und galt in den Augen der Japaner wahrscheinlich als ein endgültiger Beweis: Diese Frau meint es wirklich erst mit uns und unserer Kultur und versucht, sie zu verstehen.

Nur weil etwas seltsam klingt oder ungewöhnlich aussieht, muss es ja nicht zwangsläufig schlecht schmecken. So kosten Japaner bei uns mutig Eisbein, Sauerbraten oder Toast Hawaii (der Kombination aus Brot, Frucht und Fleisch stehen die Japaner sehr kritisch gegenüber). Vorher laut »Igitt!« zu schreien käme dem Japaner nicht in den Sinn. Man weiß schließlich nie, wie etwas schmeckt, bevor man es nicht probiert hat.

Dass Ausländer sich mit der japanischen Küche manchmal schwertun und nicht alles essen können, wissen die Japaner und machen sich deshalb gerne einen Spaß daraus.

Als man mir *Shirako* präsentierte, rutschte mir das Herz kurzzeitig in die Hose. Übersetzt mit »weißes Kind« erinnerte mich die weiße Glibbermasse ein wenig an Gehirn. Dabei handelt es sich bei Shirako »lediglich« um Fischsperma, um genauer zu sein, der Samensack von männlichen Fischen. Der wird roh und mit einer leckeren Soße verfeinert und schmeckt besser, als sich das jetzt anhört.

Mit den Babyfischen hatte ich dagegen viel weniger Probleme. *Shirasu* sind ganz kleine Fische, die irgendwie noch unfertig aussehen mit ihren glasig-durchsichtigen Körpern. Gekocht werden daraus kleine 2 cm lange weiße Fische, deren tote Augen einen aus der Schüssel anzustarren scheinen. Schmecken aber großartig, besonders frittiert als Shirasu-Temura.

Meine Schwiegermutter ist die Einzige in der Familie, die für ihr Leben gerne *Hoya* ißt. Seeananas – klingt eigentlich lecker, sieht aber sehr gewöhnungsbedürftig aus und ist geschmacklich gar nicht mein Fall. Genauso wenig wie die ähnlich lecker klingende Seegurke *Namako*. Die zwei sind in Japan wegen ihrer Innereien echte Delikatessen. Da kann ich bei den Preisen von Glück sagen, dass ich nicht so sehr auf den Geschmack von Ammoniak abfahre.

Das Geld könnte ich stattdessen in *Shiokara* investieren, aber auch hier muss ich nach mehrmaligem Testen feststellen: Kann ich essen, schmeckt mir aber gar nicht. Von den Fischinnereien, die mit Salz fermentiert wurden, hat man geschmacklich noch lange was. Der salzige Geschmack brennt sich in den Geschmacksnerv und kann am besten mit einem Schluck Alkohol neutralisiert werden, weshalb Shiokara eines dieser Gerichte ist, die gerne in einer Bar zum Whisky gegessen werden. Zu Whisky habe ich lange »Igitt!« gesagt, »So muss Rost schmecken!«, und habe so manchen guten japanischen Whisky an mir vorbeiziehen lassen, bis ich dann doch mal probiert habe. Ein echter Genuss! Seitdem bin ich mit »Igitt« sehr vorsichtig geworden (mit Whisky im Übrigen auch).

95. Grund

Weil selbst Getränke, die an Pisse erinnern, von allen geliebt werden

Als meine britische Freundin zum ersten Mal das weiße Getränk im Automaten entdeckte, zückte sie sofort ihre Kamera, um dann lachend ein Foto davon zu machen. »They sell Piss here?« Ehrlich gesagt, hatte ich diese Verbindung gar nicht hergestellt, konnte aber auch nicht so genau sagen, was sich in der Flasche mit dem blau-weißen Etikett verbarg. Geschmacklich erinnerte es mich weniger an Urin (zumindest in meiner Vorstellung), eher an einen sehr süßen Joghurtdrink mit Wasser.

Calpis, im Ausland gleich mal umbenannt zu Calpico, um Verwechslungen vorzubeugen, ist ein Softdrink auf Milchbasis mit Zucker und Wasser. Hatte man mir nicht erzählt, dass Japaner keine Milch vertragen? Ein Gerücht?

Keine Probleme bereitet ihnen jedenfalls der gesunde Energydrink, denn Calpis gibt es schon seit 1919.

Wie der Name schon verrät, wenn man das japanische System mit den Abkürzungen verstanden hat, enthält Calpis Kalzium. Das »Pis« entstammt dem Wort »Sarpis« aus dem Sanskrit und bezeichnet einen der fünf Geschmäcker für Milch im Buddhismus, dem Ghee (oder Butterschmalz).

Bei der Einführung des neuen Getränkes in Japan zum Sternenfest am 7.7.1919 wurde auf den hohen Kalziumanteil des Getränkes hingewiesen, denn in der Bevölkerung herrschte zu dieser Zeit Kalziummangel.

Das Kultgetränk aus fermentierter Milch steht heute neben Kalzium aber in erster Linie für Erfrischung und soll Energie geben. Und davon kann der Japaner nie genug haben. Inzwischen ist das milchige Getränk aus Japan nicht mehr wegzudenken, steht in den meisten Kühlschränken der Japaner und in vielen Automaten im ganzen Land.

Calpis hatte ursprünglich keine Kohlensäure, aber mittlerweile gibt es auch Calpis Soda und viele verschiedene Geschmacksrichtungen.

Es gibt Calpis als Eis am Stiel, Calpis-Bonbons und Calpis-Konzentrat, das mit vier Teilen Wasser aufgegossen wird.

Bei Umfragen im Internet, was Japanbesucher nach der Heimkehr besonders vermissen, fällt früher oder später der Name »Calpis«, und ich gestehe, dass es mir anfangs in Deutschland ähnlich ging, besonders an einem heißen Sommertag. »Ah. Jetzt ein eisgekühltes Calpis! Das wär's!« Allerdings musste ich auch feststellen, dass es nur kalt wirklich schmeckt. Pipiwarm verliert es dann doch seine erfrischende Wirkung, wie so viele andere Erfrischungsgetränke auch. Ob Calpis gerade von englischsprachigen Japanbesuchern wegen des zweideutigen Namens probiert wird, kann ich am Ende gar nicht sagen. Aber einen Lacher ist es immer wert.

Genau wie der elektrolytische Drink mit dem irreführenden Namen »Pokari Sweat«. Bei diesem beliebten Sportdrink soll wirklich kein Tropfen Schweiß den Weg in die Flasche gefunden haben!!! Leicht salzig schmeckt er trotzdem, oder bilde ich mir das nur ein?

96. Grund

Weil Japaner keine Angst vor dem Tod haben, auch nicht beim Essen

Die ersten Geschichten über Japan hörte ich damals von einem meiner Ausbilder, der in einer deutschen Delegation Japan bereisen durfte. Ich kann mich heute nicht mehr an alles erinnern, was er uns über seine Reise erzählte, aber eine Geschichte hat sich bei mir ins Hirn gebrannt: sein Besuch in einem Restaurant, in dem Fugu serviert wurde. Der Kugelfisch mit dem tödlichen Gift, an dem auch in Japan schon viele Menschen gestorben sind, als sie das mit dem Gift noch nicht so richtig rausgefunden oder irgendwas falsch gemacht hatten.

Ganz schön Schiss hatte unser Ausbilder, und wir haben natürlich viele dumme Witze darüber gemacht.

Aber schließlich saß er uns gegenüber und bemerkte stolz, als hätte er den Fuji ganz allein im Winter bestiegen, dass er das Abenteuer eingegangen sei, es überlebt und es sogar noch sehr lecker geschmeckt habe.

Erst viele Jahre später, da lebte ich bereits eine ganze Weile in Japan, fiel mir der kugelige Fisch wieder ein, der sich bei Gefahr oder in Stresssituationen aufblähen kann zu einer stacheligen Kugel.

Fugu hat so einiges auf dem Kasten, um zu verhindern, nicht gegessen zu werden. Wobei der Fisch das Gift nicht selbst produziert. Fugu ernährt sich von Seesternen und Muscheln, die sich wiederum von einer giftigen Bakterienart im Meer ernähren. So wird die Fuguleber oft zur Giftquelle. Eine ganze Zeit lang war der Verzehr des Fisches in Japan aufgrund seines tödlichen Giftes verboten, und auch heute dürfen nur zertifizierte Köche, die eine spezielle Prüfung dazu ablegen, Fugu zubereiten. Obwohl der mittlerweile gezüchtete Kugelfisch dank ungiftiger Ernährung gar nicht mehr zum Tode führen muss. Je nach Sorte sind unterschiedliche Innereien mit hohen Giftmengen angereichert, das macht die Sache kniffelig.

Doch weder Stacheln noch giftige Innereien halten Japaner am Ende davon ab, diese Delikatesse zu verspeisen. Und weil Japaner aber ungern Lebensmittel und Teile von Fleisch oder Fisch wegschmeißen, haben sie natürlich für die giftigen Innereien eine Möglichkeit gefunden, diese am Ende doch noch genießbar zu machen. Dazu wenden sie eine Art des Salzpickelns in Verbindung mit fermentierten Fischen an, bei der auf wundersame Weise das Gift verschwindet.

Die einst todbringenden Innereien hab ich selbst noch nicht probiert, dafür bin ich aber in den Genuss von Torafugu gekommen, in Japan die beliebteste und teuerste Fugu-Art.

Hatte ich mir immer vorgestellt, dass ich beim ersten Bissen Herzklopfen haben müsste und erst mal abwarten würde, ob ich tot vom Sitzkissen fallen würde, war es in der Realität plötzlich viel weniger spektakulär. Das Ambiente des Restaurants war so schön und der Fisch so wundervoll angerichtet, dass der Tod plötzlich vergessen war.

Es gibt viele unterschiedliche Fugu-Gerichte, am beliebtesten ist aber Sashimi: Das weiße Fleisch des rohen Fisches wird in hauchdünne Scheiben geschnitten, so dünn, dass man fast hindurchsehen kann. Angerichtet wird es so, dass die Sashimiplatte am Ende an eine

Chrysantheme erinnert. Zusammen mit dünnen Streifen Frühlingszwiebeln wird das Fugu-Carpaccio nun in eine Soße aus Soja, Limone und Dashi getaucht. Der Fisch zergeht im Mund und hat einen leicht cremigen Geschmack.

Die Hochburg des Fugus ist Shimonoseki, die südwestlichste Stadt der Hauptinsel. Die ganze Stadt steht im Zeichen der runden Stachelkugel. Wer die einmal probieren möchte, ohne gleich ein Vermögen auszugeben, der sollte den Karato-Fischmarkt besuchen. Neben Sashimi gibt es hier auch den bekannten Fugu-Reiseintopf, Fugu-Pasta, Fugu-Pizza und Fugu-Burger.

Für Ausländer wird der Verzehr des Kugelfisches wohl noch weiterhin ein Abenteuer bleiben. Vielleicht macht aber genau das den Reiz am Ende aus.

97. Grund

Weil grüner Tee wie ein Blick in die Seele Japans ist

»Grüner Tee, das ist doch dieser bittere Tee aus Japan, oder? Der irgendwie nach Algen schmeckt. Irgendwie fischig?«

Diese Behauptung habe ich in Deutschland immer wieder gehört und weiß nicht, woher die kommt. Ist es, weil wir Japan mit Fisch verbinden? Ich habe dann mal einen grünen Tee aus dem Supermarkt probiert. Fischig hat der nicht geschmeckt, aber auch nicht nach grünem Tee. Er war bitter und hatte so gar nichts mit dem Tee zu tun, den ich aus Japan kannte.

Grüner Tee ist in Japan nicht einfach ein Getränk. Es ist Kunst, eine Philosophie, es ist Meditation, Gesundheitsvorsorge, Durstlöscher …

Und grüner Tee ist nicht gleich grüner Tee. Es gibt so viele verschiedene Sorten, so viele unterschiedliche Herstellungsweisen und Zubereitungsarten.

Nehmen wir doch mal *Gyokuro*, einen grünen Tee von höchster Qualität. Dafür werden die jungen, zarten, frischen Blätter einmal im Jahr geerntet und reifen dann noch nach. Hier verwendet man lauwarmes Wasser, damit die Teeblätter nicht erschrecken im heißen Bad. Sie sollen schließlich entspannt und wohlig ihren vollen Geschmack entfalten, eine vollmundige Süße vereint mit einem frischen Aroma.

Matcha gehört wohl zu dem bekanntesten japanischen Tee und wird auch für die traditionelle Teezeremonie verwendet. Teeblätter für Matcha werden, wie beim Gyokuro, mit heißem Wasserdampf erhitzt, um die Fermentierung zu stoppen. Anschließend erfolgt die Trocknung mit heißer Luft. Nach dem Zerschneiden werden die Stängel und Teerippen entfernt, und am Ende werden die übrig gebliebenen Blätter fein gemahlen. So entsteht das grüne Matchapulver.

Am häufigsten findet man in Japan (und bei uns ebenfalls) den *Sencha* und *Bancha*. Teeblätter werden gerollt und im Anschluss mit heißer Luft getrocknet. Manche Sorten schmecken tatsächlich leicht nach Fisch. Innerhalb dieser Sorten gibt es große Qualitätsunterschiede, die man nicht nur schmecken, sondern auch sehen kann. Schlechte Qualität ist tatsächlich bitter.

Kukicha ist noch nicht sehr verbreitet. Der Stängeltee heißt so, weil er aus Stängeln und Blattrippen gewonnen wird. Hört sich vielleicht nicht so lecker an, dabei schmeckt der gar nicht schlecht und ist im Vergleich zu anderen Teesorten nicht so teuer.

Die Idee, Tee im Schatten anzubauen, wie es für Gyokuro und Matcha üblich ist, ist ein moderner Gedanke und wurde zuerst von den Teebauern aus Uji eingesetzt. Uji ist heute das bekannteste Teeanbaugebiet Japans. Obwohl die Pflanze nur wenig Licht bekommt, hat man eine Möglichkeit gefunden, die Fotosynthese anzuregen, um damit mehr Geschmack aus den Blättern zu erhalten.

Dass Tee in Japan nicht einfach nur ein Getränk ist, kann man bei einer traditionellen Teezeremonie erleben. Dabei taucht man in eine ganz andere Welt (der 31. Grund, Japan zu lieben).

Während wir unsere Teebeutel in kochend heißem Wasser ziehen lassen, wird für den grünen Tee in Japan das Wasser auf 80 Grad und weniger heruntergekühlt. Das wissen viele nicht. Und wundern sich über den bitteren Geschmack. Auch wissen viele nicht, dass es immer mehrere Aufgüsse geben sollte, denn jeder schmeckt anders. Dann ist der Tee am Ende auch gar nicht mehr so teuer.

Dass der grüne Tee weltweit so beliebt geworden ist, liegt wohl an seinen vielen gesundheitsfördernden Eigenschaften, die man ihm nachsagt: Er soll entgiftend wirken, den Cholesterinspiegel im Blut senken können, beim Abnehmen helfen, weil er die Fettverbrennung beschleunigt, und die Verdauung unterstützen. Grüner Tee soll außerdem den Stoffwechsel verbessern und das Risiko von Diabetes senken können. Dem Tee wird sogar nachgesagt, dass er hilft, Krebs, Gefäß- und Herz-Kreislauf-Erkrankungen vorzubeugen. Dazu wirkt er entzündungshemmend, antibakteriell und stärkt das Immunsystem.

Am Ende schafft er aber ganz sicher eines: den Durst zu löschen, mit einem kleinen Blick in die Seele Japans. Denn Japan wäre nicht Japan ohne seinen grünen Tee.

98. Grund

Weil die langweilige Doppelwaffel in Japan Kultstatus erreicht hat

Die Erfolgsgeschichte der kleinen Doppelwaffel, die bei uns in Europa kaum Beachtung findet, hat in Japan bereits Kultstatus erreicht.

Nicht nur Japaner lieben Kit Kat. Ausgesprochen wird es dort zu *Kittokatto* und erinnert stark an den recht ähnlich klingenden japanischen Ausdruck *kittokatsu* きっと勝つ: »Du wirst mit Sicherheit gewinnen!« oder »Du schaffst das sicherlich!« Damit wurde der Schokoriegel, ohne es direkt von findigen Marketingagenturen geplant zu haben, in Japan zum Glücksbringer für alle, denen eine Prüfung bevorsteht.

In den letzten Jahren ist auch bei Ausländern ein regelrechter Kit-Kat-Boom ausgebrochen. Japanbesucher suchen nach den ungewöhnlichsten und abgefahrensten Sorten und posten diese dann fleißig in den sozialen Medien.

Der Schweizer Großkonzern begrüßt die kostenlose Werbung natürlich, und so lassen sie sich immer neue ausgefallene Sorten für den japanischen Markt einfallen. Während meiner Zeit in Japan zwischen

2003 und 2009 fing der Wahnsinn um die Schokowaffel gerade erst an. Da waren Special Editions in limitierter Auflage oder saisonale Sorten wie Cheesecake, Custard Pudding, Erdbeere, Kirschblüte oder grüner Tee der Renner.

Mittlerweile gibt es über 300 verschiedene Kit-Kat-Sorten in Japan, darunter so abgefahrene Sorten wie Wein, Zitronenessig, Brandy mit Orange, Milchkaffee, Multivitaminsaft, Sportdrink, Matcha Latté, Erdbeerkuchen, saure Apfelsine, karamellisierte Kartoffel, Hokkaido Bratkartoffel, Mais, Chili, Wassermelone mit Salz, Camembert, salzige Vanille, Aloe vera Yoghurt, Wasabi (scharfer grüner Meerrettich), Sojasoße, Miso, Tofu oder Kit Kat mit echtem Blattgold. Wem das noch nicht ausgefallen genug ist, für den gibt es auch noch die backbaren Riegel mit Puddinggeschmack, die kurz in den Ofen geschoben werden, um sie dann heiß genießen zu können.

Ein weiteres Geheimnis des Kit-Kat-Booms in Japan liegt darin, dass die vielen ungewöhnlichen Geschmacksrichtungen gut zum abgedrehten Humor der Japaner passen, die wirklich keine Angst vor unbekannten Geschmackserlebnissen haben und gerne Neues probieren.

Zusätzlich werden die ausgefallenen Sorten nur in begrenzter Stückzahl verkauft und nur in ausgewählten Shops. Sobald sich eine Neuerscheinung rumgesprochen hat, ist sie auch schon wieder ausverkauft.

Weil Japaner auf jeder Reise ein Mitbringsel für die Daheimgebliebenen kaufen (der 29. Grund, Japan zu lieben), gibt es selbstverständlich auch regionale Kit-Kat-Sorten. Diese kann man nur in der jeweiligen Präfektur kaufen.

Die beliebteste Sorte bei den Japanern ist übrigens seit Jahren, allen verrückten Geschmackssorten zum Trotz, Kit Kat mit grünem Tee.

2009 wurde der Schokoriegel in einer Kooperation mit der Japan Post als »Grußkarte« verkauft. In einem kleinen Feld konnte man eine Botschaft an Studenten schreiben, um ihnen Glück bei der Aufnahmeprüfung zur Universität zu wünschen, die im ganzen Land am selben Wochenende im Januar stattfindet. Noch heute gibt es auf den japanischen Kit-Kat-Packungen ein Feld für Grüße und Glückwünsche.

Die Schoko-Doppelwaffel ist mittlerweile aus Japan nicht mehr wegzudenken. Vielleicht denken deshalb auch viele Japaner, dass Kit Kat ein japanisches Produkt ist. So auch meine Schwiegermutter. Sie hatte mitbekommen, wie beliebt japanische Kit Kat im Ausland sind, und packte uns regelmäßig eine Tüte davon ins Paket. Um mit der Wahl der Sorte auf der sicheren Seite zu sein, wählte sie den roten Klassiker: Vollmilchschokolade. Na ja. Ganz ehrlich. Der schmeckt genau wie bei uns. Mittlerweile weiß sie aber, dass Kit Kat gar nicht aus Japan, sondern aus der Schweiz kommt und in Deutschland bereits seit 1975 verkauft wird. Deshalb gibt es jetzt immer die Erwachsenen-Version mit Zartbitter und hohem Kakaoanteil für uns. Vielleicht sollte ich ihr mal sagen, dass es Kit Kat mit Zartbitterschokolade mittlerweile auch bei uns gibt, allerdings nur manchmal – als Special Edition. Ein Versuch, den Kult auch nach Deutschland zu bringen? Ich würde es mir wünschen. Ob Sauerkraut-Kit Kat oder Kit Kat Currywurst hier zum Verkaufsschlager werden könnte? Vielleicht nicht, aber es wäre ein prima Geschenk aus Deutschland an meine japanischen Freunde.

99. Grund

Weil Essen nicht nur glücklich macht, sondern auch Glück bringen kann.

Wenn ich etwas in Japan gelernt habe, dann ist es das »Querdenken«. Darin sind Japaner echte Meister.

Warum die Japaner paniertes Fleisch lieben, das wir gerne als Schnitzel oder Kotelett bezeichnen, wird klar, wenn man ein wenig um die Ecke denken kann. Das Schnitzel haben die Japaner aus dem Ausland geklaut und nennen es *Katsu*, in Anlehnung an das Wort »Kotelett«, auch wenn japanische Koteletts keinen Knochen haben. Japaner denken bei Katsu aber nicht ausschließlich an den Fleischgenuss, sondern auch ans Gewinnen. Gleiches Wort, gleiche Aussprache. Da dürfen Sie jetzt raten, was die japanische Nationalmannschaft vor einem wichtigen Turnier essen wird.

Richtig spannend wird es aber, wenn die Japaner Neujahr feiern und ihr traditionelles Essen auf den Tisch stellen. Da gibt es nichts, was nicht in irgendeiner Form zum Glücksbringer wird.

Essen allein macht glücklich, keine Frage, aber wie kann Essen Glück symbolisieren? Das habe ich mich gefragt, als ich die dreistöckige Box mit über 30 Köstlichkeiten zum ersten Mal auf dem Tisch stehen sah. *Osechi* wird diese traditionelle Neujahrsbox genannt und immer vor dem Neujahrsfest zubereitet (oder im Supermarkt gekauft). Die Köstlichkeiten sind also haltbar, werden kalt gegessen und haben eine spezielle Bedeutung, symbolisieren irgendetwas Positivbringendes für das neue Jahr.

Da gibt es beispielsweise *Konbu* (昆布), Seetang. Konbu erinnert an das Wort »yorokobu«, und das bedeutet »Freude«. Passt also prima zum neuen Jahr.

Die schwarzen Sojabohnen dürfen ebenfalls nicht fehlen: *Kuromame* (黒豆). Das sind gezuckerte und in Sojasoße eingelegte Bohnen. »Mame« ist die Bohne (»kuro« bedeutet einfach nur »schwarz«). Das Wort »Mame« kann aber auch »Gesundheit« bedeuten oder »harte Arbeit«. Im Stande zu sein, hart arbeiten zu können, ist in Japan ein erstrebenswerter Wunsch, für den man gerne die ein oder andere köstliche Bohne isst.

Reichtum versprechen die süßen Maronen, *Kuri Kinton* (栗金団). Wörtlich übersetzt bedeuten die Schriftzeichen Maronen-Gold-Team. Die goldgelbe Marone soll im übertragenen Sinne für Gold sorgen, so stellen sich die Japaner das zumindest vor.

Ein beliebter Wunsch vieler Japaner ist auch, mit reichlich Kindern gesegnet zu werden (in der heutigen Zeit vielleicht nicht mehr so sehr, denn Kinder in Japan sind teuer, aber die Tradition der Neujahrsbox gibt es schon lange). Diesen Wunsch sollen Heringseier erfüllen. Eier sind ja im Grunde nichts anderes als ungeborene Fische, aber das wäre dann doch eine zu einfache Erklärung. Stattdessen hat man mir das mit einem komplizierten Wortspiel erklärt: *Kazunoko* nennt sich dieses Gericht. »Kazu« bedeutet Zahl und »ko« wird das Schriftzeichen für Kind (子) gelesen. Es existiert für die Fischeier noch eine weitere Erklärung: Der Hering auf Japanisch ist *nishin*. Die Schriftzeichen einmal außer Acht gelassen, kann der geübte »Um-die-Ecke-Denker« auch als »zwei Elternteile«, *Ni-shin* denken 二親 (Zwei+Eltern), und die braucht es für einen reichen Kindersegen in jedem Fall.

Ein langes Leben wird mit einer Garnele symbolisiert. Der lange »Bart« erinnert zwar nicht gleich an einen Greis, aber nachdem ich darauf hingewiesen wurde, habe ich es dann auch endlich erkannt.

Die japanische Lotuswurzel, diese weiße Wurzel mit Löchern drin, hat für Japaner eine ganz besondere Bedeutung. Sie repräsentiert eine glückliche Zukunft ohne Schwierigkeiten oder Hindernisse. Die Erklärung ist ungewöhnlich einfach: Problemlos kann ich schließlich durch die Löcher der Lotuswurzel schauen. Die Zukunft sehe ich dahinter allerdings noch nicht. Denn Zauberkräfte haben Nahrungsmittel auch in Japan nicht.

9. Kapitel

Mentalität & Fettnäpfchen

Anstand & Sitte

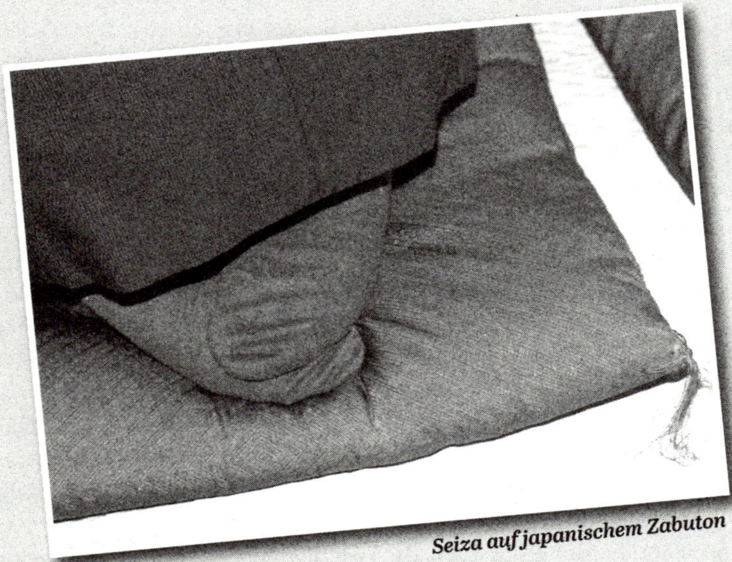

Seiza auf japanischem Zabuton

Weil die japanische Geduld der Wahnsinn ist

Es gibt einen japanischen Begriff, der das Leben eines Japaners nicht treffender beschreiben könnte: *Gaman*.

Etwas geduldig zu ertragen oder eine Situation auszuhalten, steckt in diesem Wort. Es ist weit mehr, als einfach nur Geduld zu haben: Der Job macht keinen Spaß und ist eine Qual, aber wenigstens bringt er Geld, und Arbeit ist nun mal Arbeit, daher heißt es »Gaman«.

Japaner wirken auf mich wie die Meister des Durchhaltens, allein schon, wenn ich mir die langen Arbeitstage anschaue, Familien, die in viel zu kleinen Wohnungen leben oder Menschen, die sich in ohnehin schon vollgestopfte Züge pressen. »Wie schaffen die das bloß, elende Situationen so lange hinzunehmen, einfach weiterzumachen, ohne etwas Grundlegendes zu verändern?«

Diese Frage habe ich mir anfangs oft gestellt, und ich gestehe an dieser Stelle: Geduld gehörte nie zu meinen Stärken, und etwas als gegeben hinzunehmen fällt mir bis heute wahnsinnig schwer. Mit der Zeit bemerkte ich allerdings, wie auch ich selbst bei den kleinen Dingen ruhiger wurde und immer häufiger ein »gaman« vor mich hin murmelte. Wenn ich wieder mal mit dem Fahrrad unterwegs war und es in Strömen zu regnen begann. Wenn mein Mann stundenlang bekloppte Fernsehserien schaute. Wenn ich in einem Elektroladen den nervigen Jingle in Dauerschleife ertragen musste und genau wusste, dass ich nicht nur Batterien, sondern auch einen elenden Ohrwurm mit nach Hause nehmen würde. Wie hielten es bloß die Mitarbeiter acht Stunden in diesen Läden aus? Ach ja. Ich vergaß – gaman!

Für Japaner ist Geduld eine Stärke, eine Festigung in der Persönlichkeit, die im buddhistischen Glauben ihre Prägung findet, aber gleichzeitig auch unheimlich gut in die Gesellschaft Japans passt, wo sich alles um das Wohl der Gruppe dreht. Der Einzelne, das Individuum, ordnet sich da unter, und ohne »gaman« wird das nur schwer gelingen.

Die Computermaus ärgerlich auf den Tisch knallen, laut seinen Unmut äußern, ausrasten, sich aufregen, weil die Bahn mal wieder

Verspätung hat (okay, das kommt selten vor, aber nur mal angenommen), das alles habe ich bei Japanern nie erlebt.

Man spricht oft von »Gesichtsverlust« in diesem Zusammenhang oder von Japanern, die »eine Maske tragen« und nur selten echte Gefühle zeigen. Dabei ist es doch meistens nur ein stilles »gaman«. Nur, um seinem eigenen Ärger Luft zu machen, wird kein Japaner Charakterschwäche zeigen, einfach herumbrüllen und damit seine schlechte Laune an anderen auslassen oder eine negative Stimmung erzeugen. Eine so einfache Erkenntnis, wir wissen es im Grunde alle, aber erst in Japan erlebte ich, wie angenehm es sich damit lebt, wenn alle sich daran halten. Und wie schwer es ist, immer ruhig zu bleiben und auszuhalten, ohne irgendwann total gestresst zu sein.

»Rasten Japaner denn gar nicht aus?« Doch, tun sie. Weniger ausgeglichene und ungeduldige Menschen gibt es natürlich auch in Japan. Und selbst den Meistern im Durchhalten platzt dann und wann der Kragen. Immer nur aushalten ist nicht gesund. Ich bin keine Expertin auf dem Gebiet und kann es weder medizinisch noch wissenschaftlich belegen, aber Alkohol trinken, Zigaretten rauchen, lautes Singen in den Karaokeboxen, Lachen bei albernen Fernsehshows – mit solchen Freizeitbeschäftigungen bauen Japaner ihren Stress gerne ab. Damit machen sie mich wiederum manchmal genauso wahnsinnig wie mit ihrer ewigen Geduld. Und ich treibe sie in den Wahnsinn mit meiner Ungeduld, die sitzt immer noch tief in mir. Dann höre ich meinen Mann wieder zu sich selbst murmeln, und es hört sich verdächtig nach »gaman« an.

101. Grund

Weil die japanische Gastfreundschaft unglaublich ist

In Japan gibt es einen Begriff, der im Zusammenhang mit der unglaublichen Gastfreundschaft der Japaner immer wieder fällt: *Omotenashi.*

Omotenashi mit »Gastfreundschaft« zu übersetzen ist etwas zu einfach gedacht. Darunter verstehe ich ein Konzept und eine Idee der Japaner, für die wir so kein Wort im Deutschen haben. Allein schon die Tatsache, dass es im Japanischen keinen Unterschied zwischen »Gast« und »Kunde« gibt, sondern nur ein Wort: *Okyakusama*. Da wird die Beziehung zwischen dem Gastgeber oder Dienstleister und dem Gast oder Kunden schon recht deutlich. Die Rollen sind ganz klar definiert, während der Gastgeber (oder Dienstleister) sich in den Gast (oder Kunden) hineinversetzt, seine Wünsche erkennt und dementsprechend eine Leistung erbringt, nimmt der Gast (oder Kunde) diese Leistung entgegen, ohne dass von ihm erwartet wird, dass er etwas zurückgibt. Deshalb ist Trinkgeld in Japan nicht üblich (und der 105. Grund, Japan zu lieben). Trotz dieser auf den ersten Blick ungleich erscheinenden Beziehung sind beide ebenbürtig, beide respektieren sich gegenseitig und schätzen sich. Das hat weniger mit aufgesetzter Freundlichkeit zu tun, wie ich es in Deutschland erlebe, sondern begreift ein tiefes Verständnis füreinander, schafft eine entspannte Atmosphäre und sorgt für ein vertrautes Verhältnis.

Beispiele dafür finden sich im Alltag viele, mal sind es nur unscheinbar kleine, mal offensichtlich große, die jedem Japanbesucher auffallen und ihm das Gefühl vermittelt: Ich bin hier gern gesehen, nicht unwillkommen, ich bin etwas Besonderes, und mein Gegenüber kennt meine Sorgen und Probleme und hilft mir, als sei es das Selbstverständlichste auf der Welt.

Eine Kleinigkeit ist z.B. die Rückgabe des Wechselgeldes. Dabei gibt der Verkäufer dem Kunden zunächst das Kleingeld, wartet, bis das verstaut ist, um dann im Anschluss die bereitgehaltenen Scheine zu überreichen. Habe ich beispielsweise ein Kleidungsstück gekauft, wird mir im letzten Schritt mein Einkauf mit beiden Händen so überreicht, dass ich direkt in den Griff der Tüte greifen kann. Die ist mit einem kleinen Klebestreifen meistens direkt unter dem Griff verschlossen, damit nicht versehentlich etwas herausfällt.

In einem Restaurant, Café oder Ähnlichem entschuldigt sich die Bedienung immer erst für die Störung, wenn sie an den Tisch tritt. Die aufgenommene Bestellung wird einmal laut wiederholt, damit sichergestellt wird, dass es zu keinem Fehler kommt und ärgerliche Missverständnisse ausgeschlossen werden.

Bei meiner Reise mit dem Fahrrad auf der Insel Okinawa hatte ich täglich viele tolle Begegnungen, in denen mir die japanische Gastfreundschaft auf eine ganz besondere Weise entgegengebracht wurde. Da saß eine alte Frau am Straßenrand vor ihrem Haus und winkte mich zu sich herüber. Etwas verwundert hielt ich an, wir begrüßten uns, und die Alte überreichte mir ein kühles Bier, das sie aus einer Kühltasche holte, die neben ihr stand, mit den Worten: »Du musst sicher durstig sein, bei diesen Temperaturen. Ruh dich doch ein bisschen hier im Schatten mit mir aus.« Gerührt und durstig nahm ich ihr Angebot gerne an. Es stellte sich dann im Verlauf des Gespräches heraus, dass ihr Sohn mich vor einer Weile mit dem Auto überholt hatte und seiner Mutter erzählt hatte: »Da kommt gleich eine Frau mit dem Rad vorbei. Eine Ausländerin.« Scheinbar hatte die Alte nicht lange überlegt und sich für mich in Stellung gebracht. Sie musste geahnt haben, wie sehr ich mich auf dem Rad bei Temperaturen um die 35 Grad nach einem gut gekühlten Bier sehnte.

Beim ersten Mal wunderte ich mich noch, aber nachdem mir das ständig passierte, mal gab es ein kühles Getränk, mal ein Reisbällchen oder auch schon mal eine Einladung zum Abendessen, wurde mir klar: Da ist es wieder, dieses *Omotenashi*, von dem alle sprechen. Und als meine liebenswerten Gastgeber bereits wussten, dass ich »die Deutsche bin, die einen Monat mit dem Rad über die Insel fährt«, wusste ich plötzlich auch, wie sich ein bekannter Star fühlen musste. Eine unglaubliche Erfahrung, die ich bisher so nur in Japan erleben durfte (zugegeben, in einem sehr dünn besiedelten Teil Japans, mit alten Menschen, die viel Zeit haben).

102. Grund

Weil Japaner auch die größten Katastrophen gelassen hinnehmen

Den Moment, als ich die Bilder von der Dreifach-Katastrophe im März 2011 sah, werde ich wohl nie vergessen. Wir lebten damals bereits in Deutschland, und nichts ahnend schaute ich mir morgens die Nachrichten an, als ich zum ersten Mal in Deutschland den Namen meiner alten, bis dahin gänzlich unbekannten zweiten Heimat Fukushima hörte, in der ich mit meinem Mann sechs Jahre gelebt hatte. Mein Mann kommt aus der Stadt Fukushima und war wie ich geschockt. Schnell bemerkte ich allerdings einen wesentlichen Unterschied zwischen unserer Gefühlswelt. Während ich in fassungslose Ohnmacht verfiel und mir die Tränen über das Gesicht liefen, nahm er die Bilder mit einer traurigen Gelassenheit zur Kenntnis und blieb ruhig und besonnen. Er schaute sich nicht, wie ich, die vielen Amateurvideos von der überrollenden Welle an, sondern konzentrierte sich auf Fakten und wissenschaftliche Erklärungen, vor allem, weil er verstehen wollte, was da im Atomkraftwerk passierte. Nicht nur waren unsere Gefühlswelten grundverschieden und der Umgang mit solch traurigen Ereignissen, auch die Medien der beiden Länder, die wir nebeneinander konsumierten, unterschieden sich sehr voneinander. Während in Deutschland vom Super-GAU die Rede war und alte Bilder von Tschernobyl aus den Archiven gekramt wurden, lief auf den japanischen Kanälen eine grafische Darstellung vom Inneren eines Atomkraftwerkes. Was wie funktionierte, was nicht passieren durfte und wie es überhaupt dazu kommen konnte, wurde doch immer behauptet, Atomkraftwerke seien erdbeben- und tsunamisicher gebaut worden.

Nach zwei Tagen erst gelang es uns, telefonischen Kontakt zu meinen Schwiegereltern aufzunehmen. Die lebten 70 km vom Atomkraftwerk entfernt, getrennt durch hohe Berge. Meiner Schwiegermutter war die Erschöpfung der letzten Tage deutlich anzumerken, umso erstaunlicher, wie sie die ganze Situation mit einem Wort kommentierte: *Shoganai!* »Da kann man nichts machen!« Oder: »So ist es nun mal!« Und immer wieder: »Macht euch keine Sorgen. Uns geht es gut! Aber wie schrecklich für die vielen Menschen an der Küste!« Und noch ein Wort hörte ich immer wieder: *Gambarimasu*, was nichts anderes bedeutet, als »Wir werden unser Bestes geben!«.

Nach den Telefonaten mit den Schwiegereltern ging es mir immer viel besser, und die ganze Situation, die in Deutschland als hoffnungslos dargestellt wurde, empfand ich aus der Sicht einer Betroffenen weit weniger dramatisch. In Deutschland hieß es, den Japanern werden Informationen verschwiegen. Die Regierung betreibe Gehirnwäsche und die Japaner hätten den Ernst der Lage nicht begriffen.

Wut und Enttäuschung machte sich auch bei den Japanern breit, vor allem, als die Fehler und Vertuschungsversuche vonseiten der Regierung und Tepco, der Betreiberfirma des AKWs, bekannt wurden. Viele waren sauer, weil man sie in Sicherheit gewähnt hatte, und das war unverzeihlich. Die Verletzten und Toten allerdings waren Opfer des Erdbebens und des Tsunamis, Naturkatastrophen, mit denen die Japaner über die vielen Jahre gelernt hatten, zu leben, sie zu akzeptieren und sich bestmöglichst darauf vorzubereiten, wenn es mal wieder passierte. In dieser Hinsicht hatten sie alles Erdenkliche getan, und es blieb ihnen am Ende nur ein »Da kann man nichts machen!«. Für die nächste Zeit hieß es einfach, die harten Zeiten (Strom, Wasser und Benzin wurden stark eingeschränkt) durchzustehen und statt wütend oder ohnmächtig zu sein, anzupacken, wo Hilfe benötigt wurde. Ob im Kleinen in der Nachbarschaft oder im Großen bei den Aufräumarbeiten. Sie haben ihr Bestes gegeben, und ich bin unglaublich stolz auf meine Freunde und Familie, die sich nicht haben unterkriegen lassen und immer hoffnungsvoll in die Zukunft blickten. Was blieb ihnen denn auch anderes übrig?

103. Grund

Weil man einfach alles falsch machen kann und einem trotzdem verziehen wird

Während meiner Zeit in Japan blieb es nicht aus, dass ich den ein oder anderen Fehler beging und etwas tat, was ich einfach nicht hätte tun sollen. Gerade zu Anfang, als mir das Land und seine Kultur noch fremd waren, bin ich von einem Fettnäpfchen ins nächste gestiefelt. Meistens wurde einfach darüber hinweggelächelt, selten direkt auf meinen Fauxpas hingewiesen. Ich konnte ja eigentlich nichts dafür.

Schließlich war ich fremd und würde »die komplizierteste Sprache und die komplexeste Kultur der Welt« (das denken Japaner zumindest) wahrscheinlich niemals richtig verstehen.

Das sah dann folgendermaßen aus: Mir wurde die einfache Aufgabe des Tischdeckens übertragen. Beim Blick in den Schrank meiner Schwiegermutter entdeckte ich eine große bunt-gemischte Auswahl an Tellerchen und kleinen Schalen in allen erdenklichen Mustern, Größen und Farben. Instinktiv suchte ich da natürlich nach gleichen Motiven, damit alles schön zusammenpasste. In der hinteren Ecke des Schrankes wurde ich fündig und stellte ein Geschirr-Set aus Blattmotiven zusammen. So saßen wir im Juli an einem reich gedeckten Tisch mit vielen unterschiedlichen Köstlichkeiten in kleinen Schälchen und aßen von unseren Tellern in voller Herbstdekoration. Die Jahreszeiten spielen in Japan eine so große Rolle, dass sich Geschirr, Speisen, Kleidung und Werbung daran orientieren. Schweigend wurde gegessen, aber ein komisches Gefühl hatten alle, wie sie mir später beichteten. Ein Weltuntergang war es aber nicht. Das Essen hat trotzdem köstlich geschmeckt.

Dass jedes Familienmitglied eine ganz eigene Schüssel hat, erklärte mir dann mein Mann und auch, dass nicht das Geschirr zusammenpassen muss, sondern das Essen zum Geschirr und selbstverständlich zur Jahreszeit. Ganz einfach eigentlich, nachdem ich es wusste.

Dass er mir immer direkt sagte, wenn ich mal wieder etwas Falsches gemacht oder gesagt hatte, das ist in Japan Gold wert. Denn wie heißt es so schön: »Aus Fehlern lernt man!«, oder wie es die Japaner in einem wundervollen Sprichwort auf den Punkt bringen: »Scheitern ist Erfolgsgrundlage!«

Auch meine Schwiegereltern, anfangs mit Hinweisen und Zurechtweisungen noch sparsam, legten ihre Zurückhaltung ab, spätestens als sie merkten, dass es mir ernst war mit dem Leben in Japan. Das war der Moment, in dem ich Teil der Familie wurde und bemerkte, was ich bisher alles falsch gemacht hatte. Und das war so einiges:

- Laut und viel reden in der Bahn – lieber nicht.
- Mit einem großen Rucksack auf dem Rücken in der Bahn stehen – wie rücksichtslos.

- Die Tasche neben sich auf den Sitz stellen – wie egoistisch.
- Beim Laufen essen – sieht nicht schön aus und ist ungesund.
- Unentschlossen mit den Stäbchen über die Teller wandern, dann womöglich aufspießen und am Ende die Stäbchen genüsslich ablecken – bitte nicht.
- Immer darauf achten, dass meine Sitznachbarn im Restaurant gefüllte Gläser haben. Wenn das nicht der Fall ist, zum Nachgießen ansetzen, dann aber warten, bis der andere mir sein Glas entgegenhält.
- Mich kurz mit einem Nicken und einem »*sumimasen*« entschuldigen, wenn ich jemanden versehentlich angerempelt habe oder angerempelt wurde.
- Körperkontakt in der Öffentlichkeit vermeiden, nicht einfach jemanden zur Begrüßung oder zum Abschied umarmen.
- Beim Sprechen nicht den Augenkontakt suchen, sondern sich lieber auf Stirn, Nase oder Mund konzentrieren.
- Nicht öffentlich die Fassung verlieren, meckern, schreien, weinen oder schimpfen.
- In der Öffentlichkeit nicht die Nase schnäuzen, sondern hochziehen oder dazu auf die Toilette gehen. Ganz ehrlich: Ich hab es doch gemacht. Nicht in der Bahn oder an vollen Plätzen, aber doch am Tisch. So wie es sich auch in Deutschland gehört, den Menschen abgewendet. Und so richtig schlimm hat's niemand gefunden, glaube ich. Wenn doch, dann hat man mir verziehen und wahrscheinlich gedacht: »Ach, die Ausländerin! Soll sie doch machen. Die hat es eh schon schwer genug in unserem Land.«

104. Grund

Weil lautes Schlürfen erwünscht ist

»Schmatz nicht so, schlürfe nicht so laut und kau dein Essen ordentlich!« Das habe ich von klein auf so gelernt und versucht, mich daran zu halten.

Nun plötzlich bin ich in Japan, und auch wenn ich, anders als in China, in Japan selten jemanden schmatzen höre, sollen diese Regeln jetzt nicht mehr gelten?

Sobald Nudeln in die Nähe des Mundes meines Mannes kommen, höre ich ihn laut schlürfen und muss gestehen, dass es mir anfangs richtig auf die Nerven ging.

Damit bin ich nicht allein. Viele Japanbesucher, die vom Land schwärmen, gestehen früher oder später, wie unangenehm sie es fanden, wenn um sie herum laut geschlürft wurde. Dafür tauchte sogar in Japan mal ein neues Wort auf: *nuhara*, Noodle Harassment, mit dem kurzzeitig eine Diskussion im Land entbrannte, ob man den Ausländern das zumuten könne. Man kann! Schließlich gehört das genauso dazu, wie mit Stäbchen zu essen oder keine Schuhe in der Wohnung zu tragen.

Dabei macht das laute Schlürfen beim Verzehr einer heißen Nudelsuppe absolut Sinn. Und wer den einmal verstanden hat, im besten Falle sogar selbst schlürfen kann, der wird sich nicht mehr über den schlürfenden Japaner am Nachbartisch im Restaurant beschweren.

Die heiße Nudelsuppe schmeckt so einfach am besten! Das alleine ist für Japaner ein undiskutabeler Grund, irgendetwas an den Essgeräuschen zu ändern. Nudeln haben die Eigenschaft, innerhalb weniger Minuten Flüssigkeit aufzunehmen und damit weicher zu werden. Also heißt es, schnell gegessen. Aber wie, wenn die Suppe zu heiß ist? Deshalb haben sich Japaner eine einzigartige Technik angewöhnt, in der sie nicht zu viele Nudeln mit den Stäbchen aus der Schüssel aufnehmen, zum leicht geöffneten Mund führen, um sie dann genussvoll-geräuschvoll einzusaugen, dabei gleichzeitig Luft mit einsaugen, um die Nudeln dadurch abzukühlen. Erst wenn alles im Mund ist, beginnt der Kauprozess.

Was sich so einfach anhört, stellt sich als echte Aufgabe heraus, wie ich schnell feststellen muss. Fast instinktiv beiße ich in die Nudeln, um sie so in den Mund zu ziehen. Mir das abzugewöhnen, hat mich Jahre gekostet, und noch immer beherrsche ich es nicht so schön wie ein Japaner (aber als Frau darf ich ruhig etwas zurückhaltender sein in dieser Hinsicht).

Zum ersten Mal mit Freunden in einem Nudelrestaurant, musste ich nach wenigen Minuten feststellen, dass alle um mich herum bereits ihre Schüsseln geleert hatten, während meine noch fast voll vor mir stand. Ich hatte erstaunt beobachtet, wie schnell alle essen konnten, ohne sich groß Gedanken um Flecken oder Geräusche zu machen. Großartig, so leidenschaftliche Esser zu sehen. Schlürfen bedeutet Genuss, und wenn auch Sie einmal in diesen Genuss kommen möchten, dann wird Sie kein Japaner daran hindern. Im Gegenteil. Es wird Ihnen hoch angerechnet, dass sie schlürfen können wie ein Japaner.

105. Grund

Weil es hier einfach unhöflich ist, Trinkgeld zu geben

Es gibt viele Fettnäpfchen, in die Sie während einer Japanreise treten können. Kleine Fehler werden gerne weggelächelt mit einem »Der Ausländer kann das ja nicht wissen!«. Es gibt Verhaltensweisen, die unangebracht sind, aber niemand reißt Ihnen da gleich den Kopf ab. Das wird auch nicht passieren, wenn Sie dem Taxifahrer ein Trinkgeld anbieten, aber Sie werden damit den Fahrer und sich selbst in eine unangenehme Situation bringen, die sich leicht vermeiden lässt: Der Taxifahrer wird Ihnen bis auf den letzten Yen das Wechselgeld in die Hand drücken, und Sie müssen nichts weiter tun, als es wegzustecken und sich freundlich zu bedanken.

Warum gibt man in anderen Ländern eigentlich Trinkgeld? Um die gute Leistung wertzuschätzen, sich für ein tolles Essen zu bedanken, für den Service oder die Hilfsbereitschaft.

Und warum in Japan dann nicht? Für Japaner ist das alles ganz selbstverständlich, gehört nun mal zum Job und zu den Aufgaben und ist ganz natürlich. Dafür ein Trinkgeld zu bekommen – ein komischer Gedanke.

»Ich würde mich dadurch erniedrigt fühlen, gekränkt, auch wenn es der Kunde lieb gemeint hat. Aber ich mache das doch nicht für

Geld!« So erklärt es mir meine Kollegin, mit der ich zusammen im Service eines Cafés arbeite. Erschwerend komme hinzu, dass die Kasse am Abend nicht mehr stimmen würde. Das Trinkgeld direkt abzuzählen, um es an die Seite zu legen – unmöglich. Denn nach der Bezahlung bliebe gar nicht die Zeit dazu. Schließlich steht auch noch die ordnungsgemäße Verabschiedung des Gastes an.

Also bitte niemals Trinkgeld geben oder den Versuch starten.

Das hört sich erst einmal nach einem wirklich guten Grund an, Japan zu lieben, denn als Kunde muss man keine komplizierte Prozentrechnung im Kopf absolvieren, was nach einem Abend mit viel Alkohol eine echte Herausforderung sein kann.

Ich musste allerdings schon schlucken, als ich meinen Job als Servicekraft begann und von meinem Stundenlohn erfuhr. Da ich wusste, dass den Japanern Trinkgeld ein Fremdwort ist und ich das nicht zu erwarten hatte, war ich davon ausgegangen, dass stattdessen die Bezahlung einfach ein wenig besser sein würde. In vielen Ländern ist es ja tatsächlich so, dass Servicekräfte vom Lohn allein nicht leben können und deshalb auf das Trinkgeld angewiesen sind. In Japan aber nun mal nicht.

Freundlich waren wir trotzdem immer und gaben unser Bestes, wie es sich eben gehört. Schließlich ging es darum, dem Kunden eine schöne Zeit zu verschaffen und ihn zum Wiederkommen zu bewegen. Das verstehen Japaner unter Anerkennung. Freundlich und hilfsbereit zu sein, um damit Geld zu verdienen, der Gedanke ist, wer sich das mal genau überlegt, schon eine etwas unwürdige Einstellung und entspricht einfach nicht dem Grundgedanken der serviceorientierten Japaner.

Andersherum erinnere ich mich noch genau daran, als meine Schwiegereltern uns in Deutschland besuchen kamen. Nicht die Sprache oder Fettnäpfchen, von denen wir in Deutschland auch einige haben, bereiteten ihnen Kopfschmerzen, sondern die Sache mit dem Trinkgeld. Mein Schwiegervater, sichtlich nervös, als es ans Bezahlen ging, fragte mich dann schnell auf Japanisch, wie viel Trinkgeld er denn nun geben müsse. Bei einer Rechnung von 41,20 € schlug ich ihm 45 € vor, doch da gab es für ihn ein Problem: denn er hatte nur einen Fünfziger im Portemonnaie. Er hätte also auf Englisch erklären müssen, dass er bitte 5 € zurückhaben möchte. »Das System ist aber wirklich nicht praktisch!«, stellte er treffend fest. Sichtlich unangenehm empfand er es, sich mit Geld für etwas zu bedanken, was er für ganz selbstverständlich hielt, nahm das Wechselgeld komplett an sich und legte stattdessen am Ende einfach einen 5-€-Schein auf den Tisch.

106. Grund

Weil die Schuhindustrie hier von den Regeln lebt

Japaner kleiden sich in der Regel gerne gut. Männer mit Anzügen und Krawatte und Frauen in Kostümkombinationen beherrschen das Straßenbild. Das hat auf mich immer Eindruck gemacht. Bis ich runter zu den Schuhen sah.

Ausgelatscht und häufig hinten eingedrückt, der Halbschuh oft zur Schlappe umfunktioniert, was ein Schlurfen zur Folge hat. »Mensch, heb doch mal deine Füße richtig hoch beim Gehen!«, habe ich oft gedacht, wenn mein Mann neben mir herschlurfte. Das ist gar nicht so einfach, wenn der Schuh nicht festsitzt und droht, jeden Moment vom Fuß zu fallen.

Woran man merkt, dass man richtig in Japan angekommen ist? Wenn man nur noch Halbschuhe besitzt oder hohe Stiefel mit Reißverschluss. Wenn man seine Schuhe eine Nummer größer kauft und wenn einem plötzlich bewusst wird, dass man schon seit Monaten keine Schleife mehr mit seinen Schnürsenkeln gebunden hat.

Schuld daran ist das ständige Schuhe an, Schuhe aus, Schuhe wieder an und wieder aus, und das oft in engen Eingängen ohne Sitzgelegenheit. Bei mir war es schon nach drei Wochen so weit, dass ich meine hohen Wanderstiefel in die hinterste Ecke des Schuhregals verbannte und nur noch Schlappen, locker gebundene Halbschuhe zum einfachen Hineinschlüpfen trug oder gefütterte Gummistiefel bei Schnee (der sinnvollste Schuhkauf, den ich je getätigt hatte).

Die Schuh-Regeln in Japan sind gar nicht so schwer: Japanische Wohnungen werden nie mit Schuhen betreten. Niemals. Keine Ausnahme. Beim Umzug in die neue Wohnung habe ich gefühlte 586-mal meine Schuhe an- und ausgezogen. Auch Handwerker oder Umzugshelfer halten sich selbstverständlich daran. Oder sie ziehen sich eine Tüte über die Straßenschuhe, was nicht weniger anstrengend ist.

Nicht nur Wohnungen werden von Straßenschuhen verschont, auch Schulen, Kindergärten, Bürogebäude, Arztpraxen, Kliniken und einige Krankenhäuser, Gemeindezentren, viele japanische Restaurants, Tempel und Schreine, traditionelle Hotels (Ryokans), Badehäuser und Onsen und Umkleidekabinen in Geschäften. Überall, wo Sie Schlappen und Regalfächer, kleine Schließfächer am Eingang oder Straßenschuhe in einer Reihe finden, gilt die »mit Straßenschuhen betreten verboten!«-Regel.

Hygienischer ist es allemal. Auch hat man so viel weniger Dreck und spart sich ständiges Putzen. Es ist wesentlich gemütlicher, bei entspanntem Bier mit seinen Freunden die Schuhe von den Füßen streifen zu können. Besonders nach einem langen Tag auf den Beinen. Dazu kommt, dass viele japanische Wohnungen mit Tatamimatten ausgelegt sind. Die Reisstrohmatten sind wesentlich empfindlicher als ein Fliesen- oder Holzfußboden. Das Betreten mit jeglicher Art von Schuhen ist strengstens untersagt. Selbst Pantoffel mit fester Sohle müssen vor einem Raum mit Tatamifußboden abgestellt werden. Solche Klauseln befinden sich sogar in den Mietverträgen und werden bei Nichteinhaltung mit Abzug bei der Kaution bestraft. Da sich vieles in Japan auf der Erde abspielt, an einem niedrigen Tisch auf einem Kissen oder kniend auf den Fersen sitzend, stören Schuhe ohnehin.

Sich an die Regeln zu halten, wenn sie wirklich Sinn machen, fällt mir recht leicht, und so hatte ich mich schnell daran gewöhnt, mich ständig meiner Schuhe zu entledigen. Noch immer überkommt mich ein unangenehmes Gefühl, wenn ich mit Schuhen auf flauschigem Teppichboden laufen oder die Umkleidekabine in einem Geschäft mit Schuhen betreten muss. Sechs Jahre Japan haben mich in dieser Hinsicht wohl für immer geprägt.

Das ständige Schuhe-Ausziehen ging mir damals nur dann auf die Nerven, wenn ich mal kompliziertes Schuhwerk trug, was aber selten vorkam. Meistens trug ich Halbschuhe mit locker gebundener Schleife, die mir einfaches Rein und Raus ermöglichten, ganz ohne Hilfe der Hände.

Es gab da nur eine Sache, die Schuhe litten, vor allem Innenfutter und Nähte lösten sich beizeiten. Turnschuhe waren nach kurzer Zeit im Hackenbereich komplett hinüber. Und durch das Schlurfen lief sich die Sohle so schnell ab, dass man alle paar Monate beim Schuster auf der Matte stand. Japanische Schuhhersteller und -reparaturdienste müssen sich also vorerst keine Sorgen um ihre Zukunft machen, und Fuß- und Schuhdeos, Geruchsstopp und Puder gegen Schweißfüße werden wohl immer großen Absatz finden.

107. Grund

Weil Japaner es verstehen, das Unglück abzuwenden

Glauben Sie, dass es Unglück bringt, vor dem Geburtstag zu gratulieren? Wir kennen die unglücksbringenden Sätze von schwarzen Katzen und Seemannsmorde beim Anzünden einer Zigarette an einer Kerze. Beim Anstoßen schauen wir uns in die Augen, wir vermeiden es, unter Leitern zu laufen, und wenn mal ein Glas oder ein Teller zerschellt, keine Sorge, »Scherben bringen Glück«, solange es kein Spiegel war. Wenn der zerbricht, folgen sieben Jahre Unglück.

So richtig glaubt eigentlich niemand daran, wissenschaftlich konnte das nie belegt werden, und trotzdem bleibt ein ungutes Gefühl, vielleicht ist doch was dran? Schnell dreimal auf Holz geklopft, kann ja nicht schaden.

In Japan ist das nicht viel anders. Es gibt da Dinge, die man einfach nicht tun sollte. Nicht weil sie Unglück bringen, sondern weil sie eng mit dem Tod in Verbindung stehen. Viele glauben an den Einfluss verschiedener Gottheiten auf die Lebenden und an Weissagungen von Tempeln. Sie schreiben ihre Bitten auf kleine Tafeln und besuchen zu bestimmten Anlässen im Leben die passenden Tempel und Schreine. Japaner glauben an die Geister der Toten und sind fasziniert von paranormalen Ereignissen jeglicher Art. Es gibt Wörter und Zahlen, die Japaner mit Negativem assoziieren. Abergläubisch sind sie, wenn es um Sternkonstellation und Blutgruppen geht, Handleser und Kartenleger eingeschlossen.

Unglücksbringende Sätze kennt man in Japan aber auch. Im Grunde genommen handelt es sich ja um nichts anderes als Benimmregeln, hübsch verpackt, um kleinen Kindern zu vermitteln, was sich gehört. Da heißt es dann nicht: Du bleibst jetzt hier so lange sitzen, bis du das letzte Reiskörnchen aus der Schale gegessen hast!!! Stattdessen erzählt man den Kindern, dass in jedem einzelnen Reiskorn ein kleiner Geist lebe. Der wäre ganz schnell beleidigt, wenn er nicht gegessen wird.

Kindern wird auch gerne eine Geschichte erzählt, dass *Raijin* 雷神, der Gott des Donners, Blitzes und Sturms, nachts kommt, um Bauchnabel zu essen. Auch eine Möglichkeit, den Bauch der Kinder warm zu halten, damit sie nicht krank werden. Denn nichts anderes soll die Geschichte bewirken.

»Wer in der Nacht pfeift, lockt die Schlangen an.« In der modernen Zeit könnte man »pfeifen« auch ersetzen durch »Musik hören«, »Fernsehen gucken« oder »Staubsaugen«. Natürlich kommen in keinem der Fälle echte Schlangen angekrochen. Es gilt einfach nur, Rücksicht zu nehmen und leise zu sein, besonders nachts. Nachts pfeifen, das tun im Übrigen nur die Diebe, um Komplizen bei einem Einbruch zu helfen. Mit denen will man schließlich nicht gern verwechselt werden.

»Du wirst zur Kuh, wenn du dich direkt nach dem Essen hinlegst«, oder zum Stier? Bei diesem Satz muss ich immer an die Spanier mit ihrer Siesta nach dem Mittagessen denken. Nach dem Essen direkt schlafen hat etwas Träges und Faules, was keinen allzu guten Ruf in Japan genießt.

Nachts Nägel zu schneiden soll in vielen Ländern dieser Welt Unglück bringen. In Japan heißt es, wer seine Nägel nachts schneiden, wird in den letzten Stunden seiner Eltern nicht anwesend sein können. Das ist natürlich Quatsch. Wer abends nach dem Baden seine Nägel schneidet, der blockiert einfach nur unnötig lange das Bad. Früher kam noch der unnötige Verbrauch von Lampenöl dazu. An die herumfliegenden Nägel bei dem schummrigen Licht am Abend möchte man lieber gar nicht denken.

Allein das Verstecken der Daumen, wenn ein Leichenwagen an einem vorbeifährt, hat einen ganz praktischen Grund. Die Daumen, im japanischen *Oyayubi* (親指), sind die »Elternfinger«. Die werden schnell in die geschlossene Faust gehüllt, um sie vor einem baldigen Tod zu schützen. Ob es tatsächlich hilft? Auch hierzu gibt es leider keine Studien, aber schaden tut es ja am Ende wirklich niemandem.

108. Grund

Weil sich Glück und Unglück in Zahlen verstecken

Ein Schriftzeichen hat eine Bedeutung, aber viele unterschiedliche Lesungen. Da können sich viele unterschiedliche Bedeutungen hinter den Zahlen verstecken.

Die Zahl 4 oder auf Japanisch 四 liest man *yon* oder auch *shi*. *Shi* wird aber auch das Zeichen für Tod 死 gelesen, weshalb die 4 in Japan eine Unglückszahl ist. Manchmal sucht man die 4. Etage deshalb vergebens. Hotels und Krankenhäuser verzichten auf ein Zimmer 4, manchmal sogar auf alles zwischen 40 und 49, und die Zahl 43, eigentlich *yonjusan* gelesen, könnte aber auch vier-drei bedeutet: *shi-san*. Das erinnert zu sehr an das Wort für Fehl- oder Totgeburt *Shizan* 死産. Auf einem Zimmer mit der Nummer 43 möchte keine Japanerin in der Geburtsklinik gerne liegen, selbst wenn das Baby schon gesund zur Welt gekommen ist.

Geschenke im Set, da wählt man lieber ein 3er- oder 5er-Set, niemals ein 4er-Set. Schon gar nicht, wenn es sich um ein Geschenk zur Hochzeit handelt. Da kommen gerade Zahlen einfach immer schlecht, weil die durch zwei geteilt werden können. Das erinnert zu sehr an Trennung, bei der die Geschenke einfach untereinander aufgeteilt werden könnten. Ohnehin sind zur Hochzeit Geldgeschenke üblich. Aber auch hier gilt, nicht zwei oder vier Scheine in den Umschlag zu stecken. Auch neun Scheine wären unglücklich. Denn die 9 九, *Kyu* oder *Ku* gelesen, erinnert an ein anderes »Ku« 苦, Schmerz oder Leid.

In Zahlen sprechen, das sieht dann in etwas so aus: 4-2-5-6 »shi-ni-goro« (Zeit zum Sterben) oder 4-2-1-9 »shini-iku« (zum Sterben gehen).

Freude und Glück hingegen drückt die Zahl 7 aus. Weniger wegen ihrer Aussprache *shichi*, sondern vielmehr in Verbindung mit der 7, die im Shinto und Buddhismus begründet liegt, den 7 Glücksgöttern. Nach der Geburt eines Kindes wird der 7. Tag gefeiert. Kinder, die 7 Jahre alt werden, bekommen ein besonderes Fest (zusammen mit den 5- und 3-Jährigen): Shichi-go-san 七五三 um den 15. November.

Wer das Geheimnis hinter den japanischen Zahlen erst einmal entdeckt hat, der weiß, Unglück fernzuhalten und das Glück zu finden.

109. Grund

Weil japanische Geister sich gerne mal ins Bild drängen

Im japanischen Fernsehen lief zu meiner Zeit einmal in der Woche eine Show, die sich mit schaurigen Situationen und Geistern im Alltag befasste. Es wurden unscharfe Amateurvideos gezeigt, auf denen vermeintliche Geister durchs Bild huschten, meistens in Weiß gehüllte Frauen mit langen glatten Haaren. »KOWAI!«, schrien dann alle im Publikum, und »KOWAI!«, auch mein Mann und sein Bruder, mit dem ich die Sendung sah. »Wie gruselig!«, fanden alle die Szene und bekamen Gänsehaut, als der Fernsehkanal ein Standbild brachte. Ganz eindeutig war hier ein *Yurei*, die Seele einer Verstorbenen, durchs Bild gehuscht. Anschließend folgte eine Analyse von »Spezialisten«, meistens irgendwelche jungen Idole und Comedians, und man erzählte sich die Geschichte irgendeiner Frau, die ermordet worden war, aber nie eine richtige Beerdigung bekommen hatte und daher als verlorene Seele rastlos auf der Erde herumirrte und sich kamerageil in Videoaufnahmen oder auf Fotos ins Bild drängelte.

Die nördliche Region Tohoku, in der wir lebten, ist noch mal anfälliger für diese Art von Geistergeschichten. Hier glauben die Menschen noch sehr viel stärker an die Geister der Toten. Viele Bräuche gehen auf diesen alten Glauben zurück. Hier ist die Hochburg der Dämonen (*Namahage*) und Geister, und das nicht erst, seit der schwere Tsunami 2011 in dieser Region mehr als 20.000 Menschen in den Tod gerissen hat. Über 2.500 werden noch immer vermisst, und sollten sie wirklich tot sein, hätten sie keine standesgemäße Bestattung bekommen. Als Yurei geistern sie nach Meinung der Bevölkerung weiterhin durch die Gegend, zusammen mit denen, die schon immer da waren.

Auch wir hatten schon das Vergnügen. Bei genauerer Betrachtung unserer Fotos zuckte mein Mann plötzlich zusammen, rannte zu seinem Bruder und beide riefen im Chor: »KOWAI!!!«

Einbildung? Vielleicht. »Wer Geister sucht, der findet sie auch, in komisch geformten Steinen oder in Bäumen. Manchmal auch irgendwo im Hintergrund als weißen Schatten.« So dachte ich anfangs noch etwas belustigt, und dann hatte ich selbst so eine kurze Begegnung, allerdings nicht mit einem Yurei. Bis heute kann ich es rational nicht erklären. Ob da wohl japanische Geister ihre Einflüsse haben wirken lassen?

Ein kurzer Moment, in dem mir bei einer Autofahrt plötzlich übel wurde. Ich bekam keine Luft mehr und schrie meinen Mann an, sofort anzuhalten. Kaum hielt der Wagen, rannte ich aus unerfindlichem Grund los zu einem Baum und brach darunter zusammen, musste heulen, und das Atmen fiel mir so schwer, dass ich mich zusammenkauerte. Ich dachte für einen kurzen Moment, ich müsse sterben. Bekam keine Luft mehr. Schon nach wenigen Minuten war alles wieder normal, als sei nichts gewesen. Ich konnte nicht erklären, was da in mich gefahren oder von welchen Geistern ich so plötzlich besessen war. Bis ich wenig später an diesem Tag einen Anruf von meiner Mutter aus Deutschland erhielt. Mein Vater hatte während einer Operation einen Herzinfarkt und einen Schlaganfall erlitten und lag nun auf der Intensivstation. Später stellte sich heraus, dass es genau zu der Uhrzeit passiert war, als ich diesen Zusammenbruch hatte. Und ich überlege seitdem, was wir wohl auf einem Foto sehen könnten, hätte mein Mann in diesem Moment den Auslöser seiner Kamera gedrückt.

110. Grund

Weil Japaner an nichts glauben, aber unglaublich abergläubisch sind

Der japanische Kalender unterscheidet sich in einem Punkt wesentlich von unserem. Noch immer findet man den einzelnen Tagen bestimmte Schriftzeichen zugeordnet, die sich an einem alten 6-Tage-Zyklus aus dem chinesischen Kalender orientieren.

Als wir alle Papiere zusammen hatten, um endlich heiraten zu können, schaute meine Schwiegermutter gleich in den Kalender und stellte fest: Da wird nur der Samstag gehen. Der beste Tag zum Heiraten ist nun mal der *Taian* (大安), denn der Tag der »großen Sicherheit« ist ideal für alle Aktivitäten, ganz besonders für wichtige Feste wie Hochzeiten.

Nur musste mein Mann an dem Tag arbeiten. Und wir gingen am darauffolgenden Tag ins Rathaus (auch sonntags kann man da am Notfallschalter heiraten). »Dann aber nur zur Mittagszeit«, meinte meine Schwiegermutter sofort. Denn *Shakku* (赤口), der Tag des »Roten Munds«, ist laut Überlieferung ein schlechter Tag für eigentlich alles, mit Ausnahme der Mittagszeit.

Also begaben wir uns gegen Mittag zum Rathaus, um unsere Ehe nicht gleich am ersten Tag zu versauen. Offiziell in den Dokumenten trugen wir am Ende allerdings den folgenden Tag ein (man darf in Japan jeden Tag eintragen und den dann zum offiziellen Hochzeitstag machen). Wir vergaßen allerdings, in den Kalender zu sehen, und stellten dann erst im Nachhinein fest, unser Hochzeitstag fiel auf *Senshō* (先勝), was in etwa bedeutet: »Zuerst gewinnen«. An diesem Tag sollte man möglichst alles vormittags erledigt haben, der Nachmittag ist eher ungünstig. Eine Uhrzeit zum Inkrafttreten der Heirat konnten wir leider nicht bestimmen, was meine Schwiegermutter sehr beunruhigend fand.

Natürlich hatte die schon längst unsere Tierkreiszeichen, ich Hase, mein Mann Schaf, auf Kompatibilität geprüft, und auch geschaut, ob unsere Blutgruppen zueinanderpassten.

Dass der Aberglaube so fest im Alltag Platz gefunden hat, wundert mich bei einem so fortschrittlichen und religionsfreien Land wie Japan immer wieder.

Im größten Kaufhaus der Stadt gab es eine Frau, die aus der Hand las, direkt neben einer Tarotkartenleserin. Und da saßen, immer wenn ich daran vorbeilief, irgendwelche jungen Frauen, um sich ihre Zukunft voraussagen zu lassen.

Es steht ein Schreinbesuch an, um sich vor einer großen Prüfung einen Glücksbringer zu besorgen. Singles aus ganz Japan pilgern in die Präfektur Schimane zum *Izumo no Oyashiro* (出雲大社), dem Izumo-Taisha Schrein, um einen geeigneten Partner zu finden.

Männer hingegen helfen ihrem Glück mit Frauen z.B. bei einem Besuch des *Aso Schreins* （阿蘇神社） in Kumamoto auf die Sprünge. Wenn die Partnersuche erfolgreich war, geht es gemeinsam zum bekannten Liebesschrein *Koinoki Jinja* （恋木神社）nach Fukuoka, wo die glückliche Liebe und Ehe noch mal gefestigt werden kann.

Der *Imado Schrein*（今戸神社） in Tokyo wird dann von Paaren mit bislang unerfülltem Kinderwunsch besucht und von Schwangeren, die sich hier noch schnell einen Glücksbringer für eine schmerzfreie und gesunde Geburt besorgen.

Ob sie wirklich an all diese Dinge glaube, wollte ich mal von meiner unverheirateten Freundin wissen, die alle Single-Schreine des Landes besucht zu haben schien. »Eigentlich nicht. Aber es gibt mir einfach ein gutes Gefühl, alles versucht zu haben.«

111. Grund

Weil Japan immer gut für eine Schlagzeile ist

Die Presse, vor allem die ausländische, liebt Japan, weil sich hier immer eine ungewöhnliche Geschichte finden lässt, um das ein oder andere Sommerloch zu stopfen. Überschriften wie »Wenn es auf dem Teller lebt – Japaner und ihre Essgewohnheiten« machen neugierig und animieren zum Weiterlesen. Zwar hab ich das selbst noch nicht erlebt, aber gleich mal auf meine To-do-Liste für die nächste Japanreise gepackt.

»Skurriles Japan: Slips aus dem Automaten« – immer wieder dieses Thema. Seit ich denken kann, werde ich danach gefragt und möchte diese Frage gerne ein für alle Mal beantworten: Ja, die gibt es in Japan tatsächlich, wenn auch nicht an jeder Straßenecke (in Deutschland übrigens auch in ausgewählten Etablissements und Pornokinos). Selbst habe ich allerdings noch keine Schlüpper-Automaten gesehen. Wobei mittlerweile dieser Service ins Internet verlagert wurde – mit weltweitem Versand.

Bekannte Klischees, Kurioses und Geschichten aus dem Bereich »Die ticken doch nicht richtig, die Japaner!« kommen einfach gut an, sind sie doch leichte Kost, amüsant und unterhaltsam.

Ich ertappe mich selbst dabei, dass ich gar nicht anders kann und da mal reinlesen muss. Klar, ich weiß, dass der Artikel wieder nur eines der vielen Vorurteile bestätigt sehen möchte, ohne wirklich viele Hintergrundinformationen zu liefern, was mich dazu veranlasst, das Thema als Inspiration zu nehmen und daraus mal einen Artikel auf meinem Blog zu machen, der etwas mehr in die Tiefe geht. So hat sich mit den Jahren schön was angesammelt.

Japan aus meiner Sicht zu beschreiben und von meinen Erfahrungen zu erzählen ist natürlich immer eine subjektive und nicht wertfreie Sichtweise auf ein Land. Am Ende müssen Sie sich Ihr eigenes Bild von Japan machen. Das geht nur, indem Sie das Land selbst erleben und sich auf Entdeckungsreise machen. Und dabei werden Sie Ihre ganz eigenen 111 Gründe finden, Japan zu lieben.

Bei mir sind es am Ende sogar 159 Gründe geworden. Einige musste ich unerwähnt lassen, wie japanische Autos, Host Klubs, in denen sich Frauen wie Männer für einen Abend ihren Flirt »kaufen« können (für meinen Mann ist das auf jeden Fall ein Grund, Japan zu lieben, weil es so unkompliziert ist), oder japanische Futons. Auch Maid-Cafés, die ich hier ab und an kurz erwähnt habe, hätten einen eigenen

Grund verdient, genau wie die japanische Literatur, die japanische Keramikkunst oder japanische Schmiedekunst mit den tollen Messern und Schwertern.

Klar gibt es auch noch ein paar Gründe, Japan nicht zu lieben. Auf 111 Gründe, Japan zu hassen, komme ich allerdings nicht (es sind bei mir 29, und den ein oder anderen habe ich hier auch versteckt). Ich kann und möchte Japan nicht nur durch die rosarote Brille sehen, versuche aber immer erst zu verstehen, warum etwas so ist, wie es ist.

So ist das nun mal mit der Liebe: Manchmal harte Arbeit, viel Kompromissbereitschaft, Respekt und die Fähigkeit, den anderen so zu akzeptieren, wie er ist – mit all seinen liebenswerten Macken, Schwächen und Fehlern.

Und weil von den Letzteren hier in diesem Buch wenig zu lesen war, verweise ich gerne auf die vielen Schlagzeilen in der Presse. Die können Sie vielleicht jetzt ganz gut gebrauchen, nach all dem Liebesgequatsche.

Ein paar Dankesworte

»111 Gründe, Japan zu lieben? Bekommst du denn so viele Gründe überhaupt zusammen?« Meine Freunde konnten sich das nicht vorstellen und ich im ersten Moment auch nicht.

Als ich das Angebot bekam, dieses Buch schreiben zu dürfen, setzte ich mich gleich an eine Liste, und siehe da: 111 Gründe kamen ziemlich schnell zusammen. Am Ende waren es weitaus mehr, sodass ich sogar noch Stoff für einen zweiten Teil hätte.

Dass es mir so leichtfällt, diese Liebeserklärung an Japan zu schreiben, liegt an meiner wunderbaren Zeit in diesem Land, den sechs unglaublichen Jahren in Fukushima und den vielen Menschen, die mich unterstützt haben: in Japan, zu Hause und während des Schreibens. Dafür möchte ich mich von Herzen bedanken mit einem »Domo, arigato gozaimasu!«.

Ein japanisches Sprichwort sagt: *Schicke das Kind, das du liebst, auf Reisen.* Sicher fiel es meinen Eltern nicht immer leicht, mich so weit entfernt in einem fremden Land zu wissen. Für ihre Liebe und ihr »Loslassen« bin ich daher unendlich dankbar.

Gleichzeitig gebührt ein großes Dankeschön den vielen lieben Menschen, die in Japan ein Teil meines Lebens wurden, die mir meine unaufhörlichen Fragen zur Kultur, zu den Eigenheiten des Landes und zur Sprache geduldig beantworteten. Ohne meine Freunde wäre ich dort echt aufgeschmissen gewesen.

Danken möchte ich auch meinen späteren Schwiegereltern, die mir von Anfang an so offen begegnet sind und mich schon nach kurzer Zeit in ihre Familie aufnahmen, obwohl ich ihren Sohn noch nicht geheiratet hatte. Keine Selbstverständlichkeit in Japan.

Ein weiteres Dankeschön gilt allen Menschen, die mich während meines Schreibprozesses begleitet haben. Bei kleinen Hängern und größeren Blockaden sind einfache Worte wie »Du schaffst das!« oder »Nicht groß nachdenken, einfach schreiben!« unendlich wertvoll. Die hilfreichen Tipps und die Betreuung meines Agenten Dr. Brinkmann waren gerade in der Anfangszeit Gold wert. Sie nahmen mir die Unsicherheit und den Druck, den ich mir selbst machte. Irgendwann fand ich auch endlich meine Leichtigkeit beim Schreiben wieder. Ein wertvoller Lernprozess für meine Arbeit und mein Leben.

Es kam der Moment, als ich nur noch Buchstaben gesehen und Fehler einfach nicht mehr bemerkt habe. Der neutrale Blick auf die Texte durch das Lektorat des Verlages Schwarzkopf & Schwarzkopf und die tolle Zusammenarbeit hat das Buch am Ende zu dem gemacht, was wir heute in Händen halten. Danke dafür.

Bei 111 Kapiteln fiel es mir nicht immer leicht zu entscheiden, welches Thema ich mir als Nächstes vornehmen sollte. Da hat es mir wahnsinnig geholfen, morgens einfach ein paar Nummern genannt zu bekommen, um drauflosschreiben zu können. Auch meine Blogleser und Menschen aus der Japan-Community in den sozialen Medien haben mir bei der Auswahl der Themen geholfen. Danke für die wundervolle Unterstützung.

Am Ende gebührt meinem Mann das größte Dankeschön. Er hat mir die Ruhe verschafft, die ich zum Schreiben brauchte, hat auf so manch gemeinsames Wochenende verzichtet, mich mit leckerem japanischem Essen versorgt, das er mir an den Schreibtisch brachte, und mich mit Fotos und hilfreichen Links bei der Recherche unterstützt. Ohne ihn wäre ich nie in Japan gelandet, ohne ihn hätte ich mich nie in Japan verliebt und ohne ihn würde es dieses Buch nicht geben.

Mein letzter Grund, Japan zu lieben: Weil es diesen einen Menschen gibt, der es schaffte, mich für seine Heimat zu begeistern, der mich dazu brachte, seine Sprache zu lernen, und der mich bei meinen Entdeckungstouren und Erfahrungen unterstützte. Der mich so akzeptierte, wie ich bin, Kompromisse einging, durchhielt und so manches Opfer für uns brachte. Der es schaffte, dass ich mich Hals über Kopf in Japan verliebte.

Quellenangaben

2. Grund
- https://de.wikipedia.org/wiki/Hokkaidō
- https://de.wikipedia.org/wiki/Japan

3. Grund
- https://de.wikipedia.org/wiki/Odaiba https://de.wikipedia.org/wiki/Flughafen_Kansai
- https://de.statista.com/statistik/daten/studie/19305/umfrage/gesamt-bevoelkerung-in-japan/
- https://de.wikipedia.org/wiki/Tokio
- https://de.wikipedia.org/wiki/Liste_der_höchsten_Bauwerke_der_Welt
- https://de.wikipedia.org/wiki/Flughafen_Kansai
- https://de.wikipedia.org/wiki/Geographie_Japans

4. Grund
- https://de.wikipedia.org/wiki/Liste_der_Präfekturen_Japans

5. Grund
- https://en.wikipedia.org/wiki/List_of_museums_in_Tokyo

6. Grund
- https://de.wikipedia.org/wiki/Ehe_und_Scheidung_in_Japan

7. Grund
- https://www.nippon.com/en/features/h00096/
- http://www.mhlw.go.jp/english/database/db-hh/1-2.html

13. Grund
- https://www.onsen-r.co.jp/data/

14. Grund
- https://ja.wikipedia.org/wiki/家紋
- http://www.unterstein.net/Toyoashihara-no-Chiaki-Nagaioaki-no-Mitsu-ho-no-Kuni/mon.html

16. Grund

- http://www.yoshinoyama-sakura.jp/english/flowers.htm

17. Grund

- https://www.sumidagawa-hanabi.com/

19. Grund

- Buch von Yoshifumi Miyazaki: Shinrin Yoku - Heilsames Waldbaden ISBN: 978-3-424-15347-7
- http://theconversation.com/whats-behind-japans-moss-obsession-50500

20. Grund

- https://de.wikipedia.org/wiki/Japanischer_Garten

25. Grund

- http://www.nipponkodo.com/de/culture/virtues.html

26. Grund

- https://visit-nagato.com/en/sightseeing/shrinestemples/mara-kannon/
- https://tokyofox.net/2017/08/27/mara-kannon-temple-a-k-a-penis-temple/

29. Grund

- https://de.wikipedia.org/wiki/Miyage

30. Grund

- https://allabout-japan.com/en/article/2619/

35. Grund

- http://kakunodate-kanko.jp/language/en/samurai/
- http://www.explore-kumamoto.com/
- https://kumamoto-guide.jp/en/history/

36. Grund

- https://en.wikipedia.org/wiki/Otaku

37. Grund

- https://en.wikipedia.org/wiki/Cosplay

38. Grund

- https://de.wikipedia.org/wiki/Manga

39. Grund

- https://de.wikipedia.org/wiki/Anime
- https://de.wikipedia.org/wiki/Sazae-san

40. Grund

- https://de.wikipedia.org/wiki/AKB48
- https://de.wikipedia.org/wiki/Musikindustrie
- https://de.wikipedia.org/wiki/J-Pop
- https://en.wikipedia.org/wiki/Japanese_jazz

41. Grund

- https://de.wikipedia.org/wiki/Sadako_Sasaki

43. Grund

- https://en.wikipedia.org/wiki/Yuru-chara#Yuru-chara_Grand_Prix
- http://www.mod.go.jp/e/jdf/sp/no51/sp_web-only.html

44. Grund

- https://www.youtube.com/watch?v=uNAbHqlMcIE

49. Grund

- https://ja.wikipedia.org/wiki/メロディーロード
- http://melodyroad.jp/
- https://www.prosieben.de/tv/galileo/videos/2016289-verruecktes-japan-was-genau-steckt-hinter-musikstrassen-clip

54. Grund

- https://ja.wikipedia.org/wiki/血液型性格分類
- Buch von Nomi, Toshitaka / Besher, Alexander: You Are Your Blood Type ISBN 0-671-63342-2 / Butgruppenguide: *A, B, O, AB gata jibun no setsumeisho (A Guide to A, B, O, AB blood types)*

59. Grund

- https://ja.wikipedia.org/wiki/だてマスク

- http://www.jhpia.or.jp/product/mask/index.html
- http://www.jhpia.or.jp/data/data7.html

64. Grund
- https://ja.wikipedia.org/wiki/プリント倶楽部
- http://web-japan.org/trends/11_culture/pop120216.html

66. Grund
- https://ja.wikipedia.org/wiki/コンビニエンスストア
- https://www.youtube.com/watch?v=IEuo64jHZSA

69. Grund
- https://de.wikipedia.org/wiki/Goldene_Regel

76. Grund
- https://www.japan-talk.com/jt/new/lucky-japan

77. Grund
- http://www.sprachauskunft-vechta.de/orthographie/tokyo.htm

82. Grund
- https://www.behindthename.com/names/usage/japanese
- https://namae-yurai.net/

86. Grund
- https://de.wikipedia.org/wiki/Nonogramm
- https://de.wikipedia.org/wiki/Sudoku
- https://de.wikipedia.org/wiki/Shōgi

91. Grund
- https://www.youtube.com/watch?v=mHS9F272EX0

92. Grund
- https://ich.unesco.org/en/RL/washoku-traditional-dietary-cultures-of-the-japanese-notably-for-the-celebration-of-new-year-00869
- https://de.wikipedia.org/wiki/Umami

93. Grund

- https://asia.nikkei.com/Life-Arts/Life/Wagyu-Olympics-picks-winners-with-eye-on-beef-industry-s-future
- https://www.reuters.com/article/us-japan-beef-wagyu/japan-picks-wagyu-olympics-winner-amid-growing-demand-for-luxury-beef-idUSKCN1BM163

95. Grund

- http://www.calpis.net/features/story/index.html

96. Grund

- https://www.youtube.com/watch?v=Tu1qWVUX-Bs&t=560s

98. Grund

- https://nestle.jp/brand/kit/
- https://en.wikipedia.org/wiki/Kit_Kats_in_Japan

109. Grund

- https://www.univie.ac.at/rel_jap/an/Mythen/Geister
- https://de.wikipedia.org/wiki/Yūrei

110. Grund

- https://de.wikipedia.org/wiki/Japanische_Kalenderkunde
- http://izumotaisha.or.jp/
- http://asojinja.or.jp/
- http://www.mizuta-koinoki.jp/koinoki/

111 GRÜNDE, AUSTRALIEN ZU LIEBEN

EINE LIEBESERKLÄRUNG AN DAS SCHÖNSTE LAND DER WELT
EINE LIEBEVOLLE HOMMAGE AN DEN INSELKONTINENT

111 GRÜNDE, AUSTRALIEN ZU LIEBEN
EINE LIEBESERKLÄRUNG AN DAS SCHÖNSTE LAND DER WELT
Von Barbara Barkhausen
312 Seiten | Premium-Paperback
Plus zwei Farbteile á 16 Seiten
ISBN 978-3-942665-47-6 | Preis 14,99 €

Australien, das Land der Kuriositäten und Gegensätze, ist bekannt für seine vielfältige Natur, weiße Strände mit endlos vielen Surfern, das abenteuerliche Outback, die außergewöhnlich lässige Bevölkerung. Wer einmal herkommt, will selten wieder nach Hause.

111 Gründe hat die Australien-Korrespondentin Barbara Barkhausen, die seit über 15 Jahren am anderen Ende der Welt lebt, in diesem Buch gesammelt, um ihre Liebe zum fünften Kontinent zu teilen. Die Autorin nimmt die Leser mit auf eine literarische Reise ins Land der Extreme: zu den knuddeligsten, aber auch gefährlichsten Tieren, den hilfsbereitesten Menschen, der ältesten Kultur und epischen Landschaften und Orten.

111 Geschichten beschreiben auf amüsante Weise, warum Australien ein so liebenswertes wie faszinierendes Land ist. Eine literarische Reise ans Ende der Welt.

WWW.SCHWARZKOPF-SCHWARZKOPF.DE

111 GRÜNDE, BRASILIEN ZU LIEBEN

ODYSSEE DURCH EIN LAND DER SUPERLATIVE,
SO GROSS UND VIELSEITIG WIE EIN KONTINENT

111 GRÜNDE, BRASILIEN ZU LIEBEN
EINE LIEBESERKLÄRUNG AN DAS SCHÖNSTE LAND DER WELT
Von Isabel Wiesmann
Ca. 288 Seiten | Premium-Paperback
Plus zwei Farbteile á 16 Seiten
ISBN 978-3-86265-713-1 | Preis 14,99 €

111 Anekdoten führen auf unterhaltsame und informative Weise quer durch Brasilien, zu den klassischen Highlights und »must sees« sowie auch zu den weniger bekannten Paradiesen des größten und vielleicht facettenreichsten Tropenlandes der Erde, wo man Unglaubliches und Abenteuerliches erleben kann.

Isabel Wiesmann, die seit fast zehn Jahren in Brasilien lebt, nimmt den Leser mit auf eine literarische und persönliche Reise ins Herz Brasiliens, zu seinen liebenswerten Bewohnern, atemberaubenden Landschaften, endlosen Stränden, tropischen Inseln, unberührten Regenwäldern und beeindruckenden Kolonialstädten.

Brasilianische Lebensfreude, typische Traditionen, eine spannende Historie, farbenfrohen Feste – der Leser erlebt ein Land voller Exotik und Abenteuer, voller Naturwunder und Extreme.

WWW.SCHWARZKOPF-SCHWARZKOPF.DE

DANIELA LANGKAMP, geboren 1975, lernte auf ihrer Weltreise einen Japaner kennen, verliebte sich und zog 2003 mit ihm nach Japan. Sechs Jahre erlebte sie in Fukushima den ganz alltäglichen Japan-Wahnsinn und entdeckte dabei ihre Schwäche für Ramen und Fahrradreisen. Unter dem Motto »Japan erleben & Japan verstehen« teilt sie ihre Erlebnisse und Erfahrungen auf ihrem Blog »Nipponinsider«.

Daniela Langkamp
111 GRÜNDE, JAPAN ZU LIEBEN
Eine Liebeserklärung an das schönste Land der Welt

ISBN 978-3-86265-716-2

BILDNACHWEIS
Cover: Titelfoto: © Torsakarin/depositphotos.com; **linke Bildleiste von oben nach unten:** © szefei/depositphotos.com; © chrishowey/depositphotos.com; © pat138241/depositphotos.com; © heinteh/depositphotos.com; © sepavone/depositphotos.com; © ryanking999/depositphotos.com; © cowardlion/depositphotos.com || **Bildteil 1: depositphotos.de:** S.1, S.2 alle, S.3 oben: © sepavone | S.3 unten: © cowardlion | S.4 oben: © 4kclips | S. 4 unten: © mrnovel | S.6: © benedixs | S.7 oben: © aaa187, unten: © cowardlion | S.8 oben: © thaifairs, unten: © fyletto | S.9: © masterlu | S.10: © shirophoto | S.11 oben: © viteethumb, unten: © sepavone | S.12/13: © urbanangel | S.14 oben: © leungchopan | S.15 oben links: © daboost, oben rechts: © unten: © hiro1775 | © **Daisuke Nikaido:** S.5 beide, S.14 unten, S.16 || **Bildteil 2: depositphotos.de:** S.2 unten: © ymgerman | S.3 oben: © hiro1775, unten: © jovannig | S.4 unten: © peogeo | S.5: © romrodinka | S.6/7: © sepavone | S.8 oben: Patryk_Kosmider | S.10 oben rechts: © 2630ben, unten: ponsulak | S.11: © boggy22 | S.13 unten links: © Torsakarin, unten rechts: © miwa_in_oz | S.14 unten: © vincentstthomas | S.15 beide: © piyato | S.16 oben: © hungryworks, unten: © beibaoke | © **Daisuke Nikaido:** S.1, S.2 oben, S.4 oben, S.8 unten, S.9 beide, S.10 oben links, S.12, S.13 oben, S.14 oben || **Fotos im Textteil: depositphotos.de:** S. 2: © 2630ben | S.8: © atosan | S.11: © siraanamwong/ | S.89: © lucianmilasan | S.109: © shalamov | S.143: © siraanamwong | S.179: © vlafon | S.260: © akiyoko74 | © **Daisuke Nikaido:** S. 43, 61, 203, 233, 256/257, 272 (Autorenfoto)

VERLAG
Schwarzkopf & Schwarzkopf Verlag GmbH
Kastanienallee 32, 10435 Berlin
Telefon: 030 – 44 33 63 00
Fax: 030 – 44 33 63 044

INTERNET | E-MAIL
www.schwarzkopf-schwarzkopf.de
www.facebook.com/schwarzkopfverlag
info@schwarzkopf-schwarzkopf.de